21世纪高职高专规划教材／公共课系列

中国商贸经典文化

主编◎苏万益
副主编◎成光琳

Classic Culture of Chinese Commerce

中国人民大学出版社
·北京·

图书在版编目（CIP）数据

中国商贸经典文化/苏万益主编. —北京：中国人民大学出版社，2016.9
21世纪高职高专规划教材．公共课系列
ISBN 978-7-300-23236-2

Ⅰ.①中… Ⅱ.①苏… Ⅲ.①商业史-中国-高等职业教育-教材 Ⅳ.①F729

中国版本图书馆CIP数据核字（2016）第186452号

21世纪高职高专规划教材·公共课系列
中国商贸经典文化
主　编　苏万益
副主编　成光琳
Zhongguo Shangmao Jingdian Wenhua

出版发行	中国人民大学出版社		
社　　址	北京中关村大街31号	邮政编码	100080
电　　话	010－62511242（总编室）		010－62511770（质管部）
	010－82501766（邮购部）		010－62514148（门市部）
	010－62515195（发行公司）		010－62515275（盗版举报）
网　　址	http：//www.crup.com.cn		
经　　销	新华书店		
印　　刷	固安县铭成印刷有限公司		
规　　格	185 mm×260 mm　16开本	版　　次	2016年9月第1版
印　　张	12 插页1	印　　次	2021年9月第8次印刷
字　　数	242 000	定　　价	26.00元

前言

Preface

当今世界正在发生着复杂深刻的变化，国际金融危机深层次影响继续显现，世界经济复苏乏力，国际投资贸易格局和多边投资贸易规则酝酿深刻调整，各国面临的发展问题依然严峻。在此国际大环境下，中国经济亦面临巨大发展压力。2013 年 9 月和 10 月，中国国家主席习近平在出访中亚和东南亚国家期间，先后提出共建“丝绸之路经济带”和“21 世纪海上丝绸之路”的重大倡议（以下简称“一带一路”），得到国际社会高度关注。一个促进沿线各国经济繁荣与区域经济合作，加强不同文明交流互鉴，促进世界和平发展的“一带一路”战略构想由此诞生。在国家“一带一路”战略中，服务“一带一路”是职业院校发展必须关注的重点，也是职业教育发展的新机遇。

在此机遇背景下，作为以商贸类为特色专业的我们，积极研究高等职业教育的培养目标和教育规律，注重学生商业素养的提升，使教学内容更加适应时代的要求和变化，开发建设“中国商贸经典文化”课程的任务也应运而生。“中国商贸经典文化”是中国传统文化的组成部分，也是商业类高职院校学生理应掌握的基础文化知识，是提升商业院校学生职业素养的一项课程。基于此考虑，我们从 2015 年开始研究筹划“中国商贸经典文化”这门课程，派出教师参加相关培训，组织编撰校内讲义，并在河南经贸职业学院高年级学生中开课讲授，该课程受到了学生的认可和欢迎，在结合授课实践对讲义进行了修改完善后形成了本书。

本书的编写思路可以概括为“依托中国传统文化、梳理商贸经典文化、结合当今双创思路”。本书在编写时把我国优秀的传统文化作为基础，旨在培养学生对传统文化的认知和认同，进而达到由衷欣赏和主动传承，同时对当前专著数量不多的商贸文化进行重新的梳理和分类，并结合当前“大众创业、万众创新”的时代要求，将创新思路、创业意识与传统商贸文化相结合，这既是本书编写的难点，也是本书的创新点和特色。本书的另一个特色是编写的专题化，每一章节都是一个项目模块，全书系统性强、结构清晰、层次分明，同时各章节又自成专题、相互独立、可分可合、可先可后、可深可浅。这种风格，既便于教，又便于学，既便于讨论，又便于研究，既符合教育规律，又符合认知规律。

本书由苏万益教授主编并统稿，各章节的编写人员如下：苏万益（第一章）、杜柳

(第二章、第三章)、王建强（第四章、第七章)、成光琳（第五章、第六章)。本书在编写过程中，我们参考了有关著作和相关的研究成果，限于篇幅，难以逐一列出，在此谨向原著作者致谢。由于编者水平有限，本书还存在不足之处，恳请各位专家和广大读者提出宝贵意见。

苏万益

2016.6.30

目　录

Contents

第一章 商 史

学习目标

1. 了解我国商贸历史发展和阶段特征。
2. 了解我国税收发展史和货币发展史。
3. 掌握我国商贸发展规律，传承商贸文化。

本章导读

从人类社会自觉使用分工获得外在和内在比较利益来组织社会生产的时候起，交换就作为分工的前提而存在了。随着人类社会分工体系的发展和生产力水平的提高，贸易、商业得以迅速发展，成为最能体现经济本色的经济活动。当今世界具有独立经济体系的市场经济国家社会从业人群中，至少有10%是从事商贸活动的。本章简要地讲述了中国商贸发展史、税收发展史和货币发展史，使中国商贸发展过程中的阶段性特征得以整体呈现。历史悠久、底蕴深厚的中国传统商贸文化是我们的财富。

思考讨论

1. 什么是商业？什么是商贸文化？
2. 为何要学习商贸文化？如何学习？
3. 税收与货币的发展对商贸发展的影响？

第一节 中国古代商业发展史

一、原始社会时期

(一) 商业的源起

商业是在生产力发展到一定水平，有了社会分工和生产物的剩余之后，才逐渐产生的。萌芽状态是生产者之间直接的物物交换，后来才有发展了的交换形式——商业。

最早的交换发生于原始社会。距今六七千年，河南、甘肃、陕西属于早期仰韶文化的村落遗址中都有产于沿海的海贝发现（装饰用），这就是自外地交换而来的物证。当时的交换尚带有偶然性。至距今5000年的原始社会晚期，畜牧业与种植业分工，手工业（制陶、青铜）也相继与农业分离，交换相应扩大。古书中还有“因井为市”的传说，交易常在井旁进行，以便于汲水供人畜饮用或将货物洗净。所以后世常把“市井”连称。

交换初起，发生在因生产门类、自然条件不同而拥有不同产品的氏族、部落之间，由氏族、部落首领为代表，对外进行交换。炎、黄二帝被称为最早提倡和发展商业交换的人。尧、舜、禹都是黄帝的嫡传后人。尧重视商业，舜是个精明的商人，发现了贱买贵卖的意义，是擅长于从事交换活动的一位有名的历史人物：“顿丘（今河南浚县）买贵，于是贩于顿丘，传虚（今山西解虞）卖贱，于是债于传虚。”正因如此，舜被称作“华夏第一贾”。

交换本来先起于不同氏族部落之间，同一氏族部落内部交换物品是后来之事。由于制陶器、铜器、玉器需要比较专门的生产技术，需要长期固定的操作人员和合适的原料，部落中的某些氏族、家族以至家庭，逐渐分工为专门从事某项手工业的氏族、家族和家庭，牲畜也日益增多的转由个体家庭放牧或家内饲养。至此，交换不但对外，而且也在部落、氏族内部发生。在交换中占有利地位以至握有权力的新兴家族和氏族首领不断富裕起来；交换还促进个体家庭经济的发展，成为它们积累财富的重要手段。这些都为私有制的逐渐形成，原始社会的逐渐解体打开缺口。可以说交换实是推动私有化、瓦解公产制的催化剂。禹时天下一统，商业活动更广泛。最突出的标志是，夏朝开始使用货币。禹死，其子启接位，开创“家天下”的夏王朝，奴隶制国家宣告确立。

尧舜时以珠玉为上币，牲畜、生产工具等成为一般的交换媒介。“夏后以玄贝”，夏代用海贝（染黑色）为货币，以后贝币一直广泛使用，直至被金属铸币取代。由物物交换到交换媒介——货币的出现，是交换向前发展的标志。原先物物交换时是买卖同时同地发生，有了货币，一买一卖就分解为两个不同的过程了。

(二) 奴隶制时期的商业发展

物物交换，以及通过货币由生产者与需要者直接见面的交换，统称直接交换，都不能算是商业。当交换日益频繁，交换地区不断扩大，不可能产需都直接见面时，一部分人就从社会上游离出来专门买进卖出，充作产需双方的中间人；组织交换成了他们的职业；有了这种社会分工，于是商人和商业产生。这和历史上的商朝有关。

商王朝建立了一个奴隶制的大国（前 1711—前 1066）。商统治者能取西方之玉石，采南国之铜锡，获东海之鲸贝，来北地之筋角，交换活动十分广泛。但此时远离生产、鄙视劳动的奴隶主，已无人愿意不辞辛苦，不避风险，亲自去主持远距离的交换活动，交换之事已改由其手下的小臣（奴隶管事）率领奴隶去具体操办。这些人扬帆驾车，路上总是在盘算如何“得贝”“朋来”（贝、朋都是货币，五贝串成一索，两索分挂左右，名为一朋，商代的贝为白色），他们“不耕获，不菑畲（菑，初耕地；畲，开垦三年的熟田）”，成了专门搞交换的人。在商朝上流社会里，这一行当就很受重视。有的大贵族更以交换为其主业。一个现存的商代的饕餮纹鼎的内部，刻有像人荷贝立在船里的铭纹，旁边还有一人以手划船的形象，一个人挑着货币，坐着船到别处，显然是去做买卖。这只精美华贵的鼎的所有者，自豪地把做买卖的图形，用作自己官职的徽章和行业的标记了。商统治者所居的城市，称“邑”，里面有“市”“肆”，为往来做买卖的人聚集之处。

商朝灭亡后，商遗族为了应付窘困的生存环境，东奔西走四处贸易。以至于周人认为，买卖人就是商人，商人就是买卖人，于是商人的名称就这样传下来了，他们所从事的行业也相应地被称为商业。

在商国有一位不凡的商人，就是商的先祖王亥。据说王亥发明了牛车，驾着它往来做生意。后来生意做大了，招贼惦记，被有易之君杀了，专车也被人抢了。等商做了遗民，还坚持做生意的传统。有人认为，周朝时商遗民做生意，从此就有了轻商的传统。这种推理可能不正确，因为周很重视商业。胡寄窗先生论证曰：“在西周王朝统治的全盛时期，各种古代文献均未显示有丝毫轻视工商业重要性的迹象。”总之，在商业的起源点上，我们看不到商业乃贱业、商人乃贱人的现象。

二、先秦时期

（一）西周时期的商业与商人

1. 商品种类丰富

据《周礼》记载，当时市场上的商品有“人民、牛马、珍异”。看来，人民那时候还算商品，其实质就是奴隶。据铭文记载，当时五名奴隶值“匹马束丝”，也就是一匹马加一束丝。周前期，土地是不能出卖的，但是到了周共王时期，土地开始租让，甚至可以交换了。周宣王时期，所谓的“普天之下，莫非王土”业已名存实亡，土地开始私有化，并变成商品。

2. 地区贸易发达

在陕西、河南一些西周遗址中都发掘出大量海产品，说明内陆地区与沿海地区交流频繁。

3. 金属货币广泛使用，同时杂以玉、贝、帛、粟等

金属货币中以铜质货币为主（仿农具的铜铸货币称为“布”，也就是布币），主要在奴隶主贵族与大商人之间流通。平民之间，自然会用农具、兽皮、帛、粟等生产或生活用品作为货币替代品来流通。

（二）西周时期的商业制度

1. 政府重视商业

文王时遭了天灾，政府首先想到的是给商贾提供方便。武王灭商，政府招商引资：“乃令县鄙商旅曰：能来三室者，与之一室之禄。辟开修道，五里有郊，十里有井，二十里有舍，远旅来至关，人易资，舍有委。市有五均，早暮如一，送行逆来，振乏救穷。”政府对工商业的导向是：“工匠役工以攻其材，商贾趣市以合其用。”政府认为对商业应该施以轻税：“关市平，商贾归之”，“关夷市平，财无郁废，商不乏资。”虽然政府鼓励商业，对有身份的、受有爵命的人还是有所要求，那就是不能直接参加交易，只能派手下人进入市场，否则有失身份，即所谓“命士以上不入市”，也就是说，只有庶人与商人才可入市。对于自由商人，政府规定他们不能随便转业。

2. 混合经济的西周工商业

一是国营，所谓的工商食官制：“公食贡，大夫食邑，士食田，庶人食力，工商食官，皂隶食职。”二是奴隶主贵族私营。三是城市自由民（国人）及乡下农民（野人）个体经营。总的来讲是国营占上风，但是由于政府只收市税，不收关税，且市税跟交易额没有关系，在其他方面也有便商措施，导致西周末年自由商人的崛起（被称为“富人”“富子”），于是政府开始利用权力搞些“国进民退”的把戏，加强对农工商及山泽之利的控制与垄断。到了周厉王时代，终于引出了所谓的“国人暴动”，周厉王狼狈出逃，死在彘地（今山西霍县）。但是这种早熟的暴动，有好处更有坏处。好处是，中国历史上很早就显示出了商人的力量；坏处是，显示过早，引起了朝廷的警惕，之后抑商贱商也就再正常不过了。

3. 严格的市场管理

每个城市都有专门的市场。《周礼·考工记》载：“匠人营国，方九里，旁三门。……左祖右社，面朝后市。”市分三类：“大市日昃而市，百族为主；朝市朝时而市，商贾为主；夕市夕时而市，贩夫贩妇为主。”三种市都设有专门的官员进行管理，名为“司市”，下设分区管理、辨别货物真假的“胥师”；掌管物价的“贾师”；维持秩序的“司虣”；稽查盗贼的“司稽”；验证“质剂”契约，管理度量衡的“质人”；征收商税的“廛人”（这个时候的政府只收商税，没有关税）。

（三）春秋战国时期的商业与商人

1. 齐国重商

齐是以商兴国的。管仲具有精明贪利的商业品性。待自己做了齐相，遂一展其品性，

制定了极佳的工商政策。第一是轻税："通齐国之鱼盐于东莱，使关市几而不征，以为诸侯利，诸侯称广焉。"（《国语·齐语》）第二是给商人提供各种便利："为诸侯之商贾立客舍，一乘者有食，三乘者有刍菽，五乘者有伍养，天下之商贾归齐如流水。"第三是设立国营妓院。

当然，从管仲开始，中国的商业文化里就有了不良的文化因子。

第一，管仲发明"四民说"。也就是政府要让士农工商各营其业各处其地，不得乌合："四民者勿使杂处，杂处则其言哤，其事易。"即商人可以闷头发大财，但是各阶层之间不能杂处，不能联合，否则他们整天乱说，想成些事太容易了。

第二，管仲发明平准制。也就是政府参与调控商业平抑物价。此招也是有利有弊。民主政体国家，它就走向社会福利一面；专制垄断国家，它就走向国进民退一面。

第三，实行盐铁粮国家专营制。这就不是国进民退了，而是直接拒绝民营进入。

第四，管仲虽然说"仓廪实而知礼节，衣食足而知荣辱"，但他所谓的牧民富民是有限度的。《管子·五辅》篇曰："贫富无度则失。"这种对富商的本能警惕，也是个不好的信号。

2. 郑国重商

优美的商人爱国故事——弦高犒师，说的是秦穆公使孟盟举兵袭郑，过周以东，遇到郑之贾人弦高、蹇他。两位商人商量："师行数千里，数绝诸侯之地，其势必袭郑。凡袭国者，以为无备也。今示以知其情，必不敢进。"乃矫郑国国君之命，以十二牛劳之。秦将相与谋曰："凡袭人者，以为弗知。今已知之矣。守备必固，进必无功。"乃还师而返。

3. 越国重商

吴越争霸，越国除了传统的美人计，经济方面主要就是商战了。据《史记》记载，范蠡的老师计然给勾践谈的商战经验如下："旱则资舟，水则资车，物之理也。六岁穰，六岁旱，十二岁一大饥。夫粜，二十病农，九十病末，末病则财不出，农病则草木不辟矣。上不过八十，下不过三十，则农末俱利矣。平粜齐物，关市不乏，治国之道也。积著之理，务完物，无息币。以物相贸，易腐败而食之货勿留，无敢居贵。论其有余不足，则知贵贱。贵上极则反贱，贱下极则反贵。贵出如粪土，贱取如珠玉。财币欲其行如流水。"结果是十年，越大富，号称五霸。据说，之后范蠡弃官经商发大财，也是用的计然的商战理论。

4. 春秋战国时期重商表现

第一，私商大量出现，著名的有范蠡、子贡、吕不韦等。他们地位很高，或者说社会影响力很大。比如吕不韦，结识流落楚国的异人，助其登上秦国王位，自己得到了位极人臣的地位和财富，留下了"奇货可居"的传奇故事。越国大夫范蠡弃官后经商，"十九年之中，三致千金"；孔子的学生子贡"结驷连骑，束帛之币以聘享诸侯，所至，国君无不分庭与之抗礼"。后两人干脆被后世合称为"陶朱事业，端木生涯"。

第二，工商食官的格局被打破。随着自由商业的发展，官府发现官营商业不利或者亏损，且征商（征收关税和市税）比经商更能保证和增加收入，于是逐渐放弃经商而改为征商，自由商人乘机做大，逐步取代官营商业而居于优势地位。

第三，政府的税种有三类：市税、关税和山泽税。市税开始与交易额发生关系，税率一般为百分之二。关税起源于宋国，之后各国相继效仿，在边境设关收税，税率也是百分之二。春秋中后期，关税不只设在边境，内地也相继设立，且税率开始加重。至于山泽税，春秋后期开始征收，税率比前两种更重。

第四，一些小手工业者已被允许在自己住所的前屋接受加工订货。这就是所谓的工商合一，前店后坊，逐渐发展为中国商业中一种重要的补充形式。

第五，商业主要集中在城市，但是在城外农村中大道旁的空地上由交换而自发形成的定期集市也大大发展了。这种集市，本是产需双方的直接交易，但是商人开始涉足其间谋利。

5. 战国商业大发展

第一，城市增多，市场繁荣，并且初步形成了一些商业中心，热闹非凡。史载齐国都城临淄居民七万户，甚富：“其民无不吹竽鼓瑟，弹琴击筑，斗鸡走狗，六博蹋踘者。临淄之途，车毂击，人肩摩，连衽成帷，举袂成幕，挥汗成雨，家敦而富，志高而扬。”楚国的首都郢更是“车毂击，民肩摩，市路相排突，号曰朝衣鲜而暮衣敝”。

第二，富商大贾数量越来越多，力量越来越大。有些人还把政治也当作了生意。比如吕不韦就明白“耕田之利十倍，珠玉之利百倍，立国之赢无数”。他在赵国邯郸对秦公子异人（子楚）的投资也获得了丰厚的回报，做了秦相，号称仲父，“食蓝田十二县”，“食河南洛阳十万户”。

第三，关税和市税日益成为政府收入的重要来源。春秋时期，政府对关市税是不在乎的，且税率较低，大致在百分之三四。战国时期，税率提高到百分之十，且关与市的数量也增加许多。这导致关市税日益为政府所重视。

第四，金属货币日益确立。春秋时期，黄金作为货币出现，但是，黄金和其他金属铸币在实际生活中使用并不普遍。战国时期，随着商业的发展，体积小、比值大、便于携带的金属货币和贵金属货币地位上升且日渐重要。贵金属货币是指黄金，它代替珠玉成为上币；金属货币主要是铜质铸币。贵重商品的买卖都以黄金论价，大宗粮食贸易及国际的大宗贸易也要用黄金。除了用黄金购买商品外，国君赏赐、官僚相互送礼贿赂也使用黄金。铜质铸币大致有四类：刀币（刀形）、布币（铲形）、圜钱（环形）、铜贝（蚁鼻钱）。

第五，金融业中盛行高利贷现象。像战国四君子之一的孟尝君，给农民放贷，利息高达百分之百，当时叫倍贷。最有意思的是周赧王，听信人言，用天子的名义召集六国出兵伐秦，并自己借高利贷拼凑 6000 士兵，结果六国不听他的，债主倒是纷纷上门讨债来了，他只好隐藏到宫中的一座高台上，给后人留下了一笔宝贵的精神财富——成语“债台高筑”。

第六，在牛马等牲畜的交易中，为买卖双方评价说合的牙人开始出现。

第七，整个社会拜金思想严重，对商人与商业也没有什么歧视。比如苏秦的嫂子对小叔子“前倨后恭”，问及原因，小女人坦率地曰：位高多金。也就是官大钱多。比如杨朱学派，敢对着天下大呼：“拔一毛而利天下不为也”。甚至一般百姓死后，除了大量陪葬冥币，还把算盘、天秤等商业用具一齐附葬。

值得注意的是，战国商业大发展的背后，开始出现不妙的因子。那就是政府开始抑商了。

第一，商人多而富，让政府不安。西周末年的国人暴动，让后世的执政者深刻明白，历史不能重演，商人，特别是富商，需要抑制。

第二，有些富商势力太大，威胁君主权威。比如吕不韦的势力，比如子贡与诸侯的分庭抗礼。正如管子所云，“商人过富，等于国有二君二王”；韩非子也说，“晋之分，齐之夺，皆以群臣之太富也”。

第三，有识之士们已经发现，春秋以降，不管士庶。“莫不离制而弃本，稼穑之民少，商旅之民多，谷不足而货有余”，大家都忙着挣钱去了，种地的越来越少，这很不利于战国时期的耕战。

综上，抑商政策的出现，就是自然而然的事了。这其中的典型代表，首推秦国。秦国最先开始抑商，且最成功。秦国抑商始于商鞅变法，其重要措施之一就是奖励耕战。具体措施有：限制农民弃农经商，提高市税与关税，禁止买卖粮食，提高粮食价格，降低商人地位。耕战的另一面，就是抑商。

三、秦汉隋唐时期

（一）秦始皇抑商

秦始皇统一天下后，统一度量衡与货币，车同轨，书同文，这些措施客观上有利于商业的发展。但是，秦始皇主观上还是要抑商的，继承了商鞅的遗志，主要措施是：

第一，将各地富豪迁入咸阳，就近控制，历史上叫徙豪。虽然政府的重点是豪而不是富，但富与豪是紧密相关的。秦国在统一过程中，灭一国徙一国。统一后又大批量地集中清洗。比如前 221 年（始皇二十六年），政府一下子就“徙天下富豪于咸阳二十万户”，其中就有靠冶铁致富的梁人孔氏和赵人卓氏等。

第二，把商人打入另册，编入市籍，并贬低商人地位。秦始皇颁布了“七科谪”，也就是遣七种罪犯戍边：“治狱吏不直者，诸尝逋亡人、赘婿、贾人，尝有市籍者，大父母、父母尝有市籍者。”这里的贾人，是有市籍的商人。且株及三代，包括有市籍者、父母有市籍者、祖父母有市籍者。看来，商人及其子孙在政府眼里，已跟法律上的逃犯（经商本身就是犯罪）一个待遇了。

（二）汉承秦制

秦二世而亡，百姓拍手称贺，可是商人发现，他们却没有什么可高兴的。刘邦继承了前朝遗志，以各种方式欺辱商人：“高祖乃令贾人不得衣丝乘车，重租税以困辱之”；“贾人勿得衣锦绣……乘骑马”。此外，继承秦制，商人要住在“市”里，编入市籍，身份低于一般的齐民；商人不得名田为吏，商人子孙亦不得仕宦为吏。

高祖之后，政府对商业与商人有所放宽，出现了一批繁荣的商业都会，商人队伍继续扩大，除了原先的坐商及行商，还出现了盐铁商、囤积商、高利贷商、经纪商等商人种类。《史记·货殖列传》言：“汉兴海内归一，开关梁，弛山泽之禁，是以富商大，周流天下，交易之物莫不通得其所欲。”又曰：“关中富商大贾，大抵尽诸田，田墙、田兰、韦家、栗氏、安陵杜氏亦百万，此其章章尤异者也。至若力农畜、工虞、商贾为权利以成富，大者倾郡，中者倾县，下者倾乡里者，不可胜数。千金之家，比一都之君，巨万者乃与王者同乐。”《盐铁论》曰：“自京师东西南北，历山川，经郡国，诸殷富大都，商贾之所臻，宛、周、齐、鲁，商遍天下，故乃商贾之富者，或累万金。”

政府发现，商业形势太好了，政治与经济形势就不好控制了：

第一，政府控制不住物价。米一石万钱，马一匹百金。

第二，政府控制不了商人。武帝时山东大灾导致七十万饥民，政府开仓放赈，粮食不够，只好从商贾手中借贷。没想到商贾们大发国难财，乘机囤积居奇，抬高物价，以至于各郡县需“仰给于商贾”。

雄才大略的武帝当然不会容忍商贾们如此，于是，抑商的重拳就出来了：

第一，向秦始皇学习，直接视经商为犯罪。

第二，实行盐铁官营，不断改革币制，且禁止有市籍的商人及其家属占有土地和奴婢，敢于违抗法令的，即没收其全部财产。

第三，实行算缗。凡属工商业主、高利贷者、囤积商等，不论有无市籍，都要据实向政府呈报自己的财产，凡二缗（一缗为一千钱）抽取一算（一算为一百二十文），而一般小手工业者，则每四缗抽取一算。除官吏、三老和北边骑士外，凡有轺车（即小马车）的，一乘抽取一算；贩运商的轺车，一乘抽取二算；船五丈以上的抽取一算。

虽然如此，汉代的商业还是大大发展了：出现了诸多商业大都市；地区间贩运大发展；民族间贸易大发展，内地与匈奴、西域交流频繁，与西南、东南、东北也有贸易往来；海外贸易大发展，张骞两次出使西域，开辟了中西陆路交通的南北两条大道，史称“丝绸之路”；与东南亚各国的贸易，除了陆路，还有海道。政府经过几次不成功的币制改革，终于摸索出了一套比较完备的币制，就是五铢钱的铸造与发行。它规定了铜钱名义含量与实际含量的比例，确认它为唯一合法的货币，稳定了货币价值，成为中国历史上数量最多、流行最久的货币。

（三）魏晋南北朝商业

魏晋南北朝时期，长期的战乱与分割局面，自然会影响商品的流通与商业的繁荣。而且，非常时期，政府依靠的首先是军队与粮食，商业非当务之急，所以重农抑商的倾向自然更加严重。魏晋南北朝时期商业形势的具体表现如下：

第一，商品流通几起几落。有时候干脆是从头开始。曹操诗云：“白骨露于野，千里无鸡鸣。”三国鼎立后，商业经济各自有所发展。两晋短暂的统一，也让商业有所恢复与发展。

第二，货币制度混乱。有些地区的百姓干脆不认钱了，恢复古代的物物交换：“多以盐米布交易，俱不用钱。”这是长期战乱及分割局面必然导致的结果，也是小民百姓自保的最原始措施。

第三，老百姓在底层为了温饱挣扎，贵族官僚地主在上层经商成风，商业经济有着虚假的繁荣，或者说泡沫。

第四，晋朝继承了汉时歧视商人的一些政策。汉高祖规定商人不得乘车衣锦，晋朝的规定是：“非命士以上，不得乘车马于都城百里之内。金银锦绣，工商、皂隶、妇女不得服之，犯者弃市。”同时，政府在贱商方面更上一层楼。晋朝的法令规定有“市侩卖者”必须在额头上贴着写有自己姓名的标志及“一足着白履，一足着黑履”这样带有侮辱性的公示方法。

最后需要补充一点的是，魏晋南北朝时期的商业经济中出现了新生事物——邸店业。邸店既堆积货物，又寄宿客商，还放高利贷，可谓是集多种功能于一体。方便了商旅，但为贵族、官僚所控断，利润丰厚。

（四）隋朝商业

隋统一以后，生产力大为发展。政府修筑大运河，新铸五铢钱，大大便利了商业的发展。具体表现为：

第一，西京长安与东京洛阳成为全国最大的商业中心，同时还出现了诸多全国性的商业中心，如成都、建康、广州等。

第二，对外贸易分海陆两路，特别是西北陆上贸易，比较发达。通往西域之路有三条：南道、中道和北道。大大方便了中外交流。

第三，政府对盐酒采取开放政策，废止专卖，“百姓共之，远近大悦”。

可惜好景不长，到了炀帝时期，他一是喜欢南巡，到处划圈，摊派勒索无数，官商民皆疲；二是征战高丽，让富人出钱买马供驴，让穷人出命当牛作马，所以商业迅速凋零。

（五）唐朝商业

唐承隋制，商业才真正发展起来。

第一，商业城市大发展。西京长安分为宫城、皇城和外郭。宫城是宫殿区，皇城是中央官署所在地，外郭城最大，划分为108个坊，有东市和西市。店肆多达数千，且按种类分为帛肆、酒肆、药肆、菜肆等。东京洛阳城内，设有南市、北市和西市，繁荣不亚于长安。另有扬州、成都、广州、南昌等，都是繁荣的商业都市，且不乏西域胡商及大食、波斯等国际商人的身影。

第二，市出现了扩展。首先，市与坊的界线被打破。原先居民住在坊区，商人住在市区，市区与坊区是有围墙的，市门有人把守，且开关有时。到了唐末，出现了夜市，市的时间与开关大大扩展，同时，坊区也出现了店铺，坊与市的界线开始打破。其次，市扩展到了农村。

唐初曾规定，市只能设在州县以上的行政机构所在地：“诸非州县治所，不得置市。”中唐之后，随着商品经济的发展，打破了此禁区，农村也有了自己的市。

第三，相关的商业服务行业配套健全，有邸店、柜坊、飞钱等服务行业。邸店既堆积货物，又寄宿客商，店主还兼做经纪人、放贷人等。柜坊又称僦柜，是从邸店中分化出来的独立的金融机构，代客商保管财物，并凭帖或信物替存钱者支付款项，收取柜租。飞钱又称便换，是中国最早的汇兑制度。

第四，民族间贸易发达。唐在诸多少数民族接壤处设有互市，海外贸易也发达，不论是陆路还是海路，都非常繁荣，唐朝时的中国，是整个亚洲的商业中心。

第五，出现了行业性的商帮。按行业不同，唐朝形成了许多商帮，著名的有南北杂货商、盐商、茶商、米商、酒商等。

第六，牙人普遍化。所谓牙人，就是居间商人，替买卖双方说合交易、评定价格，从中抽取佣金。最初牙人活动在邸店或者边境的互市上，之后大量出现，被称为牙郎、牙人、市牙子、牙侩、商侩等，他们渗透到各个行业、各种商市，广泛化、专业化、世袭化。

第七，出现了行。所谓的行，乃是商人的同行业组织。唐市制规定，同行业的商人要集中在一处经营，这就方便了他们之间的组织、接触和交流。为便于对外保护本行成员的利益，对内规范商人的行为，协调同行之间的矛盾与纠纷，行就出现了。行组织的领导人，由同行推荐、政府批准，称为行头或行首。

第八，商业资本活跃，有诸多投向：流通资本、贮存资本、高利贷资本、购买土地资本、手工业投入资本等。

唐朝商业的发达繁荣，离不开唐朝政府及统治者的开明，一是专卖制度松弛，允许民间自由贸易；二是减轻关税与市税。当然，唐朝也贱商、抑商，比如规定工商杂户不得服黄、不得乘马、不得预于士伍等。“安史之乱”是个转折点，“安史之乱”后，唐朝财政陷入困境。

（六）五代十国时期商业倒退

五代十国时期，经济停滞，商业倒退。短命政府及各地割据势力在盘剥人民方面无所不用其极。总体来讲，北方中原地区的五代，历时 53 年，更换八姓十四君，鲜有政绩可述。南方九国，外加太原的北汉，史称十国，主要是南方九国，商业经济相对繁荣。

四、宋元明清时期

（一）宋代商业

北宋时期，政府对商业比较宽松，商业比唐代更为发展，表现为：

第一，商品种类与数量大大增加。

第二，城市数量增多，面积扩大。

第三，原先的坊市制度被彻底打破。前面说过，唐末坊市之间的界线开始被打破，到了北宋时期，这种界线被彻底打破。商业渗入坊区，处处是店铺。既方便了商业，也方便了居民生活。随着市的空间的开放，市的时间也开放，不分早晚，有早市、日市、夜市等。

第四，城市中出现了各种类型的集市，比如定期的庙会、专业性的集市以及节令性集市等。

第五，与商业相关的邸店业、仓储业、柜坊、交引铺、质库、便钱务等大大发展。邸店业超过了唐代，从大城市发展到了小城市。仓储业方面，储存货物的仓库——堆垛场和房廊相继出现。前者用于储存货物的大型货场，没有库房，一般设在城外或汴河沿岸货运装卸的附近，主要是货品周转；后者是专供外地商人储存货物的场所，有成排的房屋，所以又称“廊屋”，一般设在城内，主要储存待售物品。柜坊，如前所述，唐代即已出现，北宋时期开始流行。交引铺是经营交引的买卖和为持交引的商人作担保的商铺。所谓交引，是商人把粮草输纳到边关后政府发给的到京师领钱或者茶盐的凭证。外地商人到京取钱取物，不是找交引铺作保，就是干脆把交引卖给交引铺。这倒有些证券交易的意味了。质库，是以物质为抵放高利贷的商铺，是从唐代的柜坊中分离出来的、独立的融资机构。便钱务，经营汇兑机构，京城及各州都设有。商人在某地将钱交便钱务，领券到外州兑钱。

第六，民族间贸易发达。虽然宋与辽、西夏时有战争，但和平时期设有互市。与其他少数民族政权也设互市交易。至于对外贸易，北宋的海外贸易也相当发达。东南沿海的一些重要港口，比如广州、泉州，都成了著名的国际港口，政府在那里设置市舶司进行管理。

第七，实物货币退出，金属货币成为通用货币。北宋确立了年号货币制度，就是货币以年号命名，这种制度一直延续到清朝。除了铜、铁所铸货币，金银也成为重要的法币。除此之外，北宋货币中最值得一提的是出现纸币，当时称“交子”。

第八，小商小贩大量出现，行业组织更加严密，饮食行业大发展，其他便民服务行业如瓦子娱乐场、租车租赁业、医疗、澡堂等丛生。

第九，商业资本空间膨胀，少部分人先富起来。

徽宗时期，商税日益严重，商民开始不堪忍受；仁宗时，范仲淹搞庆历新政，失败；神宗时，王安石主熙宁新政，亦失败。失败的原因很简单，因为改革更多的是侵害大商人、大地主、大官僚的利益，倾向的是中小商人与一般农民，所以遭遇的阻力也很大，注定要失败。

传统史家，喜欢把南宋称作偏安小朝廷。偏安是对的，但是小朝廷则是不对的。中国人受了大一统思想的影响，喜欢比较国土面积。民之幸福与否，跟国土面积没有关系。南宋虽然只有北宋国土面积的三分之二，但是社会经济则大大发展，商业更是繁荣。

（二）元朝商业

蒙古人建元之初，不但没杀汉人，没将土地尽为牧场，反而采取多种措施，发展农工商，当然其中也不乏这个少数民族政权的独特之处，具体表现及特色如下：

第一，交通运输业空前发达。驿站制度发达；内河航运发展；开发了海运，先是开辟上海至直沽（今天津）的航道，后是开辟苏州刘家港直达直沽的航道。

第二，城市及城市商业大发展，特别是沿海城市。

第三，海外贸易发达。

第四，人口贩运发达。

第五，在私营商业中，蒙古贵族、官僚、色目人、大僧侣占优势。这是元朝的民族歧视政策导致的。

（三）明朝商业

明朝是贫农朱元璋建立的，所以立国之初对百姓还算体贴。大一统的环境配上政府政策的力度，经济迅速恢复与发展。商业形势如下：

第一，交通运输方面。内河航运进一步发展，政府修复了会通河，此河贯穿直隶和长江流域，不仅成为封建王朝漕运的主要路线，而且也是南北货运的主要渠道。南北大运河长达 1 300 多千米，每年有 500 万石粮食和其他商品北运，又有大批北方土货利用运粮空船南运。海运方面，中国有著名的郑和下西洋。陆路方面，政府整修了驿道，运输工具以四轮大挂车为主，载重可达 50 石。邮递业，也就是民信局出现并流行。

第二，商品经济繁荣。社会分工的细化、专业化、地域化等加剧了地区间的商业流通；商品种类增多，需求量增大；城市大发展，新的工商业城市不断出现；更多的农民卷入了商品经济的大潮，农民纷纷弃农经商，并且依赖资本市场也就是高利贷搞经营，经营范围也在扩大中；隆庆开关后，墨西哥银元和产自日本的白银大量涌入中国，明代中叶白银成为主要货币。

第三，商业交往方面。和少数民族设互市，对外海设有泉州、宁波、广州三个市舶司，政府实行朝贡贸易，对民间实行海禁政策："人民不得擅出海与外国互市"，所以私人海商只能地下发展，但政府把他们视作奸商倭寇，一律禁剿。与此同时，西方国家中的先头部队，葡萄牙、西班牙、荷兰相继摸到中国门前。由于朝贡贸易的非理性经济人性质，导致了它无法持续发展，所以，西方商国的到来，仅刺激了中国私商的发展。特别是隆庆开关后，民间海外贸易大大发展。经过中国商人的努力，从福建至菲律宾再到墨西哥，横跨太平洋的商路接通，从此，中国的闽粤商人开始远航美洲，成为世界市场中非常活跃的一部分。

第四，商品经济中出现了所谓的资本主义萌芽。这种萌芽在东南某些手工业部门中稀疏出现，在农业中也有了这种迹象。具体表现为出现了劳动力市场与资本主义性质的工场主。

第五，商品经济的发展，促使社会中形成一个新兴的中间阶层。他们由广大商人、手工业者和市民构成，并且在经济生活中与政府形成了尖锐的对立。具体表现为：政府向全国各地派出矿监税使，督领金银等矿的开采或征收商税，由此导致一系列的反矿税斗争，酿出多次大规模的兵变、民变，使得政府不得不有所退步，减轻矿税之害。这些表明这一新兴社会阶层是有力量的，也是可以和政府议价的。

第六，商业投资方面，出现了合伙投资，分为同族合伙及非同族合伙两类。商业运作方面，突破了原先的家仆经理制，出现了伙计制。商人群体方面，出现了地域性商帮。商帮，是明中期之后出现的具有中国特色的商人群体。商帮是建立在地缘基础上的商业组织。

第七，虽然明朝也抑商，比如朱元璋规定：农民之家许穿细纱绢布，商贾之家禁止穿绢布，如农家但有一人为商，亦不许穿细纱等。但政府也有恤商政策，且到明中叶，商贾地位有所提高，不仅商人本身可以出钱买官，而且商人的子弟也能读书科举。到了明末，政府开始重税，一些工商城镇出现了抗税斗争。

（四）清朝商业

清朝立国之初，由于对前朝海上私人商团的防范，政府颁布迁海令，强迫闽、广、江、浙沿海居民内迁 50 里，经过三次大移民，滨海地区无复人烟，商业一片凋敝。清政府于是采取了一系列恢复与发展生产的措施：

第一，停止圈地，奖励垦荒。

第二，实行更名田法，承认明末起义过程中，百姓对于明朝藩王土地的占有。

第三，减免赋税。结果一是耕地面积增加，二是人口增加。

农业、手工业迅速恢复与发展。商业在此基础上也有所恢复与发展，具体表现在：

第一，资本主义萌芽缓慢发展中，雇佣劳动和手工工场比明朝有所发展，且受雇的帮工、学徒、工匠与雇主商人、手工业主之间的对立与斗争时有发生。雇主一方纷纷依靠同业行会保护自身权益；雇工一方也联合起来，建立或者要求建立自己的会馆组织。

第二，商业高度发展，全国性的市场体系初步形成；与商品流通配套的行业，票号与钱庄进一步发展；具有稳定的货币制度，鸦片战争前以白银为主，铸成银锭和碎银使用；另有国外银元，著名的是墨西哥银洋；道光时期，政府按照墨西哥银币的图案，开始铸造鹰洋，成了中国标准货币，除此之外，还有铜币作为辅币使用。

第三，开放海禁。康熙二十二年（1683 年）消灭郑氏海上势力，统一台湾，政府安全感提升，闭关锁国政策有所放松，于第二年宣布开放海禁，在厦门、广州、云台山（今连云港）、宁波设闽、粤、江、浙四海关，海关制度取代了历代相沿的市舶提举司制度。从此中国的南洋贸易、东洋贸易特别是中日长期贸易大大发展。同时，中俄在《尼布楚条约》之后，建立了中俄直接贸易关系。总的来讲，中外贸易中，中国严重出超，以英国为代表的西商严重入超。但是中国政府向来考虑的不是经济，而是政治。乾隆二十二年（1757 年），政府把四口通商改为单口通商，只留广州一个特区与西人交易（其他港口仍准与南洋贸易），所以有人认为，政府这不是锁国，只是对外贸的管制更加严厉罢了。广东有专门的洋货行（俗称十三行），行商（洋商）被政府特许垄断进出口贸易。

第四，商业资本雄厚。最著名的有盐商、行商、皇商、米商等。盐商是政府特许的特权商人，具有垄断性质；行商是广东负责进出口贸易的，也有着政府特许下的垄断性质；皇商是专门替政府、皇宫、军队采办物品的商人，也是特权商人。相形之下，只有米商还算是民间自发性质的。这些雄厚的商业资本有以下几个流向：商业流通、贿赂官方、自我挥霍、购进土地、放高利贷等。

第五，明朝时兴起的著名商帮继续发展壮大，商人组织有所发展，会馆与公所大量出现。它们不是具有地域性，就是具有同行性，或者二者兼而有之。此外，清末还出现了另一种商业组织——商会。如果说商帮是地域性和血亲性的商业组织，行会是同业性和封建性的商业组织，那么，商会正好与它们相反。商会是一种跨行业的联合组织，不限地域和行业，从横向上把全城各个行业组织联络成为一个整体。商会具有一定的资产阶级民主性，有民主的选举制度、财经制度和会议制度等。当然，商会与商帮、行会难免还保留有千丝万缕的联系，甚至商会本身就是由它们演变发展而来的，但它毕竟是中国近代化的产物，是新型的商业组织。

清朝商业发展的同时，也有诸多弊病，表现在：

第一，内地设常关十三处，并且定有关税条例，但实际执行中却远不是那么回事。名义上是十三关，实际上是三十一关，且苛征与乱收税仍普遍存在。

第二，商品流通受限。关内外贩运方面，由于关外东北乃满人发祥地，所以不许商人逗留；在汉族与少数民族互市方面，政府规定了互市的时间、交易额及禁贩物品；对于盐铁商品，一向规定了流通路线、销售范围与销售额等。

第三，对外贸易压缩为广州单口通商制。广州的外商通称行商，由政府特许，实行的是保商制度，也就是行与行之间互保和行商保夷商；限制出口货物的种类与数量，严禁粮食、五金、书籍出口，对丝、茶、大黄的出口有限量，军火原料硫黄则是绝对禁止出口；广州的外贸虽然是海关制度，但执行中的混乱与违法舞弊现象乃是常态，一直遭遇外商的抗议。

第二节　中国税收发展史

一、税收的产生

税收是一个古老的经济范畴。从人类发展的历史看，税收是与国家有本质联系的一个分配范畴，它是随着国家的形成而产生的。

（一）税收产生的条件

概括地说，税收的产生取决于两个相互影响的前提条件：一是经济条件，即私有制的存在；二是社会条件，即国家的产生和存在。历史上，私有制先于国家形成，但对税收而言，是同时存在这两个前提条件，税收才产生。可以说，税收是私有财产制度和国家政权相结合的产物。

（二）税收产生的历史过程

早在夏代，我国就已经出现了国家凭借其政权力量进行强制课征的形式——贡。一般认为，贡是夏代王室对其所属部落或平民根据若干年土地收获的平均数按一定比例征收的农产物。到商代，贡逐渐演变为助法。助法是指借助农户的力役共同耕种公田，公田的收获全部归王室所有，实际上是一种力役之征。到周代，助法又演变为彻法。所谓彻法，就是每个农户要将一定数量的土地收获量交纳给王室，“民耗百亩者，彻取十亩以为赋”。夏、商、周三代的贡、助、彻，都是对土地收获原始的强制课征形式，在当时的土地所有制下，地租和赋税的某些特征，从税收起源的角度看，它们是税收的原始形式，是税收发展的雏形阶段。

春秋时期，鲁国适应土地私有制发展实行的“初税亩”，标志着我国税收从雏形阶段进入了成熟时期。春秋之前，没有土地私有制。由于生产力的发展，到春秋时期，在公田以外开垦私田增加收入，于鲁宣公十五年（前 594 年）实行了“初税亩”，宣布对私田按亩征税，即“履亩十取一也”。“初税亩”首次从法律上承认了土地私有制，是历史上一项重要的经济改革措施，同时也是税收发展的一个里程碑。

除上述农业赋税外，早在商代，我国已经出现了商业手工业的赋税。商业和手工业在商代已经有所发展，但当时还没有征收赋税，即所谓“市廛而不税，关讥而不征”。到了周代，为适应商业、手工业的发展，开始对经过关卡或上市交易的物品征收“关市之赋”，对伐木、采矿、狩猎、捕鱼、煮盐等征收“山泽之赋”。这是我国最早的工商税收。

二、税收的发展

随着社会生产力的发展和社会经济情况的变化，税收也经历了一个从简单到复杂、从低级到高级的发展过程。从税收的法制程度、税制结构、征纳形式等几个方面，能够较充分地反映税收的发展情况。

（一）税收法制程度的发展变化

税收法制程度的发展变化，体现在行使征税权力的程序演变方面。以此为标准，税收的发展大体可以分为以下四个时期：

1. 自由纳贡时期

在奴隶时期，国家的赋税主要来自诸侯、藩属自由贡献的物品和劳力。从税收的法制观点看，这种以国家征税权和纳贡者自由纳贡相结合的方式所取得的税收，只是一种没有统一标准的自愿捐赠，还不是严格意义的税收，只是税收的雏形阶段。

2. 承诺时期

随着国家的发展、君权的扩大，财政开支和王室费用都随之增加。单靠自由纳贡已难以维持，于是封建君主设法增加新税。特别是遇有战争等特别需要，封建君主更需要开征临时税以应急需。当时，由于领地经济仍处主导也位，王权有一定的限制，课征新税或开征临时税，需要得到由封建贵族、教士及上层市民组成的民会组织的承诺。

3. 专制课征时期

随着社会经济的逐步发展，封建国家实行了中央集权制度和常备军制度。君权扩张和政费膨胀，使得国君不得不实行专制课征。一方面笼络贵族和教士，尊重其免税特权，以减少统治阶级内部的阻力；另一方面则废除往日的民会承诺制度，不受约束地任意增加税收。税收的专制色彩日益增强。

4. 立宪课税时期

取消专制君主的课税特权曾是资产阶级革命的重要内容之一。资产阶级夺取政权以后，废除封建专制制度和教会的神权统治，实行资产民主制和选举制。现代资本主义国家，不论是采取君主立宪制，还是采取议会共和制，一般都要制定宪法和法律，实行法治，国家征收任何税收，都必须经过立法程序，依据法律手续，经过由选举产生的议会制定。君主、国家元首或行政首脑不得擅自决定征税，人人都有纳税义务，税收的普遍原则得到广泛的承认，公众有了必须依照法定标准评定课征的观念。

（二）税收制度结构的发展变化

税收制度结构的发展变化，体现在各社会主体税种的演变方面。历史上的税制结构的发展变化，大体上可以划分为四个阶段：

1. 以直接税为主的税收制度

在奴隶社会和封建社会，由于自然经济占统治地位，商品货币经济不发达，统治者只采取直接对人或对物征收简单的直接税。马克思指出：“直接税，作为一种最简单的征税形式，同时也是一种最原始古老的形式，是以土地私有制为基础的那个社会制度的时代产物。”如人头税，按人口课征；土地税，按土地面积或土地生产物课征；对各种财产征收的财产税，如房屋税等。当时虽然也有对城市商业、手工业及进出口贸易征收营业税、物产税、关税，但为数很少，在税收中不占重要地位。

2. 以间接税为主的税收制度

进入资本主义社会以后，由于简单的税制已不能满足财政的需要，因而利用商品经济日益发达的条件，加强对商品和流通行为课征间接税，形成了以间接税为主的税收制度。征收间接税既可将税收转嫁给消费者负担，又有利于增加财政收入。马克思曾说：“消费税只能随着资产阶级统治地位的确定才得到充分发展。产业资本是一种靠剥削劳动来维持，再生产和不断扩大自己的持重而节俭的财富。在它手中，消费税是对那些只知消费的封建贵族们的轻浮、逸乐的挥霍的财富进行剥削的一种手段。”

3. 以所得税为主的税收制度

随着资本主义工商业的发展，社会矛盾和经济危机日益加深，国家的财政支出亦随之增加。资产阶级国家深感广泛而过分课征间接税，对资本主义经济发展和资产阶级的经济利益会带来不利的影响。首先，对商品的流转额课征的间接税，在商品到达消费者手中之前，往往要经过多次流转过程，每次流转都要征税，流转次数越多，征税额越大，商品的价格也越高。这种情况很不利于企业的市场竞争和扩大再生产。其次，对消费品课征间接税，相应地提高了消费品价格，这就迫使资本家必须提高工人的名义工资。而提高工资又会提高生产成本，从而影响资本家的经济利益。而且过分扩大间接税的课征范围，还会引起无产阶级及劳动人民的反抗。资产阶级为了维护本阶级的根本利益、增加财政收入、适应国家的财政需要，不得不考虑税制的改革。因此，18 世纪末，英国首创所得税，之后时征时停，直至 1842 年开始确定所得税为永久税。在其后各国先后仿效，逐渐使所得税在各国税收收入中占主要地位。

4. 所得税和间接税并重的税收制度

这种税收制度，在发展中国家使用得比较普遍。在少数发达国家，间接税也占一定比重，如法国，自 20 世纪 50 年代以来，增值税一直是主要税种。自 1986 年美国里根政府税制改革以后，发达国家鉴于过高的累进所得税率，不但影响投资者的投资积极性，而且影响脑力劳动者的劳动积极性，因而普遍降低了个人及公司所得税税率。但因政府的财政支出又不能随之减少，所以一方面需要扩大所得税税基，另一方面又只能有选择地增加间接税的征收。于是，一些国家出现了间接税有所发展的趋势。

（三）税收征收实体的发展变化

税收征纳形式的发展变化，体现为力役、实物和货币等征收实体的发展演变。在奴隶社会和封建社会初期，自然经济占统治地位，物物交换是其主要特征，税收的征收和缴纳形式基本上以力役形式和实物形式为主。在自然经济向商品货币经济过渡的漫长封建社会中，对土地课征的田赋长期都是以农产品为主。尽管对商业、手工业征收的商税和物产税，以及对财产或经营行为征收的各种杂税，有以货币形式征收的，但货币征收形式在当时还不占主要地位。直到商品经济发达的资本主义社会，货币经济逐渐占据统治地位，货币不但是一切商品和劳务的交换媒介，而且税收的征收缴纳形式都以货币形式为主。其他实体的征收形式逐渐减少，有的只在个别税种中采用。

（四）税收地位和作用的发展变化

税收地位和作用的发展变化，体现为税收收入在财政收入中所占比重的变化及其对经济的影响。在封建社会制度下，财政收入中特权收入不足时，才征收赋税。但随着资本主义经济发展，资产阶级民主政治取代封建专制制度，特权收入逐渐减少，税收收入在财政收入中所占比重越来越大，成为财政收入的主要来源。在我国，改革开放以来，利润在财政收入中所占较大比重的地位被税收取而代之。随着税收地位的变化，税收作用已从过去筹集资金满足国家各项支出的需要，发展成为调节经济的重要手段。税收在促进资源优化配置、调节收入分配、稳定经济等方面起着重要作用。虽然西方国家再次提出了所谓税收的中性原则，但税收调控经济的作用仍是不容否定的。

（五）税收征税权力的发展变化

税收征税权力的发展变化，体现在国家税收管辖权范围的演变方面。在奴隶社会、封建社会以及资本主义社会初期，由于国家之间经济往来较少，征税对象一般不发生跨国转移，因此，国家税收管辖权只局限于一国领土之内，称为地域管辖权阶段。到了资本主义社会中期之后，国际交往日益增多，跨国经营逐步发展。这种生产经营的国际化必然带来纳税人收入的国际化。一些国家为维护本国的利益，开始对本国纳税人在国外的收入征税和对外籍人员在本国的收入征税。这实际上等于征税权力超过了领土范围，而主要以人的身份和收入来源确定是否属于一国的税收管辖权范围之内。这种被扩大了的税收管辖权等于延伸了税收征收权力，即从地域范围扩大到人员范围。现在以人员为确定标准的管辖权即居民或公民管辖权，已在各国广泛应用了。

（六）税收名称的发展变化

税收在历史上曾经有过许多名称，特别是在我国，由于税收历史悠久，名称尤为繁多。但是使用范围较广的主要有贡、赋、租、税、捐等几种。贡和赋是税收最早的名称，它们是同征税目的、用途相联系的。贡是向王室进献的珍贵物品或农产品，赋则是为军事需要而征收的军用物品。税这个名称始于“初税亩”，是指对耕种土地征收的农产物，即所谓“税以足食，赋以足兵”。但我国历史上对土地征收的赋税长期称之为租，租与税互相混用，统称为租税，直至唐代后期，才将对官田的课征称为租，对私田的课征称为税。捐这个名称早在战国时代已经出现，但长期都是为特定用途筹集财源的，带有自愿性。当时，实际上还不是税收。明朝起捐纳盛行，而且带有强制性，成为政府的经常性财政收入，以至于捐与税难以划分，故统称为捐税。总之，税收的名称在一定程度上反映了当时税收的经济内容，从一个侧面体现了税收发展史。

三、中国古代税收简史

（一）先秦

夏朝采取法律形式确立国有赋税制度。即以五十亩地为计量单位，并取其平均值的十分之一，作为向国家缴纳的贡赋。“贡”法出现于原始社会末期。

商朝的赋税立法没有准确翔实的直接史料。《孟子·滕文公上》有“殷人七十而助”说。孟子在此解释“助”就是“籍”，即耕种公有土地的平民为商王提供的力役地租。其税率按孟子说法，应是十一税率。

周朝基本上是沿袭了夏商的赋税制度。西周仍实行井田制，在此基础上推行“彻法”。

两周时期的赋税制度在春秋战国时期有了很大的改变。前685年左右管仲相齐，实行“井田畴均．相地而衰征”，“以上壤之满补下壤之虚”；同时“划二岁而税一，上年什取三，中年什取二，下年什取一，岁饥不税，岁饥弛而税”，按土地质量等级和年景的好坏向土地占有者征收赋税；前 645 年晋国“作辕田”，“作州兵”，据说就是把土地赏给实际占有者，按占有土地地多少负担军需兵器；前 594 年始，鲁国实行“初税亩”，“作丘甲”，“用田赋”，按私人占有土地面积计亩征收税、军赋、田赋等；前 548 年，楚国“书土田，量入修赋”，进行私有土地的登记，根据收入的多少和土地的等级来确定赋税；前 538 年，郑国“作封洫”，承认土地占有的现实；“作丘赋”，按私有土地收赋税；前 408 年，秦国“初租禾”，按私人耕地的收获量征税。春秋时期的赋税制度改革促进了社会经济的发展，也带动了其他相关制度的改革。

战国时期，井田制为中心的土地所有制被废除，封建田赋制度确立。当时田赋征收有“税地”和“税人”之说。“訾粟而税，则上壹而民平”，“为田开阡陌封疆而赋税平”，把土地与粟作为田赋征收依据。

（二）秦汉

秦统一六国后，在原有赋税制度的基础上，对赋税制度进行了改进。田租、赋税是秦时国家的重要财产来源。秦除按地收租外，还论户取赋，也就是所谓的口赋，即人头税。秦时的赋税除上述两项外，还有徭役制度，徭役制度分为力役和兵役，无偿征取力役，是秦赋役制度的重要部分。

赋役乃汉代国家赖以生存的经济命脉。汉代的赋税除最主要的税种——田租外，还有一项重要的税源就是口赋。这是承袭秦的税制。

（三）隋唐

赋役和力役是封建国家主要的财政来源，历代统治者都十分重视赋役立法。隋及唐前期的赋税制度均是以均田制为基础的租庸调制。

租庸调法始于隋朝，以人丁为基本依据和计量单位。隋初规定，“始令人以二十一成丁，岁役不过二十日，不役者收庸”。后来年老者收庸免役成为定制：“民年五十，免役收庸。”唐武德七年，在实施均田制时重新颁行租庸调法。租，即每个受田的成丁男子每年纳租粟二石或稻三石；调，即随乡土所产，蚕乡每丁每年纳绫或绢二丈，棉三两，非蚕乡纳布二丈五尺，麻三斤；庸，即每丁每年服役二十日，如不服役，每日纳庸三尺或布三尺七寸五分。

唐中后期，均田制遭破坏，大量失去土地以及没有获得足额授田的农民无力承担租庸调制下的赋役义务，国家财政大幅下降。为解决财政危机，唐德宗建中元年（780年），宰相杨炎主持制定两税法。该法取消了原来租庸调法按人丁为依据征收赋役的作法，改为以户为单位，按土地、财产多少分别征收地税和户税两项，被称作“两税法”。两税法按土地及财产征税的作法，有利于税收的均衡负担，是符合当时实际的措施。执行的结果是朝廷的税收有明显增加，对稳定唐王朝的统治起了一定的作用。唐中后期，由于国家财政困难，唐政府采纳大臣建议，开始对盐、茶、酒征税，同时沿袭前朝旧制，继续征收商税和关税。唐代后期还恢复沿行一种税赋——契税。契税起于东晋南朝的“估税”。

（四）宋元

宋仍沿袭唐两税法，但将两税分为田赋，“宋田赋率每亩在一斗上下”。宋开始实行钞盐法，商人向政府交钱领取钞盐券，凭券买盐销售。宋盐税是国家主要财政收入。另外，宋还对出海贸易的商舶及海外诸国来华贸易的商舶征税。

元政权占有中原的时间先后不同，各地原来的法制也有差异，形成元朝田赋法的不统一。南北税制不同，税赋不一，素有“南重于粮，北重于役”之说。北方仿行唐租庸调法，江南仿唐两税法。元继续实行盐专卖，盐利是元财政收入的主要支柱。元的茶税也是政府的一项大宗收入。除上述盐茶专卖外，元对酒醋等也实行专卖并课税。另外，元还实行市舶课税法和商税法。

（五）明清

明和历代一样，仍是以农业为主的经济，农业税、田赋是国家最大的财政进项，辅之以丁赋、差役。明代初行两税法，田赋分夏税、秋粮，中叶以后改行一条鞭法，赋、役渐有合并之势。明初年，为保证政府的财政收入，对全国大部分地区的户籍、土地状况进行了清查，编造了记载户籍的“黄册”和记载土地状况的“鱼鳞图册”，作为征收赋税的依据。国家仅次于赋役的税收，就是盐税，明代继承宋元制度，通过盐引专卖来收取。明代对内对外贸易有了很大的发展，商业十分发达。明政府为了增加国库的收入，对投入流通的产品都依法征收赋税，国家由开始的法无明文规定任意征税到重视以法征税。明代的商税主要包括市税、关税和舶税三种。关税，又称“通过税”，是指在商人必经交通要道设关立卡，征收通过税。明中叶以后，由于赋税沉重，百姓逃亡严重，原有的赋税制度日渐失效，严重影响财政收入。为此，自嘉靖十年（1531 年）起，推行“一条鞭法”的赋役改革，将各种赋役尽可能归并为几项货币税，以征收货币代替征收实物和征发差役。其主要内容是以土地为主要征税对象，以征收白银代替实物的征收；以县为单位统计差役、杂役所需人力、物力的总额，平摊到全县土地税中，作为土地税一起征收白银；另外将各种“均徭”改为按人丁数征收白银，称为“丁银”，由官府自行征收解运代替原来的“民收民解”。一条鞭法是中国古代赋役制度的一次重大改革，它以货币税代替实物税，结束了历代以来以镇守实物为主的国家税收方式，废除了古老的直接役使农民人身自由的赋役制度，使人身依附关系有所松弛；以资产计税为主代替原来以人头为主的税收制度，有利于税赋的合理分担。该法的推行反映了明商品经济发展的要求，反过来又促进了商品经济的发展。

我国自秦汉以来，人民对官府或国家历来承担着两类义务：一是徭役，唐是租庸调制，人民可以庸代役，实际上是人丁税；一是田赋，按地亩征收，或实物（粮谷等）或折银，实际上是土地税。宋改行“两税法”，明发展为“一条鞭法”，使人丁与田赋两种税制渐有合一的趋势。清初以来，随着经济的发展，人口的增加，土地买卖的放开，将人口与土地绑缚在一起已经显得没有意义了，终于在康熙末年命令废止人丁税，实行地丁合一的制度。康熙五十一年（1712 年）上谕宣布“盛世滋生人丁永不加赋”。地丁合一，或叫摊丁入亩政策使得土地的开垦和人口的增加达到了历史空前水平，对中国社会的发展有深远影响。至乾隆中期，人口已达三亿以上。康熙五十二年（1713 年），“地丁合一”被户部遵旨议准为定例，雍正三年（公元 1725 年）修律正式作为条例纂入律中。“地丁合一”作为一项重大政策，在律例中特设专条，表明这项关系国计民生的决策更加有了法律保证。

综上可见，中国赋税历史源远流长，夏代开始，就出现了贡。进入战国，以鲁国“初税亩”为标志，开始征收实物田税。租税制一直延续到秦、汉、两晋。北魏实行均田制，至唐发展成为租庸调制。安史之乱之后，唐开始实行以土地、财产为征税标准、分夏秋两季征收的“两税法”。“两税法”一直沿用到明代。明朝中期，张居正提出了将田赋、徭役和杂税合并的“一条鞭法”。清朝建立以后，在田赋征收上仍沿用“一条鞭法”，雍正年间，实行“摊丁入地”，简化征收手续，完成了赋和役的合一。

四、民国时期的税收制度

到民国时期，随着商品经济的冲击，以及近代民族工商业的形成和发展，税收制度发生了明显的改变。先是对城市工商业课征的间接税超过历史上的田赋，逐渐上升为主要的税收。国民党政府的间接税，除了关税、盐税以外，于 1928 年又创立了统税，对卷烟、面粉、棉纱、火柴、水泥等各种商品征收。据统计，20 世纪 30 年代国民党政府的关、盐、统三大间接税占当时财政收入的比重已达到 60%～70%。值得一提的是，这一时期从外国引进了近代直接税。近代直接税于 18 世纪末的英国首先创立，19 世纪在资本主义各国普遍推行。在我国，则是从 20 世纪 30、40 年代才开始实行，当时国民党政府财政部曾经为此专设了直接税署，起先是于 1936 年 10 月首次开征所得税，继之于 1939 年 1 月开征过分利得税，后来又于 1940 年 7 月开征遗产税。

五、中国治税思想代表人物

（一）管仲

管仲，我国春秋时期杰出的政治家、改革家，以其卓越的谋略使齐国国富民强，“九合诸侯，一匡天下”。管仲主张治理国家必须从发展经济入手，在征收赋税方面强调要懂得“将欲取之，必先予之”的道理。他的那句名言“仓廪实而知礼节，衣食足而知荣辱”，至今仍为人广泛引用。

（二）商鞅

商鞅，先秦法家主要代表人物，曾推行一系列政治与经济改革，使秦国“兵革强大，诸侯畏惧”。商鞅认为，“国之所以兴者，农战也”，主张国家的赋税政策必须为农战服务，对勤劳耕作的农民要给予奖励。他是中国古代重农抑商思想的代表人之一。

（三）桑弘羊

桑弘羊，西汉著名理财家，协助汉武帝进行经济改革，推行了许多重要的财政政策。

与商鞅不同的是，他重视工商业的发展，是中国历史上第一个提出不依靠农业富国的思想家。他主张“民不加赋而国用饶”，认为“盐铁之利，有益于国，无害于人”。

（四）王安石

王安石，北宋政治家。他在任内主持变法，改革前后延续16年，促进了社会经济的发展，扭转了国家积贫积弱的局面。王安石重视在发展生产的基础上谋求财政收入的增加，提出“因天下之力以生天下之财”，主张“以催抑兼并，均济贫乏，变通天下之财”。

（五）张居正

张居正，明代政治家。他在执掌国政的十年间，清丈全国土地，改革赋役制度，推行“一条鞭法”，有效改善了明王朝的财政状况。他主张取财有制、取财有节，认为只有减轻赋税征收才有利于农商发展，这是中国历史上关于农商关系的一种全新理论。

（六）严复

严复，近代思想家。严复对赋税的职能、作用有深刻的认识，认为纳税是公民的义务，而政府征税之后要用之于民，“赋税贡助者，国民之公职也”，“取之于民者，还为其民”。

第三节　中国货币发展史

一、货币的起源

中国古代货币文化很少受外来文化的影响，长期保持着汉民族文化的独有特点，无论是金属货币的铸造，还是纸币的印刷，在币材、形制、币文及货币理论的认识方面，都打上了汉民族文化烙印，如“钱”的圆形方孔形制、纸币多文字少图画更无头像、钱币值如其文等做法都极具特色。

（一）“宝贝”的产生

中国货币起源于夏。同世界其他文明古国一样，中国最早用于交换的一般等价物是海贝。殷墟的墓葬中，普遍发现有贝。盘庚称贝为“好货”“宝货”，商王和贵族对臣下赏赐常常用贝，在甲骨文中，得、宝、贮、买、有等字，都用贝来象征财富。有人训诂，汉字中与财富有关的都从贝字，如负、责、贫、贪、财、货、贯、资、贮、赊、赐、贿、购、买（買）、卖（賣）等字，说明贝为货币是客观存在。古代还有用贝代表百物，像后世“东西”代表百物一样。见图1—1。

对于发祥于黄河中上游地区的夏、商、周族而言，产于远方近海地区的海贝，其色泽鲜艳光亮，质地坚硬耐磨，易于计数，便于携带授受，成为最大限度地打破地域的一般等价物。但海贝不易得，为满足商品交换的需要，就用玉、骨或石制造玉贝、骨贝、石贝，

图 1—1　中国古代最早的货币

特别是到了商代后期，随着青铜冶炼技术的发展，还出现了铜仿贝。东周时期，随着商品生产和商品交换的发展，对货币的需求量大。由于各地经济、政治发展不平衡，在货币制度上，形成了不同的货币流通领域，产生了各种形态的货币及不同的货币体系。但共同特点是以铜币为主要流通货币，杂以黄金、白银、铜块、珠玉、布、绢、帛、龟、贝；各诸侯国自由铸造，体制不一，在同一地区以一种为主，辅以其他形制。在货币收藏界及供鉴赏的货币中，铜币最多。铜币的轻重不等，铸造地区也极纷杂，这与当时诸侯国林立、大商人私铸有关。

（二）布币

一般说来，韩、赵、魏三国的货币主要是铲形的“布”。铲是今名，布是古音。它有两层含义：一是“镈”（锄草的农具）的假借。因布、镈同音，古语通用。而钱字则是从古代农具“刬”（音产）转化而来。二是取其流布长远之意。镈的形状像铲，因此，又称布币为“铲币”。见图 1—2。

中原地区以农耕为主业，农耕工具“镈”便成为殷末周初商品交换中的等价物。“氓之蚩蚩，抱布贸丝”，如果理解为以物易物，用布换丝，就要贻笑大方，这里的“布”实际上是布币。在流通过程中，为了便于携带授受，由原始“镈”的大小向轻小精致且肩、足方圆的形状转变，故布币愈早愈接近农具原状，晚期布币小且精致。目前所见最小的大如拇指，重 5 克左右。布币多铸有文字，铭文有“釿”“梁半鉼”“梁一釿”“离石布”“安阳”等。晚期圆足布面，背后有文，除铸造地名外，是计重或计值的文字。近年在河南扶沟还出土了银质布币，有空首，亦有平首。

（三）刀币

刀币起源于东方渔猎地区和手工业较发达的地区，由一种叫做“削”的刀具演变而成，主要流通于齐、燕两国，赵国也有刀币。齐刀币形制体大厚重，铸工精细规整，尖锋、凹刃、弧背、直柄、环首。刀身背部边缘隆起。币文在刀币中字数最多，有三字刀、四字刀、五字刀、六字刀几种。燕刀币体小薄短且制作粗糙，多为无字（匈奴）刀或少字

(明刀)，其中明刀出土量较多。明刀币，就是有铭文，像日、月二字。赵国的刀币也较小，铸有“甘丹”(邯郸)等铭文。刀币一般长 10～20 厘米，宽 1.5～3 厘米，柄端有环，柄身有两道平行纹，重 50 克左右。但也有长不过 10 厘米，宽仅为 1 厘米，重 5 克的小型刀币。计重与计值的单位不明，有人认为是以“化”为单位。图 1—3 为齐刀币。

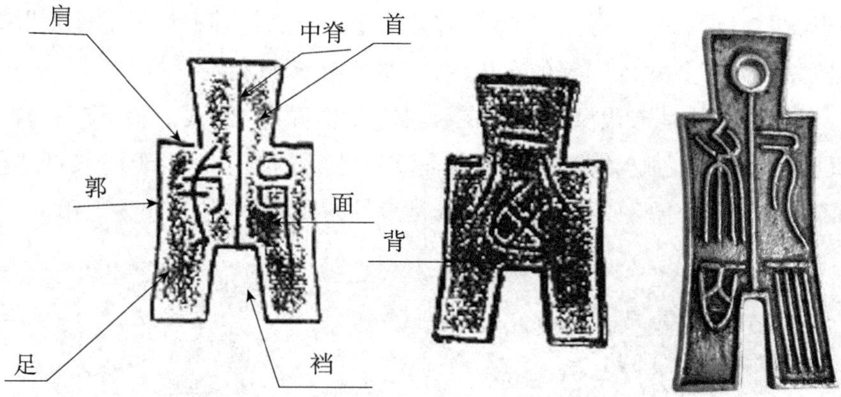

图 1—2　布币

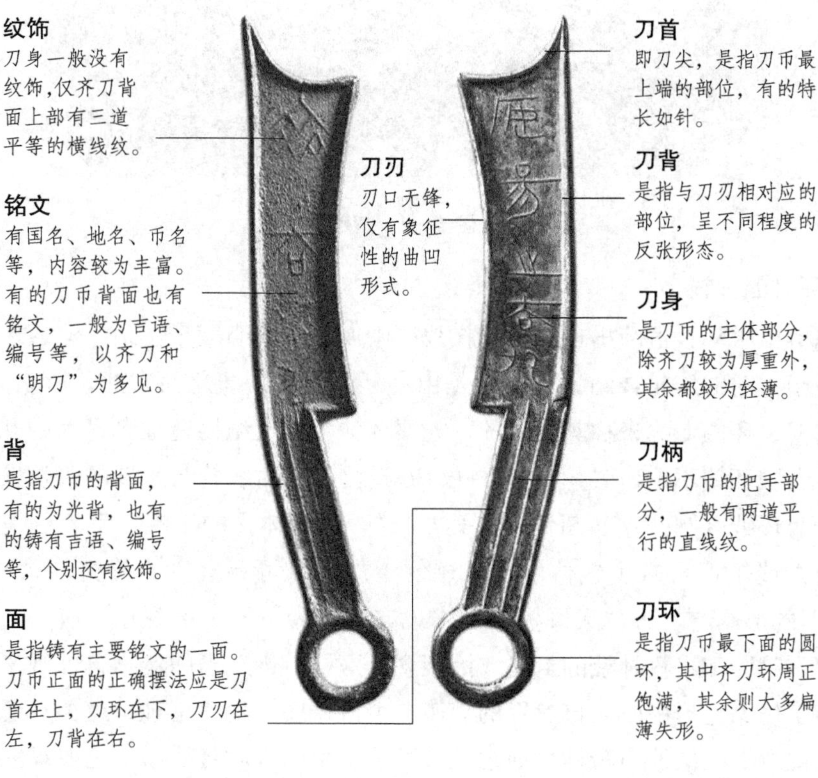

图 1—3　齐刀币

（四）楚币

楚国江淮地区使用的货币有二：一是最早的黄金货币，一是带有神秘色彩的铜铸币。前者为主币，后者为辅币。辅币由贝壳形的铜铸币演变而来，状如底部磨平的贝，呈椭圆形，面凸背平，大如西瓜籽，一般重 4 克，大者超过 5 克，小者不足 1 克。楚贝的铭文有"紊、児、安、君、忻、金、行"字形等。"紊"字，有人将其解释为"圣黍"（降率），也有人认为是"五朱""各六朱"等的合体字。"児"字多解释为"贝""哭""贝化"。史上最早记载"蚁鼻钱"的是宋代洪遵，他在《泉志》里说："此钱上狭下广。背平面凸，有文如刻镂又类字，也谓之蚁鼻钱。"文化都是实际生活的反映，对于尚武且迷信盛行的楚文化来说，其灵感来源于驱神弄鬼的面具或是崇拜的图腾。图 1—4 为楚币。

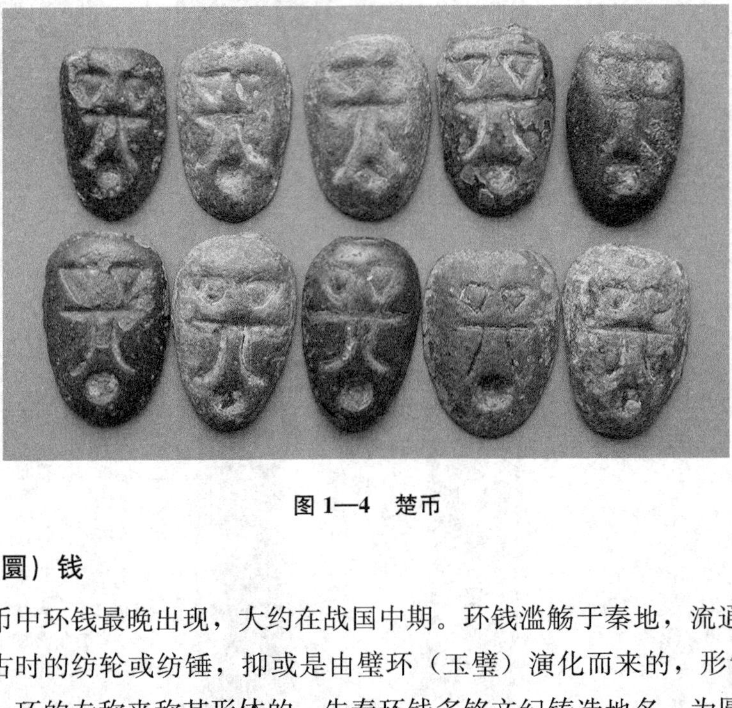

图 1—4 楚币

（五）环（圜）钱

在金属铸币中环钱最晚出现，大约在战国中期。环钱滥觞于秦地，流通于秦和周。早期环钱起源于古时的纺轮或纺锤，抑或是由璧环（玉璧）演化而来的，形制为圆形圆孔。环钱是沿用璧、环的专称来称其形体的。先秦环钱多铭文纪铸造地名，为圆孔，也有少量方孔出土。秦国环钱不论地名，皆为方孔。在造型上由对纺轮与礼器的模仿发展而来的圆形钱，可分为环钱（圆孔）和圆钱（方孔）。这一造型体系的出现，带来了使用携带的便利。外圆内方钱不但可减少钱体磨损，还便于加工（可穿上方木修整钱廓）。并且这种"钱圜函方"的形制与古人"天圆为张盖，地方为棋局"的宇宙观相适应，并符合"天圆地方，其国乃昌"和皇权神授的封建政治理念。这样，创造出的器物自外观来看是模仿事物，却又能于仿象之形中融入自然界的规律，宇宙秩序、生命伦理、道德观念等，使器物之形具有象征意义，散发出精神性的意蕴，甚至于中国人对身后事，也要墓穴为方，起坟为圆，阴阳两界不相隔。图 1—5 为环（圜）钱。

与刀币、布币、鬼脸三种币制比较，环钱最便于携带、授受与清点，且节省用料。从某种意义上说，先人们已知道圆形体最节约材料，这也符合春秋战国时期日益发达的商品

图 1—5　环（圜）钱

交换的需要，因而这种新型的铜质铸币迅速取代北方刀币、布币，按王国维先生的研究，秦继承了周的文化，成为正统，这是秦统一六国的原因之一。当然，秦不但继承了周的正统文化，还有所创新，秦始皇统一货币就是其中之一。

二、法定铜钱币

（一）秦“半两”钱

秦统一后的新币分为两等：黄金为上币，以镒（重 24 两）为单位，以“镒”为名，作马蹄形；铜钱为下币，文曰“半两”（一两 24 铢，半两是 12 铢，约 10 克），重如其文。秦半两为外圆内方的铜铸币，文字是丞相李斯所书的小篆。图 1—6 为秦“半两”钱。

图 1—6　秦“半两”钱

外圆内方的环钱之所以被秦始皇所采用，并由秦国推广到山东六国，其文化意蕴是“外圆内方”，形象地反映了先秦人“天圆地方”的思想。这种思想对秦汉两代统治者有着不可忽视的影响，于是天地之道便成为王权神授的依据，而铸钱的外圆内方，也具有王权的象征意义。可能受这种观念影响，秦将钱币形制固定为圆形方孔钱。于一钱之中，法备天地，天覆地载，万宇一通。既表达了探究天人关系的强烈愿望，又合于外圆代表天命，内方代表地上皇权，天命与皇权在一枚小小的钱币上得到了高度统一。秦始皇继位后，也采用阴阳学说作为统治思想。根据阴阳五行金、木、水、火、土五星相生相克原理，周为火德，“秦代周德，方今为水德之始”。《管子·幼官》中描述水德为“六行时节，君服黑色……治阴气，用六数”，故秦始皇颁布法令，衣服、旌旗、节旗皆上黑，数以六为纪，符、法冠皆六寸，而舆尺，六尺为步，乘六子。这种观念渗透到钱币上，就有了“半两”重十二铢，直径十二分，方孔的长宽各为六分，以方孔的四角为起点，分到延长孔边，射线交于外圆，各起点到交点的总和为十二分。“半两”钱的这些有趣的数学都是“六”的本数或倍数，“六”又是阴阳五行中水的记数，说明它与阴阳五行思想有必然的联系。

外圆内方的环钱形制还有着其他体形不可替代的条件：一是与各种异形铜铸币相比，环钱减少磨损，便于贯穿，最易携带授受；二是铸制环钱在投放市场流通之前要进一步加工整理，打锉毛边，方孔可以牢固地固定于方贯上批量加工；三是节省铸造材料。

秦朝是个短命的朝代，统一货币也并没有彻底执行，但外圆内方的形制，由此沿用了两千多年，并影响了我国的周边国家，许多东南亚国家都沿用这种形式；并且在中国封建社会的进程中，尽管改朝换代频繁，但每个朝代都选择了方孔圆钱作为最基本的法定通货，少数民族和各农民起义军也不例外。因此，秦“半两”钱在世界货币文化史中占有突出地位。

（二）汉“五铢”钱

我国历史上流通时间最长的方孔环钱是“五铢”（见图1—7）。从汉武帝元狩五年（前118年）开始，历三国、晋南北朝，经隋至唐初高祖武德四年（621年），沿用七百多年而不废，这在世界货币史上堪称奇迹。

元狩五年（前118年），武帝指派上林三官——钟官、技巧、辨铜独家铸币，这是五铢钱制的开始。五铢钱轻重适度，式样规整，盗铸不易，便于流通，故百姓乐用，流通时间长、范围广。北至乌兹别克斯坦，南到东南亚诸国，东至朝鲜，西到印度，近代都有五铢钱出土。在五铢钱流通中，不和谐的是王莽托古改制。他附会周景王的故事，开始铸大钱。后因“刘”字有金，刀币犯忌，他又废刀币，另造28种货币，叫做“二十八品”。王莽在八年中共改币制五次，朝令夕改，形同儿戏。给社会经济造成了极大混乱，加剧了新莽政权的灭亡。魏晋南北朝，汉五铢钱仍然通行不废。民间因交换不便，有人冲凿汉五铢钱为“剪边五铢”和“挖心五铢”，即把一个五铢钱人为地分解为两个环钱。结果，一个“铢”字，挖心者存“金”，剪边者留“朱”。时人如此贪鄙，鲁褒发出了“亲爱如兄，字曰孔方”的牢骚话。

图1—7 汉“五铢”钱

“年号钱”顾名思义，就是把年号铸在钱币上，这是方孔环钱文化系列的又一发明。用年号纪年始于汉武帝“建元”（前140年），从此我国始有年号。而最早的年号钱是十六国时期“成汉”政权李寿铸造的“汉兴钱”。

（三）唐“通宝”钱

唐高祖武德四年（621年），废除轻重不一的历代古钱，取“开辟新纪元”之意，统一铸造“开元通宝”钱（见图1—8）。“开元”不是后来唐玄宗的年号，因此不是年号钱；“通宝”者，通行之宝货也。开元通宝钱是我国1300年通宝钱制之始，它揭开了我国货币历史的新篇章：一是创立了衡法“钱”制；二是货币名称通行“通宝”“元宝”，是“宝”口语化的开始；三是开创了由书法家书写钱文的先河，首书者是欧阳询。

唐朝三百年间，主要通行“开元通宝”和“乾元重宝”两种铜钱，俗称“通宝”，不再称作“钱”。钱在人们的观念中是货币或财富的代名词，但是在唐朝时“钱”变成了计量单位。当时为了称量金银的需要，增加了“钱”衡这一单位。一钱为十分之一两，并借用“分”“厘”“毫”“丝”“忽”，作为钱下的十进单位。自此以后，我国的衡制不再以

图 1—8　唐"通宝"钱

"铢""絫"计算，而改用"两""钱""分""厘""毫"，这一制度始于李渊。

"银行"一词也出现在唐代。《太平广记·刘景复篇》载："乙丑春，有金银行首纠（纠）合其徒，以绡画美人，捧胡琴以从，其貌出于旧绘者，名美人为胜儿。"可见当时的银行业为招徕顾客，"宣传花样"别出心裁。这里只是苏州的"银行"，实际上长安、洛阳、成都等城市也出现了"银行"业务，如"飞钱"（异地托收承付）、"柜坊"（僦柜，类似商业银行）、"质库"（抵押贷款）、"长生库"（寺院中小额抵押贷款）、"波斯店"（外资金融机构）、"寄附铺"（有金融功能的贸易仓库）、"书帖"（个人支票）、"文牒"（异地汇票，合卷是经营人员检查真伪，然后异地付款），还有"私举"（向私人借贷）、"宫举"（向国有金融机构借贷）等。

将货币称为"元宝"是唐人对"开元通宝"钱的误读，正确的读法是先上后下，先右后左，但有人读作"开通元宝"或"开宝元通"。将钱命名为"通宝""元宝"，反映了人们对货币价值成为财富的思想认识的加深。

"开元通宝"钱币的形制仍是外圆内方，但是它一反秦汉旧制，钱文不再书写重量，而是法定每钱一文（枚）重一钱，每十文重一两，计一百六十文重一斤。自从李唐创制一枚重一钱的"通宝"钱后，直到清末民初方孔铜钱时代结束，基本上相袭不变成为制钱的标准重量，与铢钱形成我国两大铜钱系统。

元、明、清三朝，铜钱逐渐式微。元朝重钞（纸币）不重钱（铜铸币），自始至终推行不兑换纸币，掺用白银。明代沿用元制，全国上下通行"大行宝钞"纸币，"一条鞭法"后赋税收银，这显然是对百姓的一次掠夺。明朝虽有"洪武通宝"至"崇祯通宝"铜钱，但是铜钱不断减料，老百姓深受其害。清代初期，顺治帝财大气粗，把小平钱每枚重从传统的一钱增加到一钱四分，共有五种式样。所谓"康乾盛世"，实际是国库空虚，其中原因很多，为脸面，朝廷不得不在钱币减重上打主意。到咸丰时，钱法大乱，从此，铜钱便日薄西山，气息奄奄；光绪末年，"孔方兄"终于被机制铜圆取代，从此呜呼哀哉了。

三、纸币的产生

（一）北宋"交子"

世界上最早的纸币是交子（见图 1—9）。交子最早出现于北宋真宗景德年间（1004—1007 年）的四川地区，由当地的十六户富豪联合起来，以负担每年夏秋税赋为代价，取

图 1—9　北宋“交子”

得官府应允创立交子铺，发行交子流通市场。这种名叫“交子”的纸币，“同用一色纸印造，印文用屋木人物，铺户押字，各自隐秘题号，朱墨间错，以为私记”。交子的面值，要到具体使用的时候临时填写。也就是说，票面额是根据请求发交子的人所缴纳现钱数目临时填写，单位是“贯”，并且随时可以向铺内兑换现钱。兑换时，每贯要扣除三十文佣金，作为手续费。

纸币的产生和推广，出现于北宋时期的四川地区绝非偶然。自唐代以来，飞钱、盐引、茶引等有价票证已经比较流行，它为纸币的产生提供了客观基础。宋代使用铁钱交易很不方便，如果要进行大宗买卖，运输就是一个大的负担。比如购买丝织品绫罗一匹，需用两万文铁钱，重约 78 千克。“蜀道难，难于上青天。”交通不便必然要求有一个简便的方法替代。从技术条件来说，要印刷纸币，必须具备印刷技术和造纸技术，而当时这些技术独有宋王朝最为成熟。同时，作为“天府之国”的四川自唐末五代以来，少受战乱滋扰，社会相对稳定，经济相对繁荣，四川又是北宋造纸业和雕版印刷业的重要中心之一。因此，纸币首先诞生在四川就是顺理成章的事了。

交子初创时期是比较原始的纸币，从货币在流通中的职能来看，相当于今天的活期存款单。但是，它已经具备了纸币的基本特征。马克思说：“纸币的发行限于它象征地代表的金或银的实际流通数量，纸币是金的符号或货币的符号……纸币只有代表金量（金量同其他一切商品一样，也是价值量），才成为价值符号。”①

交子使用的范围开始只限于四川地区。后来，富商们把收存来的现钱用于购买房屋、地产或经营邸店及其他买卖，使资本亏蚀，交子不能兑现，导致用户聚众争闹，还有不法用户伪造交子的现象出现，交子的信用难以维持。北宋仁宗天圣元年（1023 年），政府在成都设立了“益州交子务”，从此，交子发行成为官营，纸币也变成法定货币。

政府发行的交子，票面规整，面额虽然也是临时填写的，不过它有一定的等级，自一贯至十贯，每张价值固定。北宋政府发行的交子币值是定额印刷、分界发行、准备金制度，因此在发行初期的约 50 年内，一直保持了币值的稳定和较高的信用。苏辙曾说：“蜀人利交子之轻便，一贯有卖一贯一百者。”在某地某一时间，交子的价格已经超出了纸面币值和铁钱，这就给当时的经济发展和商业交换带来了方便。但是，封建社会的政府往往用发行纸币作为搜刮财富的手段，用来解决所谓的财政困难。最后是“不蓄本钱，增造无艺”，或“籍其法以为边费”，发行无度，且每界周期越来越长，终于导致通货膨胀，流弊不止。

---

① 《马克思恩格斯全集》第 23 卷，人民出版社 1972 年版，第 147 页。

（二）南宋“会子”

南宋时，纸币应用范围更广，有钱引、关子、交子和会子。其中，会子最为通行。这是因为南宋采矿业逐渐衰落，铜钱铸造额大减，加上海外贸易又使铜钱大量外流，政府为了弥补财政不足，大量发行纸币。会子原来是由民间“豪右”们发行的，俗称“便钱会子”，带有便换的性质，后来归于官营。南宋会子，始分一贯、二贯、三贯三等，与铜钱同时流通。后来为了流通的方便，又增印二百文、三百文、五百文三种票面。孝宗乾道四年（1168 年），又确立了会子的流通期限和发行限额。规定三年为一界，界以一千万贯为限，逐界造新换旧，称为“东南会子”。这样，会子在南宋时成为一种全国流通的法定货币（见图 1—10）。

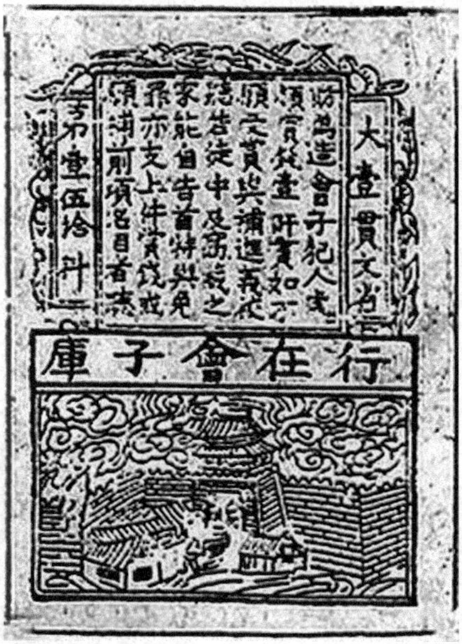

图 1—10　南宋“会子”

南宋政府为防止伪造，官方在纸币用纸、设计图案、用印等印制会子的各个环节上较北宋有了极大的改进，做了一定技术处理。从用纸上来讲，南宋时印制的会子主要用四川地区特制的高质量纸张，少量地采用徽州纸和行在的特制纸张。官方还立法规定，用于印制纸币的那种纸，禁止私自生产和销售。从纸币形制上来看，各种纸币的外形结构都相当复杂。关于隐秘押字，已用印章代替。

（三）元代“宝钞”

元代货币以纸钞为主。元初，用丝数印会子，叫做“丝会”。与两宋不同的是，元代纸币多纪年号，且不限年月，诸路通行。当时币值稳定，人民视钞重于金银。但到世祖末年，元政府随意支用钞本，监发纸币，这种颠倒本末的办法，目的在于放手印造交钞，以虚代实，搜刮民脂民膏。行之未久，物价腾涌，十锭交钞还买不到一斗粟。钞币丢在路上，行人视如废纸。又值海内大乱，军储供给，赏赐犒劳，每日印造，不可数记。图 1—11 为元代“宝钞”。

图 1—11　元代“宝钞”

（四）明代“贯钱”

明代继续发行纸币，但明代行钞与宋元不同。宋元有铜、有铁、有金、有银或丝为钞本，而明代却无此贮备，只给新钞为钞本，发行额也没有限定，所以发行之初钞价就猛跌。尽管明政府采用种种行政手段来维护钞币，但早在宣德年间，民间交易，唯用金银，钞停滞不行了。到正德时，宝钞在流通中已无货币的实际意义，人们在日常生活中在所支付的是银和钱。图 1—12 为明代“贯钱”。

图 1—12　明代“贯钱”

（五）清朝“钞票”

纸币的另一代用名称——“钞票”始于近代。清朝虽以银钱为主流货币，但因鸦片走私，白银外流，在咸丰年间大印纸币，有“户部官票”，有“大清宝钞”，代替制钱行用（见图 1—13）。为了推行纸币，《大清律》规定，伪造钞票者斩监候，“钞票”一词连称始于此。

图 1—13　清朝“钞票”

四、黄金白银

（一）周流天下的黄金

货币不是人类社会一开始就有的，也不是人们有意识发明出来的，而是人类社会发展到一定历史阶段的必然产物。中国货币从天然货币到金属铸币的出现，也证明了这一点。随着社会生产力的发展和商品经济的逐渐繁荣，在流通中作为一般等价物，“随着商品交换日益突破地方的限制，从而商品的价值日益发展成为一般人类劳动的化身，货币形式也就日益转到那些天然适应于执行一般等价物这种社会职能的商品身上，即转到贵金属身上”[①]。与上述观点不谋而合的是，东周时期，我国从社会经济到包括意识形态在内的全部上层建筑都发了天翻地覆的变化。司马迁《史记·货殖列传》、班固《食货志》和《货殖传序》中对这种变化都有极精彩的描述。这期间，贵金属黄金已经在庞杂并用的实物货币和金属货币中取得了主要货币的事实资格（不是法律上）。春秋战国时代的文献关于用金的记载较多，凡是涉及大宗的价值授受关系时，大都是以黄金为支付手段；其次是作为主

① 《马克思恩格斯全集》第 23 卷，人民出版社 1972 年版，第 107 页。

要的贮藏手段，用来标志财富，拥有黄金的多少，就是财富的多少，也是人身份地位高低的象征，特别是在馈赠、赏赐、贿赂等活动中，完全使用黄金。

金属货币虽有了很大的发展，而事实上只有黄金不受时空限制，其他货币却不能越出自己的国界，甚至不能越出自己的产地。黄金是贵金属，单位价值很高，又是称量货币，供应和流通量不可能十分充沛，不便于在民间的普通市场上供日常交易之需，必须有一种单位价值较小，便于流通、携带和保存的金属货币与之并行，以补黄金的不足。不论这种金属货币是作为黄金的辅币，还是作为与黄金同为无限法偿的复本位币。这样，铜铸币大量铸造并成为事实上的主要货币就不足为奇了。铜钱有一定铸形，也有固定的成色和重量，便于辨认、计算和保存，而且体积不大，单位价值不高，便于携带和接受，对民间市场上日常交易尤其是零星交易极为方便，因铜钱可计数使用，如遇价值稍高又可贯千为缗，以缗计数，故民间使用铜钱的场合比黄金更多。这也是大家通晓铜钱的流变而不晓得黄金白银亦为主要货币的缘故。

自西汉至明清，金币也像其他货币一样是方孔圆钱形制。出土的金币中，有“金五铢”“金开元”“金太平通宝”等钱。当然也有罗马金币、大食金币、波斯金币等。不过，金币在我国古代均不是市场上流行的通货。

（二）“银”行中华

1. 龙形、马形、龟形银币

白银成为主要货币渗透到社会生活的各个领域是在明中叶以后，到清代更完备。白鹿币作为一种皮币，是象征货币的开始，滥觞于西汉，不久废除。后来汉武帝铸造银锡币，称为“白金币”，形状是圆形纹龙、方形纹马、椭圆形纹龟，又称为“白金三品”，取像龙、马、龟，重量分别为八两、六两、四两，每枚分别值钱三千、五百、三百。这种货币当时只在上层统治阶级、富豪贵族作为宝藏或大额支付，或王室与贵族之间作为赏赐、馈赠财物时用，不可能成为民间日常商品交换的流通货币，加上与铜币的比价不合理，因此仅试用一年多就废止了，不具备现实意义。

2. 斧形银铤

如果说皮币是中国象征性货币的滥觞，白银币也应是中国最早用银币的例子，白鹿币与白银币就具有了历史意义。后代，货币大多铸成银铤（见图 1—14）、银锭、银饼，以本身的重量参与流动。直到宋元之交的金朝章宗时期，由于财政困难和纸币的滥发，流通领域中铜钱不够使用，官府又贮藏着价值一亿贯铜钱的金银，因此从 1197 年起官府正式发行银币，称“承安宝货”，自一两到十两共五种，每两折铜钱二贯。新中国成立后，在陕西省临潼出土刻有“行人”等錾文的金代银铤，其形状像两把对接的斧

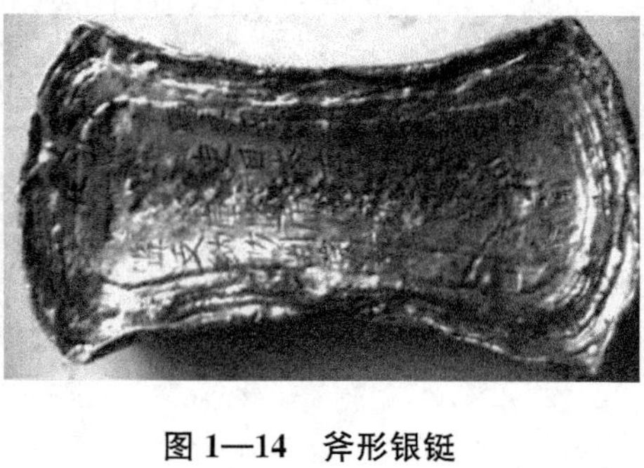

图 1—14 斧形银铤

头，上面刻有人名或行名及所值价格。这是自汉武帝以来第一次正式发行银币，金政府规定银币与交钞相兼使用。元以后，我国实行银本位。

3. 银元宝

白银货币这两次不成功的发行，说明贵金属要成为真正流通的宝货，必须具备一定的条件，即贵金属要成为市场流通的通货必是商品经济的结果，又是商品经济进一步发展的条件，这些条件到明代中叶逐渐形成。明代中叶，在江南和东南沿海的某些手工业部门出现了资本主义的萌芽，大明宝钞纸币虽已流通百余年，但百姓对纸币的信任程度已大打折扣，洪武时虽然法令上禁止白银流通，但实际上白银已被民间广泛使用。从此，银实际上已成为主要法币，这在货币史上是一件划时代的大事。这样，白银不但成为人们积累财富的主要手段之一，而且已作为主要的交换手段和价值尺度。这既是商品经济高度发展的重要标志，也是商品经济发展的必然结果。不过，白银在明代是按重量流通的，属称量货币，史称“银两制”，而银货币的形制直到清朝才定型。

图 1—15　银元宝

明朝的银锭按重量划分有不同的等级，其中最大的为五十两一锭，也叫“元宝”（见图 1—15）。“元宝”的造型很漂亮，两边上翘犹如双翅。有的银铤、银元宝为“束腰形”“棺材形”“马蹄形”，实际是“船形”，取通行四海川流不息之意。外国人看到后可能觉得它更像一种工艺品，而非货币。小银锭一般叫做“银锞”“锞儿”，零碎的银子则叫做“碎银”。到了明英宗时期，则把上好的银锭称为“纹银”。

在人类历史上主要有两种独立的货币文化：一种是西方货币体系，以金银为主，没有穿孔，币面铸有图案；另一种是东方货币体系，以铜为主，有方孔，币面只有文字，没有图案。而明代的元宝、纹银和碎银，却处在这两种货币体系之外。因此，明代的白银使用起来非常麻烦，要看成色、称重量，好像中国突然穿越到春秋战国的纷扰时代了。这种时而“超前”、时而“复古”的货币文化现象，表现出晚明汉人既有包罗万象的胸怀，又坚守着顽固的自负心理，这就是明人处在大变局中的尴尬。

清代，白银作为主币，已铸成银锭和碎银使用。除自铸的银币外，明清时代，还流行国外银元，俗称“洋钱”，也称“番银”或“花边银”等。据考证，流入中国的洋钱种类较多，有镌西班牙皇帝肖像的西班牙银元（又叫“本洋”），有花纹鹰鸟的墨西哥“鹰洋”，有英国在香港、印度造的币面花纹有人持杖而立的“人洋”，还有日本的“龙洋”、美国的贸易银元等。其中最主要的是西班牙本洋和墨西哥鹰洋两种。道光三年（1823 年），清政府按照墨西哥银币的图案开始筹造鹰洋，后来鹰洋在各都市成为标准货币。

课后习题

1. 什么是商业？商业在社会生活中的作用是什么？

2. 为什么要学习中国商贸文化？

3. 中国税制在不同时期的特征是什么？税制对商贸发展的影响是什么？

4. 货币是怎样产生的？中国货币的发展有哪些独特之处？

拓展学习

1. 阅读书籍：《中国经济史》，钱穆讲授、叶龙记录整理，北京联合出版公司、后浪出版公司，2013 年 12 月出版。

2. 观看中央电视台 2012 年制作的 10 集大型纪录片《货币》。

第二章　商　路

学习目标

1. 了解京杭运河沿岸城市商贸发展的历史与文化传承。
2. 了解我国丝绸之路和海上丝路的起源、发展与作用。
3. 了解茶马古道的历史。

本章导读

在数千年的发展过程中，精明的中国商人用自己的脚步踏出了一条条的通商之路。这些商路有的源于民间，有的是由统治者直接建造，不管是江南水乡，还是大漠驼铃，不管是漂洋过海，还是翻山越岭，都演绎出一个个中国商人不惧困难、敢于冒险的传说。通过官贸、民贸等多种贸易形式，将中国的丝绸制品、瓷器、铁器、茶叶等及生产技术如冶铁术传入中西亚乃至欧洲国家，而西方国家的商品、技术和文化又传入东方的中国，繁荣了东西方之间的商业贸易，极大地促进了欧亚大陆各国古老灿烂文明的交流与发展。了解几条商路上的商业贸易历史，对我们今天深刻认识“一带一路”的经济发展战略具有十分重要的现实意义。

思考讨论

1. 什么是京杭运河？你听说过有关漕运、漕帮的故事吗？
2. 丝绸之路的开拓者是谁？他有怎样的经历与成就？
3. 郑和下西洋的历史意义是什么？
4. 茶马古道的贸易由来？

第一节 运 河

一、中国大运河

现在人们常说的大运河一般指京杭大运河，北起北京，南至杭州，经天津、河北、山东、江苏、浙江等省市，贯通海河、黄河、淮河、长江、钱塘江五大水系，全长1794千米。然而历史上的大运河，比京杭大运河（北京至杭州运河）的内涵要广泛得多：隋唐时期的都城是洛阳（东都）、西安（长安），具体来说是以洛阳为中心贯通东西南北的中国大运河；元朝后被称为京杭大运河的阶段，仅是中国大运河2500多年历史的一个部分。因此，中国大运河不止是京杭大运河，还包括隋唐时期的大运河。而京杭大运河离我们最近的，也是元、明、清时期漕运发展鼎盛时期的运河，是沟通内河、联系海港的南北水运交通干线，对历代的政治、经济、军事和文化发展起了重要作用。

（一）中国运河的历史变迁

纵观2000余年的中国大运河修建史，根据各个时期开挖的规模、航运及繁荣程度，我们可以将其划分为三个阶段：隋以前为中国大运河体系的初步形成阶段；隋唐至北宋为中国大运河进一步完善和稳定发展阶段，也可称为中国大运河繁荣阶段；元、明、清为中国大运河南北直航和再次繁荣阶段。

1. 春秋邗沟

春秋时期，诸侯争战。吴王夫差图谋北上伐齐，一举称霸中原，但无奈北上远征首先要解决粮草辎重的运输问题，只依靠人背马扛在当时的道路条件下显然是不现实的。吴王考虑吴国优势的水军作战和先进的造船开河技术，但是由于长江与淮河间水路不通，如走海路则风险加大，因此，运河的开凿提上日程。前486年，凭借长江与淮河间湖泊众多的有利条件，吴国开始开凿运河，因运河起点为古邗城，运河被称为“邗沟”。邗沟是中国大运河的开端，一直是中国大运河的重要组成部分，并诞生了扬州和淮安两座运河名城。

2. 隋唐大运河

有一副关于运河的对联，在民间流传甚广：“南通州，北通州，南北通州通南北。”据说这是乾隆皇帝谕旨的上联，下诏征天下才子对下联。南、北两个通州真有其地，两者分别扼守运河南北两端，将中国南北货物运转流通，通州的“通”就是此意。南北通州是漕运的重要集散地，前者指今江苏通州市，后者指今北京通州区，南北又是名词，故一时没有人能成对。后有才子纪晓岚以“东当铺，西当铺，东西当铺当东西”做成绝对。这也从一个侧面说明无论是庙堂，还是江湖，运河是公认的一条商业通道，在中国人的心中成为文化的一部分。

古时陆路要长途迁移，只能靠骑马、骑驴、乘马车、坐牛车或步行，跋山涉水，行动十分艰难和缓慢。人类早就认识到水是可以利用的，可以坐船过河甚至跨海越洋，既快捷又能辎重，比走旱路要方便许多。可是中国地势是西高东低，河的流向基本上是自西向东，大江大河往往南北不通行，而那个“暴君”隋炀帝杨广却异想天开，605 年，征发近 200 万民工，历时 10 年，把钱塘江、长江、淮河、黄河、海河进行南北向连接，盘活了中国经济文化这盘统一棋局，也成为他在开创科举制度之外的另一功劳盖世的创举。

隋朝大运河（见图 2—1）在长度、宽度、河道深度及通航能力上，是世界最古最大的，它与古老的长城一样，成为古代中国人民智慧和勤劳的象征，千百年来饮誉天下。

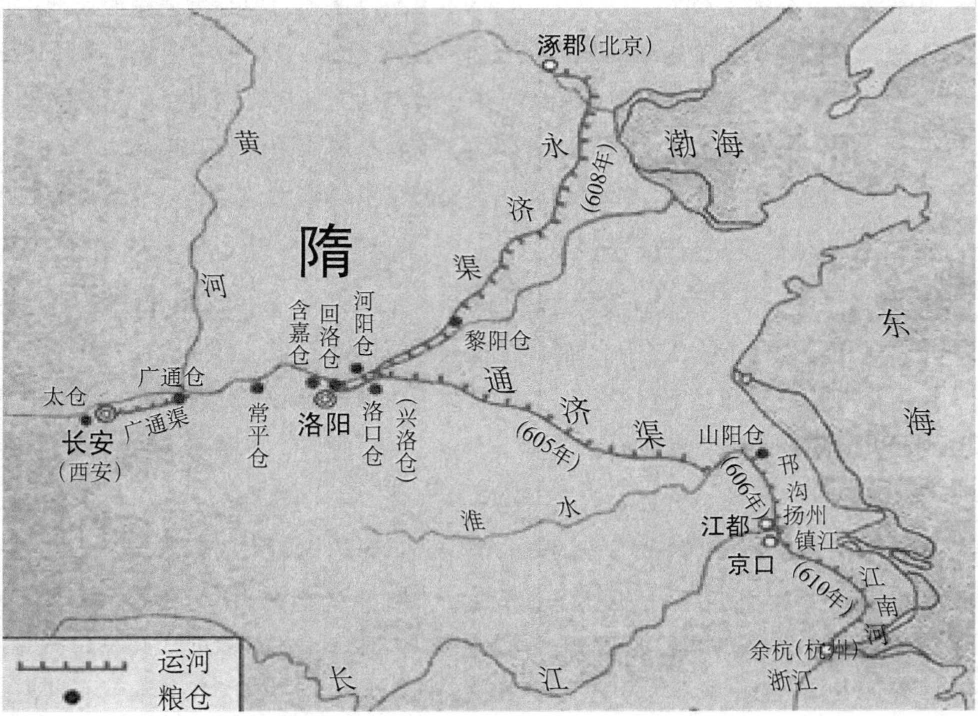

图 2—1　隋朝大运河

大运河还是中国古代城市的“催生婆”，而且多子多福。余杭（今杭州）、苏州、江都（今扬州）、淮安、洛阳、涿郡（今北京）、通州、临清等城市很快兴起并繁荣起来。它的开通，不但维护了国家的统一，还促进了运河两岸城市的发展和运河特色文化的兴起。

3. 京杭大运河

自元太宗窝阔台（1229—1241 年在位）以来，元廷逐渐在广阔的领域内建立起“站”的制度。驿站的设立，增进了各地区水陆交通的发展，便利了商业的交流。元驿站有陆站、水站两种，以陆站为主。陆路的交通工具是马、牛、驴和车，东北地区有狗站，即以狗拉雪橇。水站指内陆运河和自然河的交通，工具是船。中书省腹里各路以及 11 行省所辖驿站共有 1400 余处，其中水站约 400 余处。元人还在山东开凿了会通河，在今北京开凿了通惠河，运河经这次裁弯取直，更加通畅；同时为解决漕运，还首开从今江苏刘家港到天津直沽的“海运”运输。

明朝杨士奇有诗赞通州潞河（北运河）：“清浅潞河流，常维万里舟。越罗将蜀锦，充满潞滨楼。”清朝江萱的《潞河督运图》，描绘了乾隆末年，粮厅使冯应榴乘官船沿潞河前往天津三岔河口视察漕运的情景：河中官船、商船、货船、渔船等各类船只穿梭往来，两岸衙署、店铺、寺庙、民宅、粮仓错落有致，树木茂盛，人物刻画栩栩如生。画中总共出现各种人物 798 人，各式船舶 64 条，真实地表现了漕运给天津地区带来的繁荣与发展。其中一段断续画出了宫南大街、宫北大街的街景：店铺鳞次栉比，廊舍华丽整洁，有的院落花木扶疏。铺面多是前檐满敞形式，有烧锅店、钱号、肉铺、海味店、药铺、布店、米面铺、酱园、烟铺、饭馆、客栈等，在几处稍许宽敞的角落，还有商贩驻足叫卖，街上的行人、车、轿络绎不绝。绿瓦红墙的“天后宫”和彩绘华美、平台宽广的宫前戏楼，格外引人注目。

（二）大运河的历史作用

1. 大运河的军事作用

运河开凿的最初动机是为其军事目的，如吴国开凿邗沟、秦国开凿灵渠，都是为了军事征战。除此之外，运河的开凿也有利于粮食丰产的地区向京城输送粮食，京城作为王朝的政治经济中心，往往是人口和军队的聚集地，有巨大的粮食需求，运河的开凿，能够有效地解决粮食问题，也能够提供其他各类物资，对于王朝统治意义重大。

2. 大运河的经济作用

中国古代长期处于农业社会，粮食安全维系着国家的安全，自古有言“民以食为天”。开挖运河，不仅有利于灌溉和运输，还有利于调控水旱。秦汉时期，随着政治中心的东移和经济中心的南移，运河的开凿方向也由东西方向变为了南北方向。元朝时运河的开凿弃弯取直，比隋唐时期的运河缩短了上千千米，使商品的运输和交换速度大大加快，成就了北京政治中心的地位。伴随着漕粮运输，民间商业及附属产业兴起，运河城市成为商贸中心，商贾云集，繁荣无比。

3. 大运河的科技作用

为保证运河的顺利通航，在运河沿线修筑了许多的水利设施，如船闸、堤坝、河堰等，这些水利工程不仅确保运河运输，同时也对农田水利和洪水控制有着重要的作用。如山东济宁的南旺分水枢纽工程，有很高的科技含量，能够分水七分向北、三分向南，同时兼利南北。这些长久形成的水利技术时至今日依然在发挥着作用，有着深远的影响和意义。

4. 大运河的文化作用

运河促进了经济的发展和文化的交融，不同的文化在相互碰撞的过程中不断形成新的文化。中国古代的四大名著都是在运河流域产生，其他许多著名的小说里也多有描写运河沿线百姓的日常生活，这体现了经济与文化的互动作用。文化的繁荣促进了沿河百姓文化水平的提高，书店、文具店不计其数，戏曲、杂技等文化形式得到了大力传播和发展。

二、漕运

作为历代王朝重要的经济命脉，运河在历代漕运中发挥着难以估量的作用。例如：唐、宋两朝，通过运河漕运粮粟每年达700余万石；明、清两朝常年通过运河的漕运量也达400～600万石。明朝在全国所设20多个官办织染局，有半数分布在运河区域。清朝所设北京、江宁、苏州、杭州等织造局则全部在运河线上。明朝在运河上所设钞关的商税收入每年可达八九十万两，清朝康熙年间更是增加到一百四五十万两。清朝有六大产盐区，其中有4个分布在运河流域。故此，运河的开发直接关系到历代王朝的兴衰，同时创立了独具特色的运河漕运文化。

（一）什么是漕运

漕运是我国历史上一项重要的经济制度，特指中国历代封建政府解送粮食至京师或指定地点的水道运输。用今天的话来说，漕运就是利用水道（河道和海道）调运粮食（主要是公粮）的一种专业运输方式。京杭大运河的开通，是与漕运文化的发展相辅相成、共生共荣的。

水路不通处辅以陆运，多用车载（山路或用人畜驮运），故又合称“转漕”或“漕輓”。运送粮食的目的是供宫廷消费、百官俸禄、军饷支付和民食调剂。这种粮食称漕粮，漕粮的运输称漕运，方式有河运、水陆递运和海运三种。狭义的漕运仅指通过运河并沟通天然河道转运漕粮的河运。

江南地区盛产水稻，京城里的帝王和官员所吃的大米都得从江南运往京城。依赖江淮漕运已成定局，从江南收上来的粮食有一个专门的称呼——“漕粮”。1403年，明成祖朱棣任命陈瑄为漕运总兵官，总督漕运，成为明朝第一任漕运总督，从此开启了明、清两朝600年运河漕运的历史。在陈瑄任上，明朝每年的漕粮运量达到了500万石，相当于今天的300万吨。利用大运河从南方源源不断运来的漕粮，经过1 000多千米的长途跋涉，终于在北京的通州码头卸下。1901年以后，当地的老百姓再也不能在通州码头上看到漕船的身影了。

（二）历史上的漕运

元朝初年，仍通过隋唐大运河北运漕粮，但因运河年久失修，运力有限，部分漕粮开始采用海运的方式。13世纪末，随着京杭大运河的开通，粮食河运和海运兼而用之。

明朝初年，粮食以海运为主、河运为辅。15世纪初，明朝迁都北京后，粮食需求量大增，加之海运艰险，船只时常倾覆，故重新整治大运河，再次以河运为主。

清朝承袭明制，粮食仍以河运为主，贮京师（城内）和通县各仓，以供支用。清咸丰年间（1851—1861年），太平天国占领南京后，漕运通道中断，鄂、湘、赣、皖、豫五省漕粮改折银两，苏、浙两省漕粮改由海运，只有山东和江苏北部的漕粮仍经运河运往北京。1855 年黄河大改道后，运河浅梗，河运日益困难。1901 年，清政府正式下令终止漕运，这项实行了 2 000 多年的政治制度终于退出了历史的舞台。

（三）漕运与北京城

元朝时期的北京还是一片湿地，到处是湖水与河道，称“苦海幽州”，如现在的北海、中南海、什刹海、玉渊潭、积水潭等都是由当年的湿地变迁而成的城市湖泊。自 1272 年元朝建都开始，北京开始实施规模宏大、格局方正的城市建设。老北京有一句谚语：“北京城是从运河上漂来的。”意思是说，建筑北京城所需的各种材料都是从大运河上运来的。

北京的故宫、天坛、十三陵等名胜古迹，在建造这些建筑的老城砖上都会发现“临清”字样，这是因为明、清两朝修建的北京皇宫各大殿和紫禁城城墙用砖，以及明朝修建的北京十三陵和清朝修建的东陵、西陵等皇陵用砖，绝大部分是山东临清砖。历史上京城皇族衣、食、住、行所需，大都是通过大运河从富庶的江南地区“漂”过去的，而其中“住”的主要部分，即营建北京皇城的贡砖，则大都出自临清。

明中叶以后，山东临清所产的砖成为建筑皇宫的主要用材，称临清砖。砖窑设在临清的主要原因包括以下两方面。其一，临清的“区域性地理优势”。临清傍临运河，运输方便，相当一部分临清贡砖是搭乘漕运船只解运到北京。据《临清州志》记载：明初“临清砖就漕艘搭解，后遂沿及民船装运。今（乾隆五十年前后）仍复漕船运解通州”。砖运至天津张家湾码头后，再从陆路转运到京师。其二，临清的土十分特别。由于黄河的多次冲击，临清很多地方的土往下挖一米多深后，就会发现红、白、黄相间的“莲花土”。“莲花土”细腻无杂质，沙黏适宜，烧成砖后“击之有声、断之无孔，坚硬茁实、不碱不蚀”。现在一般砖的硬度是 70 号，国家文物局曾经用回弹仪对临清舍利宝塔上的临清古砖进行测试，硬度达到 200 号，比许多石头的硬度都大。

北京城不仅建都时城市建设的材料从大运河运来，建城后供应北京数十万军民的粮食，也是通过大运河漕运而来的。可以说，没有大运河，没有漕运，就没有北京城，北京城确实是从运河上“漂”来的。当时的积水潭面阔水深，汪洋如海，一望无际。漕运给这里带来了商业繁荣，沿岸成为百货聚集之地。建有米面市、缎子市、皮帽市、铁器市、柴碳市等，更密布着客栈会馆、酒楼茶肆。积水潭与附近的鼓楼西大街、鼓楼前大街（今地安门大街）成为元大都的商业、娱乐中心，繁荣了近一个世纪。明朝建立后，元大都的北城墙南移，切断了积水潭的上游，水量大为减少，明成祖朱棣怕漕运入城带来危险，禁止漕船进城，积水潭作为码头被废弃。后来湖面逐步淤塞变小，在湖面最窄处建成德胜桥、银锭桥，将湖一分为三，形成西海、后海、前海，统称什刹海，积水潭则成为西海的专称。

（四）通州漕运码头

通州在北京东南面，是因大运河与漕运而兴建的城市。它以“漕运通济”之意命名。元朝通惠河开通后，通州开始“编篱为城”。明初，大将军徐达命部将孙祖兴督军，用石头建通州城。城开四门，东门名“通运”，西门名“朝天”，可以看出通州与运河漕运及北京城的紧密联系。明朝漕运不再进京后，通州成为漕运终点的最大码头，日益繁荣。

当时运河上千帆竞发，百舸争流，河岸上码头林立，车来人往。清乾隆时每年有上万艘漕船抵达通州。漕运码头有几十座，石坝码头、土坝码头、东关码头、张家湾码头等都是日夜装卸，紧张繁忙。

石坝码头在运河与通惠河的交汇处西南岸，是朝廷漕粮的专用码头。附近有著名的通济桥和大光楼。大光楼始建于明嘉靖七年（1528 年），明、清两朝，户部坐粮厅官员在此验收漕粮，故又名验粮楼。清光绪二十六年（1900 年），八国联军侵占通州时，将大光楼及众多古建筑烧毁。现在，验粮楼已按原样复建，坐西朝东，面向运河，面阔五间，进深三间，三层重檐歇山顶，楼高 16.55 米。

在石坝码头西南部不远处，矗立着燃灯佛舍利塔。塔始建于北周，唐贞观、元大德、明成化年间均修葺，清康熙十八年（1679 年）因地震而损毁，清康熙三十七年（1698 年）在原须弥座上按原样重建，为 13 层密檐塔。塔身雕有众多佛像与精美的图案，塔檐上悬挂着2000多枚铜铃，微风吹过发出悦耳的铃声。当年，漕船上的船工，远远看到燃灯塔，就看到了终点，看到了家乡，感到了温暖与安全。

现在，金碧辉煌的验粮楼、古朴坚固的石拱桥与挺拔俊秀的燃灯塔相映生辉，共同诉说着古老漕运的辉煌。

三、漕运管理与粮食储备

（一）漕运管理

漕粮征收只是漕运的第一步，运粮的路途极其漫长，浙江省的漕粮运到京城要花 5 个月的时间，若没有一整套的管理、调度、控制系统，漕运是无法完成的。为了保证漕粮顺利地从江南运往京城，从明朝隆庆六年（1572 年）开始，政府就统一明确了漕运的行程日限，各省的漕粮从每年的 10 月开仓，11 月各运粮船队装载完成，12 月开始北上，第二年 2 月过淮安，3 月过徐州进入山东，4 月到达通州。当漕粮北运的时限以法令的形式确定下来后，漕船北上便更加日夜兼程，在通过河道上的重要节点时，漕船必须首先保证通行，合理调度是保证船队顺利过闸的关键所在。历代漕运总督在自己任上都致力于治理运河，督运漕粮，建立漕运管理制度，以漕运总督为中心，形成了一套庞大而系统的漕运管理体系，在中央设户部，在地方设漕运总督总理漕政事务，各省设粮道衙门，分掌各地漕政，各州县专设机构负责征收漕粮，从中央到地方，各级官吏按职权分别负责，从而组成了一个从中央到地方的漕运管理体系，使漕运变得更加高效和有章法。例如，明朝设漕运府总兵官、总督，设立漕运衙门，有 101 个漕运卫所，漕粮运军 12 万多人，运船 1 万多艘。

（二）粮食储备

除运输之外，仓储是古代物流的重要载体。仓是存粮之所，贮粮以备不时之需。政府设专门机构和官员管理仓库。唐朝，京师有太仓，州县有正仓，又有常平仓以均贵贱，有义仓以备不足。常平仓和义仓是储备性质的仓库。粮仓的分布很有讲究。一开始，皇帝把粮食聚集京师，后因漕运艰险，损耗较多，便在河道沿途设仓，派人监管，既减少损耗，又节省人力、物力。

从明朝开始，粮仓基本上都设在京杭运河沿岸，先后开设临清、德州两大仓，各容粮300万石。洪武年间，南京设军需储备粮仓20所。永乐年间，北京设37个卫仓，并且规定各行省都要设置粮仓。清朝时期，粮仓的设置分为国家级仓库和地方性仓库。国家级仓库主要集中在京师（15个）及京杭运河沿岸城市，如通州2个，德州、临清、淮安、徐州各1个，凤阳2个，各省、府、州、县根据漕粮征收情况再设立地方性漕粮仓库。在京师，除粮仓之外，还设有专业仓库。清朝时内务府曾设十大类商品库，分别储存硫黄硝石、布匹颜料、战鞋、裘帽、棉丝、铜铁、甲仗、钱钞、柠丝、纱罗绫锦等物品。

仓库有储存、储备两大功能。储存是将漕运来的粮食保管起来，供皇室、吏官及百姓日常消费；储备是为应付战争、灾荒及突发事件时所需。同时，仓储还有平抑物价之功能。粮食丰收时收进仓库，粮食歉收时开仓放粮赈灾，不至于市面上粮食价格飞涨，影响市场稳定。

古代仓储与现在有所不同，具有当时的时代特征。一是仓储以粮食为主，这跟农耕社会粮食的极端重要性有关。二是仓储分储备和消费两种：储备仓是为战争、灾荒而准备的；日常的消费用仓库，进出库是经常性的。三是仓库专业化明显，存粮为仓，存其他物资为库，不同种类的物品分库保管。四是历代朝廷都设官员对仓库进行专业化管理。

四、钞关与运河商贸

（一）运河沿岸的钞关

1. 明朝钞关的设置

明朝实行禁海政策，京杭大运河是全国南北商品流通的主干道。大运河的船运繁荣，为政府税收带来了巨大的利益。据明朝资料显示，从运河沿线征收的税金占全国税收的九成以上。征收京杭运河过往船只和商品关税，成为税收的重要来源。明宣德四年（1429年），因商贩拒用大明宝钞，故命各商运关所商货税款用钞缴纳，故名钞关，即内地征税的关卡。全国八大钞关有七个设在运河沿线，由北至南依次为北京崇文门（北京）、河西务（清朝移至天津）、临清、淮安、扬州、浒墅（苏州城北）、北新（杭州），派御史及户部主事监丈量从北京至杭州的运河来往船只大小、长度、路程远近，分等征税。其中临清、北新两个钞关征收船料与货税，其他各关只征收船料。钞关的职能是进行税务征收，包括征税、税则（制）和税收分配等方面的事务，但主要职能是征税。

在具体的区域空间中，钞关又与区域经济网络的建立和城镇发展密切相关。首先，关署“事关政体”，是中央设在地方的直辖机构，由中央或地方派驻官员进行管理，并不断加强军事保卫措施，这不仅进一步提升了设关城市的政治地位，而且良好的治安环境为商业的繁荣提供了保障。其次，钞关都设在运河要冲之地，北京、杭州关分置运河南北，中间诸如天津、临清、淮安、扬州、浒墅都是运河沿岸的重要城镇，每到漕运盛时，“帆樯如林，百货山积”，过往船只往往在等待过关验收的同时进行商品贸易，进一步加大了商品贸易的流转。同时等待过关的行商往往在钞关附近的塌房、官店、私店内居住，带动了钞关附近商业和服务设施的发展。便利的交通和繁荣的贸易促使运河各钞关所在城镇逐渐成为区域经济中心和流通枢纽，并进而辐射、带动了周边区域经济的发展。最后，钞关的存在也一定程度上关涉到城镇人口数量与结构性变化。管关官员和依附钞关生存的胥役、关棍、牙商、脚夫等社会群体在城镇中大量增加，在明清传统户籍控制政策松动和雇佣关系进一步发展的大背景之下，这种依附关系部分地解决了破产农民、手工业者的生活来源问题。

全国的八大钞关（税收署）有七个设在运河沿线，运河沿线七大钞关的设立，既迅速带动了环运河带区域经济网络的建立和运河沿岸城镇的发展，也说明了京杭运河对明、清政府的重要性和经济地位。京杭运河上的钞关曾存续数百年，为历代政府提供了重要的财政支持。行商过关，要按照程序填写税项，钞关按律对各类货品征收数目不等的税款。京杭运河历经元、明、清数年的漕运畅通和贸易兴盛，促成了沿岸城镇的持续繁荣。

2. 临清钞关遗址

临清运河钞关位于临清城区内运河旁，是明、清两朝中央政府设于运河督理漕运税收的直属机构，也是目前全国仅存的一处运河钞关。

临清运河钞关始设于明宣德四年（1429 年），宣德十年（1435 年）临清钞关升为户部榷税分司，并下设五处分关，由户部直控督理关税。依靠运河，临清经济迅速发展，成为重要的商品集散地。人口激增，加上各级衙门官署的增设，海内外舟航聚集于此。临清城内商业也非常繁荣，明景泰年间至嘉靖年间，布店 73 家、绸缎店 32 家、杂货店 65 家、当铺 100 多家、瓷器店 20 多家、纸店 24 家、辽东货店 13 家、大小客店数百家、盐行除国家专卖店外还有私人盐店十余家，此外还有众多的粮铺、茶叶店、羊皮店等散布各街巷中。通过发达的运河、快捷的贸易和运输网络，临清将其经济活动延伸到几乎全国所有重要经济区域和城市，因此在明朝全国著名的 33 个大城市中占有一席之地。万历年间征收税银 83000 余两，多于京城崇文门税关，居全国八大钞关之首，占全国税收的 1/4。清光绪二十七年（1901 年），京杭运河上的漕运停止，钞关署治废除。

（二）运河商贸与沿岸城市发展

京杭运河漕运的畅通及在沿岸城市钞关的设置为其进一步的发展创造了条件。明、清运河城市由于自然环境与社会环境的差异而存在不同的发展模式，但无一例外都属于漕运重镇与水陆码头，受大运河的影响非常明显。

元朝京杭大运河的重新开通和南北取直，为运河沿线城市的发展开辟了一个新时代。由于通惠河、会通河、济州河的开凿，一批新兴运河城市如通州、天津、临清、济宁等悄然崛起。位于大运河南、北两端的大都（今北京）和杭州分别成为当时世界上最为著名的城市。明清时期，运河城市持续发展。特别是明中叶以后，社会生产力水平有较大的提高，社会分工进一步扩大，手工业诸如冶炼、制瓷、纺织、造船、染色、制盐、造纸等行业有较大的发展，国内外市场不断开拓，由此将运河城市的发展推向一个繁荣发展阶段。在当时全国著名的工商业较发达的 30 多个大中城市中，就有顺天（今北京）、镇江、苏州、松江、淮安、常州、扬州、仪征、杭州、嘉兴、济宁、德州、临清 13 个为运河城市，几乎占了半壁江山。其他如淮安、浒墅、天津、东昌、徐州等也都具有相当规模。这些城市都位于运河与其他河流的交汇处，它们的兴起与繁荣都同商路的繁盛和运河的通漕关系密切。

运河城市是大运河长期营造的结果，而城市一旦形成，反过来又加强了运河的漕运功能，维护着漕运的正常运转，并进一步发展了运河的经济功能，使其效用得到更大限度的发挥，进而推动着运河体系的发展与完善。运河城市是连接都城与漕粮产地的一个个节点，它们担负着漕粮转运、运河维护的任务，既是运河发展的成果，又是运河向外延伸的起点。以元、明、清三朝的京杭大运河为例，在运河沿线各主要城市都设置了高级别的行政管理机构，派驻大量军队，以加强对运河地区的控制。

明、清两朝在淮安设置漕运总督衙门，作为管理漕运事务的最高行政机关；在济宁、淮安等地设置河道总督衙门，总管运河疏浚事务；在通州、德州、济宁、淮安等地设置大型粮仓，以供转漕之用。这些设施无不在强化运河的作用，维护运河功能的发挥，推动运河的持续发展；同时，沿岸城市本身的发展也更加依赖运河，并对运河的开挖、疏浚和维护提出了更高的要求，这些都是对运河发展的有力推动。

北京作为明、清两朝的首都与政治中心，被称为“漂来的城市”，就是因为城市建设中所需要的原料都是通过运河转输而来，其中木料来自四川、贵州、湖北等地，砖瓦由漕船从临清、德州夹带而来，瓷器从江西景德镇通过长江转入运河后进入北京。除此之外，由于京城人口众多，粮食与各类物品不能自给，因此每年需要从江西、湖北、湖南、浙江、江苏等省份运入大量漕粮，这些漕粮加上运军附带的土产品，对于北京市场的活跃与物价的稳定具有重要的意义，从某种程度上讲，大运河就是明、清两朝的经济命脉，是其赖以生存与维持的物质基础。与北京这样的政治性城市不同，天津、德州、临清、徐州、淮安、杭州、苏州等城市则主要凸显了其经济功能，这些城市依靠国家的漕运政策与优越的交通位置，不但顺利完成了城市的转型与发展，而且实现了经济的飞跃与繁荣。

第二节　丝绸之路

一、丝绸之路与长安城

（一）丝绸之路的开启

汉唐时期，长安（今西安）和罗马是世界上最强大的两个城市，并峙于地球的东、西方，而连接它们的，便是丝绸之路（见图 2—2）。西汉时，张骞两次出使西域，开辟了东起长安，经甘肃、新疆，到中亚、西亚，并联接地中海各国，西到罗马的陆上通道（这条道路也被称为“陆上丝绸之路”），包括南道、中道、北道三条路线。司马迁在《史记》中以“凿空之旅”称赞张骞开通丝绸之路的卓越贡献。

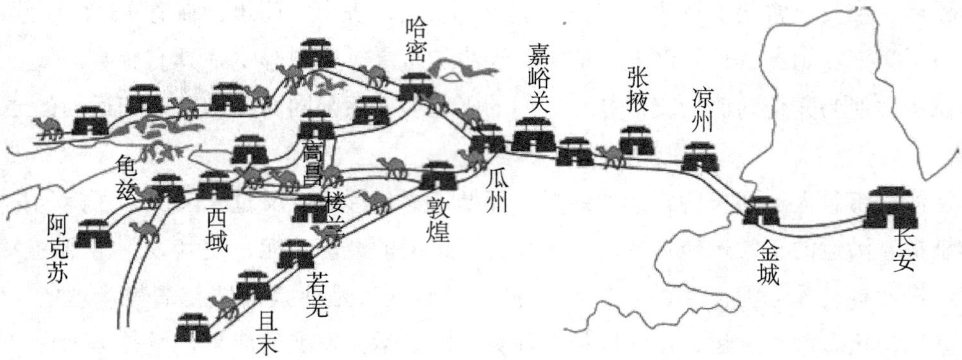

图 2—2　丝绸之路图

前 138 年，汉武帝时期经济繁荣，国力强盛。汉武帝派使者张骞首次出使西域，本意是寻求盟友抗击匈奴，解除对汉朝构成的严重威胁。后来张骞返回长安向汉武帝报告了在西域的见闻以及西域诸国和汉朝往来的愿望，同时大将卫青等奉命率骑出雁门等地，打败了匈奴，夺回了河套等失地。前 121 年，匈奴据守在西方的浑邪王向汉朝投降，汉朝得到河西走廊。前 119 年，汉武帝派张骞第二次出使西域。这次张骞率领出访使团、庞大商队，带着上万头牛羊和大量丝绸，访问了西域的许多国家。自此，汉朝频派使者到西域各国，一年中最少出使五六次，每次人数众多，有“使者相望于道”的盛况。随之，西域各国也派使节回访长安，汉朝和西域各国的交往从此日趋频繁。前 60 年，西汉设立西域都护（西域最高军政长官），都护总管西域事务，其主要职责在于守境安土，协调西域各国间的矛盾和纠纷，制止外来势力的侵扰，维护西域地方的社会秩序，确保丝绸之路的畅通，西域各国由此纷纷归附汉朝。从此，今新疆地区开始隶属中央的管辖，成为中国不可分割的一部分。西汉末年，在匈奴的袭扰下，丝绸之路中断。东汉时期，班超出使西域任都护，重新打通了隔绝 58 年的丝绸之路，他在西域经营 30 年，加强了西域与内地的联系。

（二）丝绸之路的发展

丝绸之路开启后，通过丝绸的贸易活动，中国中原内地和西域、中亚及欧洲的商业往来迅速增加，中国丝绸、茶叶、瓷器、漆器等主要商品通过河西走廊上的张掖运往西域，远销大夏（西域古国）、安息（今伊朗高原和两河流域）、大秦，直至地中海沿岸地区。西方主要有胡麻、胡桃、胡萝卜、胡瓜、葡萄、石榴、琥珀等商品销往中国。班超曾派甘英出使大秦，这是他首次将丝绸之路从西亚一带延伸到欧洲。166 年，大秦使臣来到了洛阳，这是欧洲国家同中国的首次直接交往。从此以后，丝绸之路空前繁荣起来，它把当时世界上最发达的几个主要文化地区，即东亚、南亚、中亚、西亚、北非和欧洲联系起来。

东、西方不仅在物产上实现了互通有无，而且多种文化也在丝绸之路沿线地区交融汇合并传播。例如，佛教东传、中国古代四大发明西传，使得各个地区的文化通过相互交流而蓬勃发展起来。萨珊王朝的城市建筑具有东、西方文化兼容的特点，西域文化对汉唐的影响从中原地区开始逐渐接受龟兹音乐和舞蹈就可见一斑。

遍及亚、非、欧三大洲的文明大汇合，带来的影响积极且良好。不管是西方，还是东方，原先是发达地区，还是落后地区，经济文化在原来的基础上均有较大的发展，并且达到了很高水平。例如，在阿赫门王朝时期，波斯文化对中亚的影响明显，人民的生产积极性提高，伊朗与中国通过丝绸之路进行贸易往来，除了进口丝绸产品外还进口生丝，然后采用萨珊传统的纺织方式进行再加工。从考古资料上看，萨珊王朝的丝织品图案十分精美，深刻地影响了拜占庭和中亚。在中亚，索格底亚那的商人也十分精通丝绸之路的贸易活动。长此以往，丝绸之路沿线的民族和国家，不仅为丝绸之路的发展作出了巨大贡献，而且成为丝绸之路发展的受益者。

（三）丝绸之路的起点——汉唐长安城

长安，是世界公认的丝绸之路东端起点，是开启丝绸之路文化和历史的钥匙，也是汉唐时期中国的政治、经济和文化中心。

1. 汉唐长安城的地理全貌

汉长安城位于渭河以南的关中平原上，城市如南北斗星，又称为“斗城”。“斗城”四周十二座城门，四面各有三门，各门均有三个门洞出入。城内街道纵横交错，穿插于宫殿群和居民区之间（《三辅黄图》）。《关中胜迹图志》引《汉旧仪》说：长安城中有“八街、九陌、三宫、九府、三庙、十二门、九市、十六桥，水泉深二十余丈。城周有隆池围绕，广三丈，深二丈，石桥各六丈，与街相直”，反映了长安城建筑物鳞次栉比和交通四通八达的情况。内城面积约 36 平方千米，外加上林苑等离宫别馆的话，面积高达数百平方千米，城市人口约 50 万。

唐长安城（隋大兴城）是隋朝初年，隋文帝在汉长安城东南方兴建的新都城。隋迁都大兴城（即唐长安城）后，有着近 800 年历史的汉长安城便被永久地废弃了。唐长安城分郭城、宫城和皇城三部分，采用中轴对称布局，规划严谨，宫殿宏伟，街坊整齐，功能完备。唐长安城周长 36 千米，形状似正方形，南北 11 纵、东西 14 横的大街构成棋盘式结构，每条大街笔直贯通，宽敞通达，宽度几十米到上百米，最宽的中央纵向大街朱雀街，最宽处有 150 米，堪称中国古代都城的典范。城市总面积达 83 平方千米，人口达百万之众。开远门是唐长安城的西门，也是丝绸之路的起点。

2. 汉唐长安城的城市管理

汉朝统治者为了维护首都的安全，对都城采取军事管理和分片区管理。一是在城内驻有大量军队，使长安实际上成为一座庞大的军营。各城门设重兵把守，皇朝亲信统率管理，中尉兵巡察京师，南军、北军专管卫护未央、长乐等重要宫殿。二是按都城结构将城中宫殿区、居民区和工商业区依政治、经济进行分片，并按阶级、职业组织聚居和管理。城北聚集手工作坊和居住闾里等，成为集中的经济区。城南以宫室为主，加上官署、府库及贵族达官形成“甲第”的政治区。唐长安城都城结构是宫城外有皇城，皇城外有郭城，管理上就是按这种结构采取放射状管理。即皇城居官，官员按官衔级别从高到低一路向外居住。郭城则居民，朝廷为了防范盗贼，确保首都的安全，利用郭城南北向大街 8 条、东西向大街 14 条将居民区划分为上百个里坊，坊的四周建造宽 3 米左右的坊墙，一般都是四面开门。每坊由坊正负责开关坊门及督察，左右街使负责治安，并在坊角设置武侯铺。每当夜晚坊门关闭以后，严禁人们出入里坊，实现规范而严格封闭的里坊管理制度。

城市商贸的发展，客观上要求打破坊市分离的管理制度。唐朝中期后，工商店铺冲破“市”的限制，渗入坊内，长安城内侵街建房、坊内开店、开设夜市等里坊制行为层出不穷。例如，内延坊有玉器珠宝店，永昌坊有茶肆店，道政坊、常乐坊有酿酒店等。唐朝后期，长安的崇仁坊“一街辐辏，遂倾两市，昼夜喧呼，灯火不绝，京中诸坊，莫之与比”。

3. 汉唐长安城的繁衰

汉唐长安城之所以成为国际性大都市，一是因为庞大的国际贸易量，二是因为兼容外来文明。由于政治环境的安定和丝绸之路对外贸易的发展，以及农业、纺织业及黄金生产、水利资源的开发和利用等，汉唐长安城的工商业发展迅速，出现了兴旺繁盛的局面。汉长安城的手工业中最主要的如冶铁、木工、漆器、纺织、制革、丝绸、酿造等较以前都有了很大的进步。例如，汉朝在长安设有东、西织室，集中了优秀织工，专门为皇家生产高级丝绸绫娟。相传巨鹿（今河北平乡县）人陈宝光之妻能织葡萄锦、散花绞。大将军霍光之妻把她召到长安织作，她用的织机有 120 个镊子，60 天即可织绞 1 匹（《西京杂记》卷一）。这种能织图案花纹的技术，无疑是纺织业的新工艺。

西汉末年，长安城毁于战火。东汉定都洛阳，以长安为西京。魏晋南北朝时期是一个战乱纷争的时代，汉长安城也难免兵火破坏，但先后仍有前赵、前秦、后秦、西魏、北周以汉长安城为都。在丝绸之路因中国国内政治动乱无暇西顾而时断时通之时，汉长安城始终是中国西部地区最宏大、最重要的城市，也是集结中西国际贸易的重要商埠。

唐长安城允许来自各国的使节、学者、高僧、艺术家、留学生和商人流寓侨居。朝廷对侨居长安的外国人采取保护和礼遇的政策，准许其在长安建立宗教祠宇。贞观时仅突厥降部入居长安的就有近万家。有的担当重要官职，有的在长安西市经商，有的驯养驼马、骑射狩猎。长安城内“胡着汉帽，汉着胡帽”的现象很常见。当时与唐通使的国家和部族多达上百，丝绸之路沿途国家和地区的经济都得到了发展。《资治通鉴》天宝年条称“是时中国强盛、自开远门西尽唐境，凡万二千里，间阎相望，桑麻翳野，天下称富庶者，无如陇右”。

（四）汉唐长安城东、西两市

1. 汉长安城的东、西两市

汉长安城实行“一城多市制”，市场聚集于城市的西北角，由横门大街相隔，分成东市三市和西市六市，以“长安九市”著称。横门附近交通地理位置非常优越，附近的横桥、渭桥既是通往豪富麇集的五陵邑的必经之路，又是西域商人入长安的第一站和横贯关中平原东西大道的咽喉，便利的交通使这里成为商业发达地区。

汉长安城东、西两市大体为正方形。两市中有东西、南北各两条道路，形成井字形格局，把市场分成九个区，每区有数排按商品种类排列的商店，即列肆。列肆的店都是同一规模向街开放的廊房（不同于先秦时的露天市场），每排商店之间有通道，叫隧，张衡称长安市场有“百隧”。一般在市的中心位置有规模较大的多层楼亭，为市的官署所在地。在市场内还设有存放货物的邸店，班固《西都赋》云“旁流百廛”，李善注曰“市物邸舍也”，就是商人存放货物的地方，其性质类似于今天的仓库，位置在市场四角。同时，西市的手工业具有相当规模，有陶窑、冶铁铸币，还有铜器制造业等。考古发现，东市面积约为 0.4875 平方千米，以商业活动为主，商贾云集，商业活动发达，商品种类五花八门，因此造就出不少京师有名的大商人；西市面积约为 0.2475 平方千米，集中了各种手工业作坊。东市和西市，一个以商业贸易为中心，一个以手工业为中心，这边生产，那边销售，组成了一个完整的产销一条龙的市场。这种商业与手工业相结合的市场，正是中国封建社会初期城市市场的特点，也是东市和西市相邻的原因。

2. 唐长安城的东、西两市

据考古考查，唐长安城（隋大兴城）时的市场分布沿袭汉朝旧制，也称东市、西市。两市面积几乎相等，均以商业活动为主，是作为大都会之中不同区域的商业中心而设置的。这点与汉长安城两市的工商活动分工性质完全不同。

东市有 120 行商店和作坊，由于靠近三大内（西内太极宫、东内大明宫、南内兴庆宫），市场服务对象为达官贵人，因此市场经营的商品多为上等奢侈品，以满足皇室贵族和达官显贵的需要。西市有许多外国胡商和各种行店，内部结构与东市相似，只是西市的 9 个区域四面均为街道，每个区域的周边都临街，内部有便于通行的小巷，在有的巷道下还有砖砌的暗排水道与大街两侧的水沟相连。西市距唐长安丝绸之路的起点开远门较近，是国际贸易的集中点。周围坊里居住着不少外国商人，他们大多来自中亚、南亚、东南亚及高丽、百济、新罗、日本等国家和地区，以西域的胡商为最多。长安城作为帝国之都的特殊地位吸引了众多的西域贾客前来贸易。

唐长安城的东、西两市店铺非常稠密，几乎没有空地。店铺的面积一般是面阔 6 米许，约两间，小的仅一间，面阔 4 米左右。最大的店铺，面阔 10 米左右，约为三间之数。诸店铺大多在市内临街布置，毗连栉比，有酒肆、卜肆、鱼店、饮食店、绢行、帛行、珠宝店、衣肆、帽行、油靛店、药行、乐器行、旅馆、雕坊、柜坊等，其中，酒肆和珠宝店最常见外国人的身影。据《太平广记》记载，长安西市有胡姬酒肆；东市有胡人开设的毕罗肆（毕罗是西域传来的一种食品）；西市有波斯邸，是波斯人经营商务的邸店；西市有经营化妆品、首饰和珠宝的商人和店肆。《太平广记》的《任氏传》中记载：胡人胡店不限于两市之内，遍及京城各坊，且胡汉相处，颇为融洽。

据文献记载，随着丝绸之路的畅通和繁盛，唐长安城汇集了当时全国各地的土特产，经由丝绸之路等渠道进口的大量外国珠宝和珍禽异兽也大都以长安为集散地。这里商贾云集，邸店林立，贸易极为繁荣，这就使长安城不仅成为全国工商业贸易中心，而且成为中外各国进行经济交流活动的重要场所和著名的对外贸易市场。可以说，城中东、西两市商业中心的设立，为唐长安城的生活化和商业的日常化提供了丰厚的土壤。

二、商旅驼队与河西商业重镇

（一）商旅驼队的经商特点

1. 组团开展远程贸易活动

在航海发达之前，古代的远程贸易主要是在陆路上开拓和延伸，商业交易的路途短则数月，长则数年。面对种种来自人为的或自然的灾难威胁，商人、旅人、僧侣等为保证旅途的安全组队结伴而行。许多人组成一团来往于远隔之地，除转运商品外，伴随他们的文化也得到了传播。往来于丝绸之路这条漫长的商贸通道上的商队，主要依靠骆驼、马匹、毛驴、骡子等来充当运载货物的工具，其中尤以骆驼为主，一支大型的商队常常拥有数十头、数百头甚至数千头骆驼，故商队多称商旅驼队。当时骆驼作为商品的驮载者，经常被选用在墓葬中用来炫耀墓主的身份。北齐、北周墓葬中就多有反映胡商、商队、驼马等内容的壁画。

2. 混合型团队为主

长途跋涉要经过很多不同统治者的势力范围，商旅团队要确保顺利通行，必须有熟悉当地风俗、自然环境的本地人，这就决定了商队人员的民族成分复杂，大多为混合型商队，参与者和经营者都是能从丝绸之路上获得利益的民族，以粟特人、波斯人、突厥人居多。考古发现的安伽、史君墓石棺床上出现的商队行进图中就都有不同民族的存在。古代的宗教、文化传播途径与当时的商贸路线相同，丝绸之路上的僧侣或其他旅人，包括被迫迁徙的兵卒、囚犯和奴婢，只有得到商人的经济援助，才能比较容易地从事这种艰难的旅行，而僧侣也能给予商人精神方面的支持，因此，僧侣与商队同行是常态，商人都是最初的宗教传播者。他们的经商范围与文化相互传播范围同时扩大，可以说商旅驼队的商业发展史也是文化传播史。

3. 转运贸易方式

当时长途贩运的商品并不是一次性从中亚直接贩易到中原地区，而是需要经过商旅驼队几次倒手。很少有商队能够直接单独完成从罗马到长安这两个古代都城的往返路程。以粟特人为主的胡商从事大规模贸易的足迹遍布丝绸之路沿线的重要城镇，粟特商人经过贸易活动在撒马尔罕本土与中国河西走廊建立联系，然后通过河西走廊进入中国内地。在漫长的丝绸之路上，他们建立了很多的商品转运站，这些转运站逐渐发展成为丝路贸易基地和商品集散地，最终形成粟特人聚落。粟特人的聚落为粟特胡商提供贸易活动信息、储存需要转运的货物，许多商队就直接从这些粟特人的聚落里开始长途贩运活动。根据记载，龟兹、敦煌等地当时有很多粟特人居住，龟兹、敦煌石窟中商队经商的场面屡见不鲜，表明胡商的形象及经商情景对画师也产生了一定的影响。

（二）商旅驼队的媒介作用

1. 东西方文明互传的媒介作用

商旅驼队在丝绸之路上的商贸活动在西方文明和东方文明的互传中发挥了主要的媒介作用。外夷物产、文化艺术的传入，中原文化的远播，都要归功于商旅驼队。汉唐繁荣时期，丝绸之路上的商旅驼队络绎不绝，浩浩荡荡地穿越大漠戈壁，出没于绿洲城镇之间，把最受中亚、西亚、南亚、欧洲人欢迎的中国丝绸等货物销往西方。康居国的商人成群结队地赶着骆驼，带着皮毛、香料等货物到长安换成丝绸，然后贩运到伊朗和中亚等地。西出长安城前往西域的中国商队，是贩运输出丝绸的一支主力。汉朝派出的使节，往往就是官办的贸易队伍，随使团经商的商队人数少则数百人，多则几千人，其中伴随有大量的学者、工匠、艺术家，庞大的商业驼队携带着大量的锦帛、黄金和牛羊。每年都有成批的使团，沿着丝绸之路，经过长途跋涉，和远方的塞人、大月氏人、波斯人、希腊人、印度人打交道，交换商货，沟通关系。据考证，中国商队在汉朝就已经到达中亚、西亚、南亚的许多国家，丝绸之路沿途都留下了他们的足迹。

2. 商品交换结构改变的媒介作用

汉唐时期，相对安定的政治环境为丝绸之路贸易的畅通和繁盛提供了有利条件。随着丝绸之路贸易的蓬勃发展，人们的从商意识逐渐浓厚。西汉时期，从商者牵涉各个阶层，商风贾俗很盛。从商人员涉及贵族官僚、庶民地主乃至一般的平民“编户”。当时的商人大体上可以分为承包商人、贩运商人、囤积商人、零售商人、经纪商人等类型。这些商人“周流天下”，活跃在丝绸之路沿线，编织出一幅大汉帝国的商业网点图。如商旅驼队，东去西来、南来北往地贩运，互通有无、调节余缺的功能在他们身上得以充分体现。他们在中原各地区之间、中原与周边各少数民族之间、中国与西方之间的物质文化交流等方面发挥着重要的媒介作用。中原和域外物资交流日益强劲，市场上的商品更趋多样性，丝路贸易中商品交换的结构随之发生了改变，中高级日用生活消费品也逐渐增多，替代了过去的贵重奢侈品。唐王朝鼎盛时期，这种商品交换结构的改变更加明显。商旅驼队的商业活动深刻影响着丝绸之路沿线各民族人民生活的方方面面，沿线人们的生活水平也因此得到提高。

(三) 河西走廊的贸易历史

1. 河西走廊特殊的地理位置

河西走廊自古就是中国内地通往西域的咽喉要道和战略要地，是丝绸之路的重要组成部分。东起乌鞘岭，西至古玉门关，南北介于南山（祁连山和阿尔泰山）和北山（马鬃山、合黎山和龙首山）间，长约900千米，宽数千米至近百千米，为西北—东南走向的狭长平地，形如走廊，称甘肃走廊。因位于黄河以西，又称河西走廊。

西汉初期，河西走廊是匈奴人游牧的地方。通西域有功的汉武帝使者张骞第一次西去是在前138年，他就是在这里被匈奴人截住，被软禁了10年，娶妻生子。但他壮志未酬誓不休，终于逃离西去，完成了使命，但在归中原途中，又在这一带被匈奴人截留，1年多后才回到长安。可见，通西域必须经过河西走廊。

2. 河西走廊的贸易地位

河西走廊是丝绸之路的商业要道。丝绸之路全程一般分为三段，每一段又都可分为北、南、中三条线路。历史上张掖所处为汉朝开辟的丝绸之路东段，东段三线均从长安出发，到武威、张掖汇合，再沿河西走廊至敦煌，中亚、西亚的商人、使者、僧侣东来西去，必经河西走廊。河西走廊居于祁连山的北麓，祁连山中发育的河流造就了河西走廊中一个个绿洲，而且从东依次是一条河流对应一座绿洲城镇，例如张掖市对应着黑河。商旅驼队能否顺利地开展商贸活动，绿洲城镇特别重要，它们可以为商旅驼队提供补给，使商人、牲畜恢复体力，帮助商队顺利地穿过沙漠，因而成为重要的商业贸易中心。这也是祁连山北麓形成了古代著名的丝绸之路的地理原因。河西走廊不仅为来自中亚、西亚的商人、使节以及其他旅客在沿途提供食宿，而且提供了商品交易的场所。商人大多以此作为据点长期居住下来，使河西地区在东西方贸易中的地位进一步提高。

(四) 丝路上的国内商业重镇

古丝绸之路国内沿线商业重镇很多，对丝绸之路的繁荣发展发挥了重要的历史作用。这种作用在有些城镇因为国家西部大开发和“一带一路”战略实施得以发扬光大。这里主要介绍张掖、楼兰和喀什。

1. 商业枢纽——张掖

张掖，地处河西走廊咽喉地带，古称甘州，是古丝绸之路上进入河西走廊的重要驿镇，南可达青藏高原，北可抵蒙古大漠，西通新疆以及中亚和欧洲，东连内地，是中原通往西亚、东欧各国进行经济文化交流和友好往来的要冲。张掖郡是汉唐中原王朝在西北地区的政治、经济、文化和外交活动中心。

(1) 军镇转变为商镇。西汉时，张掖在霍去病西征匈奴，大败匈奴后因取“断匈奴之臂，张中国之掖（腋）”而得名，有提振雄风、展汉军之威、震慑四方之意，为河西四郡之一，当时具有浓厚的军镇性质。魏晋时期，中原动乱不止，政治上基本稳定的五凉政权立足河西，保证了丝绸之路的畅通。在五凉政权的经营下，军镇性质浓厚的河西四郡逐渐演变为贸易走廊，河西走廊因此成为连接西域和中原的商业要道。四郡之一的张掖，其军镇性质也由此改变。

（2）商业地理优势。“不望祁连山顶雪，错把甘州当江南”，这是描写张掖的诗句。张掖在整个河西地区算得上是一块风水宝地，西北气候干旱，部分地区严重缺水，农作物只能以小麦为主，但在张掖却有水稻的种植。横贯张掖的黑河自南向北流向先秦时被称为“流沙”的额济纳地区。额济纳后演变为居延，黑河在流入居延地区后，被称作居延河。张掖处在古“丝绸之路”和“居延古道”的交汇点上，是几条丝绸之路分支汇合后向西延伸的起点。居延道是联系河西道与草原路的重要通道，灵甘道是灵州通往塞外的道路。由灵州西渡黄河，向西出贺兰山口，沿腾格里沙漠的南沿通往凉州、甘州（张掖），甚至远达印度。吐蕃势力在河西走廊衰败前，甘州（张掖）直抵灵州这条大道则在丝绸之路上发挥着极其重要的作用。由汉经唐到西夏，都特别重视这些丝路通道的经营。中唐以后，回鹘与唐朝建立同盟关系，灵州与甘州（张掖）之间不但道路畅通，而且灵州节度使在甘州（张掖）驻有代表，以处理各类涉外事务。

（3）中西贸易中转站。西魏时期，西域商队云集张掖，东罗马帝国和波斯钱币都可在张掖商贸交易中使用。隋朝，张掖是朝廷经营河西和西域的大本营。大量的西域各国商人来到张掖，同中原地区进行贸易交流。隋炀帝还派大臣裴矩前往张掖了解西域各国的情况，主持与西域各国的贸易事宜。裴矩对进入张掖的客商们给予了更多的优待，河西诸地的商贸活动也日益繁荣兴盛。609 年，隋炀帝西巡，在张掖亲自主持有西域近 30 国使臣、商贾参加的“互市”，这是中国世界贸易的第一笔。此后，随着各朝代对西域的重视和强化管理，西域各国和中原地区的商贸、文化交流得以扩大，使丝绸之路商贸更加繁荣，更强化了张掖的中西贸易中转站地位。

（4）商业枢纽。西夏建国定都兴庆府后，西夏王朝控制河西走廊长达 191 年。西夏王朝地处内陆，国内只产畜牧，对于粮食、茶叶与部分手工业品的需求量大，在生产、生活上都要依赖对外贸易，因此把对丝绸之路的经营放在首位，转手贸易成为其对外贸易的主要特征，主要分为朝贡贸易、榷场贸易与窃市。西夏国内的兴庆、凉州、甘州（张掖）、黑水等城市的商业因此十分繁荣。商品以粮食、布、绢帛、牲畜为主。茶叶和丝绸是西夏向西中转的重要商品。如西夏从宋朝获得茶叶，转手卖给西北其他少数民族，“以茶数斤可以博羊一口”，故“唯茶最为所欲之物”。西夏每年通过岁赐、回赐、贸易等途径从北宋获得大量丝绸。西夏从西方购买、转手卖给东方的产品种类繁多。

2. 传奇古城——楼兰

楼兰位于塔里木盆地东端的十字路口，从此向西、向南、向北可通向西域全境，成为连接内地与西域的交通咽喉，是丝绸之路南北两道的分界点。沿着丝绸之路从敦煌之西的玉门关或阳关，越三陇沙，过阿齐克谷地和白龙堆，经土垠抵楼兰古城，再沿孔雀河岸可至西域腹地，是整个西域的交通枢纽，走丝绸之路必经楼兰。《史记·大宛列传》称楼兰“当空道”，可见其地理位置的重要。

(1) 贸易、民俗文化交流的中心。由考古发掘的纺织品、文书和木简记录来看，中原与西域之间在贸易、民俗文化上的相互交流在楼兰表现得淋漓尽致。楼兰出土的木雕佛像、佛像木座等佛教文物，佉卢文木简、纸文书、铜器、古钱币和许多精美的毛织品、玉髓或玻璃质的各色饰珠和来自异域海岸的海贝、珊瑚等物，还有彩色锦绢上绣有汉字和婆罗米文字，绢头上备注的出产地和重量、长度，都显示着楼兰古国曾经的绢丝贸易状况和热闹繁华。鼎盛时期的楼兰国居民达14000多人，城内房屋林立，街道井然有序，车水马龙，人声鼎沸。鉴于楼兰独特、有利的地理条件，各国商旅云集于此或是取道于此，交易和运送着中国的丝绸、茶叶、漆器、瓷器和火药等，西域的宝马和葡萄，欧洲的珠宝、植物和珍奇异兽等。楼兰古国因此成为诸多异族文化、地理、宗教的交汇之地。

(2) 政治、军事中心。楼兰作为西域长史府驻地，肩负着西域地区政治和军事中心的使命。汉朝、魏晋时期的屯戍纪实，详细涉及以下内容：针对延迟缴纳税款人的惩罚；邮差日常送信的情况；带领扈从出巡的高级官吏；由精壮护卫和西藏良种驴子运送丝绸的商旅队；荷枪实弹的骑兵和弓箭手如何驻防以及他们所使用的各式兵器和用具；戍守西域的将官如何下达军令，如何安排军车长、辎重队长、军医以及强大的卫戍队日常的工作和应对紧急状况的情景；当时朝廷的各类官员，例如书记官、民政长、河工监督、邮务长及属下、仓库官吏、高级管理员等；甚至谈到了法规刑律、税律、民籍法、军役、护照、交换贸易的具体细节。当时的楼兰竟然有划分如此精细而准确的分工、如此严明且细致的社会秩序，令人惊叹。

(3) 区位优势保证丝路畅通。西汉初年，匈奴势力强大，遍及天山南北，并在西域设立僮仆都尉府统治西域各族。楼兰为匈奴所控制，成为匈奴屯兵、存粮的重要据点。匈奴成为西部边境的一大心腹之患。汉武帝攻打匈奴，统一西域，最直接、有效的方式就是在楼兰设立据点，沿路在楼兰、渠犁和轮台屯田。这一方面可以利用这样一条遍及西域各主要国家的道路加强汉朝政府对各地的统治，由此直击匈奴统治辖内的要害；另一方面，在严密的军政保障下，楼兰地区的商贸活动才能够顺利进行。前77年，汉朝的军队控制了楼兰。在汉朝边境和平期间，楼兰驼队成群，商旅云集，是丝绸之路上的重镇。考古发现了汉军屯垦的沟渠、堤防和兵营住宅，西汉古烽燧、亭的遗址等。汉朝在楼兰的屯田，以军屯为主，民屯和犯屯为辅。屯田部队及其家属，平时屯田垦地，挖井修渠，建仓积谷，有敌情就参战，既保护了屯田内的安全，又维护了丝绸之路的畅通，在汉朝统一西域的过程中发挥了至关重要的作用。

前68年，侍郎郑吉屯田渠犁，并与匈奴争车师有功，被授以屯卫司马，戍卫楼兰以西丝绸之路“南道”的西域诸国。前60年，车师以西的丝绸之路“北道”开通，汉朝迫使匈奴日逐王降汉，僮仆都尉府亦被撤销。郑吉在乌垒城（今新疆轮台东北）设立西域都护府，督察乌孙、康居等西域三十六国。由此，汉朝号令遍行于西域之内。东晋后，中原群雄混战，无暇西顾，楼兰终被放弃，与中原断绝往来。到了唐朝，中原地区的势力又复强大，唐朝与吐蕃在楼兰多次兵戎相见，楼兰成为唐军的战略目标，存在于唐朝西部边陲。唐朝以后，楼兰在历史上就失去了记载。随着楼兰谜一般的消失，它逐渐淡出了人们的视线。

3. 经济纽带——喀什

喀什，古称疏勒，是喀什噶尔的简称。前 60 年，汉朝设置西域都护府，喀什作为西域的一部分，正式被列入中国版图。

（1）历史边贸地位。2000 多年前，疏勒城同中原的城镇一样，有很像样的街道和市场店铺，人们服装各异，语言各异，具有国际大市场的特征。在唐朝，这里成为唐朝政府的重要军事据点，喀什噶尔是当时的安西四镇之一。五代至宋，先后为喀喇汗王朝和西辽所管辖。喀喇汗王朝时期，曾以喀什噶尔为首府。成吉思汗西征后，属次子察合台太子的封地。叶尔羌汗国时，喀什曾作为辅助中心，起着重要的作用。

哈姆杜拉·穆斯图菲（伊朗著名地理学家）绘制的丝绸之路及其城镇的新地图，清晰地标注了当时许多的商业繁荣城市。根据哈姆杜拉·穆斯图菲的地图，可以发现丝绸之路通过当时主要的三条路线前往喀什噶尔：1）南路：经过巴尔赫、塔里干、巴达赫尚（今阿富汗），然后到喀什噶尔；2）中路：经过谋夫、布哈拉、撒马尔罕到达喀什噶尔；3）北路：经过花剌子模、哈拉和林地区到达喀什噶尔。事实上，大部分西方通往东方进入中国的路线都需要经过这座城市。可见，喀什在丝绸之路上占据着相当重要的地位。喀什是丝绸之路上中国境内最重要的停留点之一，并在丝绸之路的经贸往来中具有重要地位。

（2）现代边贸中枢。现代新疆喀什，具有“五口通八国”的区位优势，根据“广货北上、西进，疆货南下、东输”中心枢纽的战略构想，寻找适合自己的现代边贸发展之路。喀什区位优势独特，向西经中亚、伊朗和土耳其到欧洲；向南则可以走巴基斯坦的白沙瓦到卡拉奇，再经阿拉伯海到中东和欧洲，或者通过巴基斯坦到伊朗，再到其他中东国家和欧洲。喀什也是中国西北部唯一离海洋最近的地方，经喀什西出和南下，路程将大大缩短，贸易成本更低。喀什通过“外引内联、东联西出、西来东去”的开放合作平台，成为中国海运以外最大的对外贸易往来交通枢纽和中转站。

三、丝绸之路商贸文化

各朝代统治者重视发展丝绸之路贸易，通过对丝绸之路商贸的各种保护举措强化朝廷对西域的经营管理，使西域诸国与各朝代中央政权关系密切，扩大了各朝廷在西域的影响。特别是长城的修缮，向西延伸，客观上为经济的发展提供了必要的环境保障。由此丝绸之路出现了商贸、文化交汇互融气象，也形成了丝绸之路独特的商贸文化。

（一）丝路贸易与各王朝的保护举措

1. 丝路贸易形式

（1）贡赐贸易形式。贡赐（纳贡与赏赐）贸易基于西域诸国来中国王朝贡献，中国朝廷赐予奖赏而形成。这种贸易形式具有两个特点。一是带有官方贸易色彩。来朝贡献和当朝赏赐，实际上反映了中国各王朝与西域诸国双方商品的交换。自汉唐王朝开始的诸多史料能够准确证明这点。例如，元朝时，就有“诸王卜赛因使者还西域，诏酬其所贡药物价直”。显然，“赏赐”使者，正是为补偿他们所献贡品的“价值”（指物品的使用价值），因受到政治、外交因素的强烈影响，一般是不等价的。在这类朝贡贸易中，往往因为中方朝廷“赏赐”的实际价值量大于诸国的“贡献”，所以朝贡贸易更具有吸引力，许多朝代呈现出外国商使不绝于途的情景。二是体现了政治与经济的密切关系。汉唐以来，中国就有外贸必须服从外交、经济必须服从政治的传统。元朝继承了进贡与赏赐，固然显示了中央帝国极力追求的至高无上的尊严和体面，实际上也是中央帝国对名义上臣属的汗国的安抚和间接控制；而边远汗国也以所谓贡献，或表明归附，避免与中央帝国的矛盾及冲突，或寻求支持和保护，以增强与第三国关系中的政治、外交地位。

（2）民间形式的互市贸易。民族贸易、商队贸易很多都属于这一类。丝绸之路上的商旅驼队、丝路沿线商贸重镇的各种民间贸易都反映了这种贸易形式的繁荣。这种互市贸易，加强了丝绸之路沿线各民族、各地区之间的经济往来，带有国际贸易、地区贸易和民族贸易相互交叉、相互渗透的鲜明特色。中、西亚商人在隋唐帝国广泛从事的政治、经济、文化事业，甚至形成了“驻唐”现象。昭武九姓素以经商著称，他们长期操纵着丝绸之路上的转运贸易。元朝时，蒙古族缺乏骆驼，就以自己的牛羊与南边的西夏党项族交换骆驼，与中原汉族交换的则主要是粮食和纺织品。元朝受到中原汉族文化的影响，对粮食、纺织品、饮料等的需求越来越大。为鼓励商人前往漠北地区贸易，元政府不惜“以重利诱商贾致谷帛用物”，不但向北上通商的色目商人发放金银牌符以乘驿优惠，而且“特免收税以优之”。当时从内地销往漠北的商品主要是粮食、饮料、丝绸缎帛、镜子、银器等；蒙古草原的牲畜、皮、毛、筋角也南运中原。直到元朝末期，还对漠北进行过大规模的绢马交易。

（3）婚姻形式的和亲—聘赐贸易。和亲—聘赐贸易即通过婚姻血缘关系的建立，结成稳固的贸易伙伴关系，它有以下三个特征。一是丝路周边各国向中国王朝“请婚”多在各国各族政权更迭、政治变动后格外积极、迫切。这种要求的实质是承认贸易关系的连续性，承认姻亲在丝路贸易活动中的优惠地位。二是和亲之盟是以聘赐为经济核心，所以和亲的过程就是纳聘贸易的过程，故称和亲—聘赐贸易。汉唐各朝每次的和亲都伴以草原国家的大量纳聘和中国政府的优厚回赐。三是汉蕃结和亲之盟，所建立的经济关系不限于当时的聘赐活动，而意味着作为姻亲有经济互相提携的义务，享有长期贸易来往的权利。和亲—聘赐的绢马贸易在促进中华各民族融合、形成统一的国家观念、巩固统一祖国辽阔疆土等各方面有着不可估量的历史贡献。

2. 丝路商贸的保护举措

（1）政治、军事保护。

汉朝：为了保证商旅安全，汉政府于丝路沿线筑塞设郡，屯田布防，对东来的商人使节殷勤接待，护送道路。汉武帝巡游各地，常令外国人随从，令其游览各都大邑，沿途风光，欣赏角抵奇戏，华夏文明，饱厌以酒肉，赏赐以财帛；又使参观仓凛府库，感受汉朝的强大富饶。通过这些，终使“西北外国使，更来更去”，“相望于道”（《史记·大宛列传》）。

北魏：重视同西域国家的关系，曾派董琬、高明等多次出使西域，多备锦帛，招抚九国。各国使臣商旅“自后相继而来，不问于岁”（《魏书·西域传》）。魏朝廷又在洛阳置掩峨馆，专门接待西域来客。由于处置得法，“自葱峻以西，至于大秦，百国千城，莫不款附，商胡贩客，日奔塞下，所谓尽天地之区已。乐中国土风，因而宅者，不可胜数。是以附化之民，万有余家”（《洛阳伽蓝记》卷三）。

隋朝：经营丝绸之路，委派熟悉蕃情的大臣裴矩专知其事。裴矩往来于张掖、敦煌间，负责与西域各国联系通商事宜，并置西域校尉进行管理。大业五年（609 年），隋炀帝亲赴张掖，与西域近 30 国国王、使者及商人举行盛大聚会，互市交易。隋朝国威远播，中亚人接踵而来，其足迹深入内地多达 50 多个城镇。

唐朝：依靠强大的国力及开放的对外政策，在经营丝绸之路方面超过各个朝代。唐初，西突厥控制西域一带，高昌国麴氏则利用高昌地当丝路要道，截获过往胡商钱物，西域胡人颇怨。一次，焉耆王请唐廷开通大碛道，唐太宗欣然答应。这一举动触怒了高昌国麴氏，其与西突厥勾结起来对抗唐廷。为了重开丝路，恢复中西贸易，斩断西突厥右臂，唐太宗于贞观十四年（640 年）毅然平定高昌，并进而下焉耆、龟兹，迫使西突厥归降，丝路从此畅通。唐太宗鼓励西域贾胡来华经商，他在接待安国使者时说：“西突厥已降，商旅可行矣”，诸胡大悦。（《新唐书·西域传》）

（2）管理制度保护。设置专门机构管理外交事务，保障了丝绸之路的畅通。汉王朝时期，朝廷在长安城设立大鸿胪专门管理外交事务。在长安未央宫北的藁街设立居住各国使节的使馆区。魏晋南北朝时期，魏朝廷在洛阳置掩峨馆，专门接待西域来客。隋朝时期，设置专门负责接待西域各国使臣的官职即西域校尉，管理丝绸之路事务。

吸收西域少数民族参与政权管理，确保政令畅通。唐朝大量吸收西域少数民族参与政权管理，一方面沿袭汉朝的制度对西域诸国国王保留其王位，另一方面又令其担任羁縻都督府的都督，将西域诸国王完全纳入唐朝官员序列。

派遣使节出使西域，带来了异域新风，开阔了中原视野。汉唐、魏晋南北朝时期，都很重视同西域国家的关系，多次派遣西出使者，厚备锦帛，招抚西域诸国。隋朝时期，朝廷委派大臣裴矩负责与西域各国联系通商事宜。隋炀帝还赴张掖，开展互市交易。

各朝代对西域的管理和丝绸之路的安全保护，使丝绸之路的发展与繁荣延续千年，在经济、政治、文化等领域带来了翻天覆地的变化。

（二）丝绸之路商贸文化核心

丝绸之路商贸文化的核心是胡汉交融的多元文化。丝绸之路为胡、汉商人间频繁的商贸往来提供了有利条件，引发了大量的西域胡商包括粟特人、波斯人在西汉以后涌入中国，促成了长安城商业活动的繁荣，也带来了异域文化的影响。

西域胡商所带来的不仅仅是各国的珍异货物，更带来了他们的商业经营模式、商业理念和商业文化，如契约观念、平等自由交易观念、商业纠纷处理方式等。这些商业文化和思维理念通过他们的一些特定的表现方式，或者与汉商的交往而被朝廷、长安城汉商所接受，进而影响到当时的整个社会生活，城市商贸、宗教、朝觐等领域的文化也因此发生了变革。

高度发展的汉文化通过丝绸之路的商贸活动也传到了西域。中国西传的既有物质文明，如著名的漆器、竹器、铜钱、生姜、肉桂、大黄、土茯苓，也有精神文化产品。当然，在丝绸之路上最重要的还是丝绸、铁和铁器。柳宗元曾说："万国之会，四夷之来，天下之道涂，毕出于邦畿之内。"外国贵族子弟来中国，多入国学留学，"国学之盛，近古未有"。因此，《论语》《孝经》等儒家经典抄本在西域得以广泛传播。而遣唐使外交制度在亚洲乃至世界的流行则是文化传播的另一种表现。在这样的外交制度影响下，各国纷纷派出自己的朝觐人员，带上自己国家最具代表意义的物产和文化产品来到长安，在这里进行交流和学习。这样的朝觐发展了商业贸易活动，满足了各国文化交往和融合的需要。当时，长安城里聚集了世界上最高级别的文学家、艺术家、商人和僧侣，代表了世界顶级的文化成就，他们既与唐政府保持着绝对的外交或依附关系，又不断地在社会生活中表现出自己的文化内涵和艺术特点。各国传统的民族艺术和文化经典经由他们直接传播过来。

伴随着繁荣的商贸活动，沿着丝绸之路传入中国的极为重要的精神文化之一就是宗教，故又有人称丝绸之路为宗教之路。佛教也经丝绸之路传入中国，佛教及其艺术在中国的传播，输入的不仅是一种新的宗教，还是一种新的艺术。丝绸之路上留下来的佛教艺术就是最持久、最经典、最不朽的文化遗产。如在今固原县城西北 50 余千米处的须弥山东麓，坐落着须弥山石窟。须弥山石窟吸取了印度佛教艺术的精华，同时继承并发展了中原汉文化的艺术传统，是一座保存了 1400 余年的佛教艺术宝库。可以说，西来文化、西域各民族文化与中原文化的交融、互合、共存，极大地丰富了中华文化宝库。

（三）丝绸之路商贸文化特征

1. 重商色彩

随着丝绸之路的开启与发展，贸易交往必然走向丝绸之路的前台，且形成规模。各朝代朝廷对这种商业往来的通融和支持，使得大量官商、民商参与到丝绸之路贸易当中，朝廷由此也获得了商贸交流所创造的部分财富。社会各方都能从丝绸之路贸易中获利，引发了全社会对贸易的关注与兴趣，商贸交往也就具有了重商色彩。

2. 国际贸易特色

国际贸易动因学说"生产要素禀赋理论"认为，地区间的贸易发展能演化成国际贸易，而划分地区的标准是生产要素的天然禀赋，这种天然禀赋就是各地区生产要素（即经济资源）的拥有状况。从国际贸易动因角度看丝绸之路贸易，在落后的经济环境中，贸易行为遵循“生产要素禀赋理论”而进行。我国的丝绸从中原流向西域或更远地区，传统农桑资源和先进纺织业的兴起使丝绸处于出口的地位；西域及更远地区没有形成规模的农桑资源，也没有合理的丝纺织生产技术，在面对华丽的丝绸时，也就处于进口地位。同理，我国所需的各种宝石等资源是西域及更远地区的要素禀赋优势产业，从而使这些地区的要素优势产物顺着丝绸之路源源不断地流入我国。丝绸之路商贸因此具有完整的进出口贸易特色。

3. 官办贸易为主导

丝绸之路有广泛的民间贸易，众多的胡商不仅组织庞大的商队进行长途贩运，还涌入沿线的城镇组织社团或单独经营，或与当地的汉族商人合伙经营。但是，官方经营的贡赐、边界互市的对外贸易还是主导。比如，唐朝特设鸿胪寺和典客署，鼓励朝贡贸易以及互市或交市贸易。宋朝曾先后在今上海、广州等地设立市舶司，专门管理海外贸易。隋王朝统一中国后，国强民富。隋炀帝令大臣裴矩在当时的中西商贸重镇张掖“监知关市”，广泛开展招商活动。此后，隋炀帝还亲自到张掖会见西域近 30 国国王及使节，设立互市，派驻特使宣传、招揽官私贸易。在“张掖盛会”的影响下，大业六年（610 年），西域地区有更多的使者来到洛阳。为广泛宣传、推动国际贸易，隋朝官方举办了为期一个月的盛大的洛阳国际交易互市及游艺大会，其间，还举办了盛大的文艺会演，仅管弦伴奏人员就有 1.8 万人，歌舞表演者达 3 万人，丝竹之声，数十里外都能听见。

4. 丝绸是国际结算的主要货币

丝绸之路上的丝绸不仅是商品，还是一种货币。很多大宗贸易就是用丝绸作为货币进行交易的，特别是牲口和奴婢。例如，唐代敦煌和吐鲁番一带的马价一般在 15 匹练（匹练指一定数量的丝绸绢练）左右，较次的在 10 匹练左右，而奴婢的买卖价格有时可达 40 匹练。用丝绸作为货币的另一个好处是不会贬值。丝绸之路沿途，特别是在中国的西北地区流通着波斯银币、铜币和丝织品三种货币。据史料记载，唐武周年间（690 年前后）到天宝时期（745 年前后）的 55 年间，银币与丝织品之间的兑换率一直是 1 匹练换 10 文银，而铜钱则贬值约 30%。很显然，相对来说，丝织品对于中西诸方来说具有公认的价值、较高的信誉，可以作为硬通货来使用。

5. 互利共赢的商贸理念

造纸术、印刷术、火药的西传，是中国对世界文明发展的巨大贡献。直到 18 世纪末，欧洲各国还是用中国的造纸术制纸。随着造纸术的西传，中国的印刷术也传至西方。8 世纪，中国的火药技术随着炼丹术一并传入阿拉伯国家，被称为“中国雪”。随着丝绸之路的畅通，中国的养蚕、冶铁、水利灌溉技术，天文、医药、文学技艺等也不断西传，出口的货物则以丝绸、茶叶、瓷器、金、银、书籍为主。沿着丝绸之路传入中国的、影响很大的是宗教，各宗教传入中土，使中国宗教进一步多元化。唐朝时，佛教、道教盛行。众多中土名僧前往天竺求法，玄奘法师就是杰出的代表。另外，通过丝绸之路，外来文化技艺和货物也大量涌入中国。通过丝绸之路传入中国的文化技艺有：制糖、酿酒工艺，造船缝合技术，东罗马、阿拉伯、波斯、中亚诸国、印度的医药、音乐、歌舞、天文、历法等。通过丝绸之路传入中国的货物有：葡萄、苜蓿、胡麻、黄瓜、胡椒、芦荟、核桃、琉璃、地毯、毛织物、宝石、象牙、金银器、玛瑙、琥珀、沉香等。

（四）丝绸之路商贸文化交流的历史意义

1. 丝绸之路是中国与西方世界相互了解的走廊

处于前 206 年至 220 年的西汉和东汉时期，是中国封建社会初步繁荣阶段，当时的欧洲正是罗马帝国时代，处于奴隶制社会鼎盛阶段。中国文化影响了东亚许多国家和地区，罗马文化也影响了欧洲和地中海地区，当时东方和西方两大文明地区缺乏的就是相互了解的窗口，所以丝绸之路在世界文化交流的历史上具有非凡的意义。丝绸之路带给中国古代的还有后来长期的对外交往的繁荣。东汉时期班超出使西域时就派甘英出使欧洲，为以后的中西交通的发展和经济文化交流提供了有利条件；66 年，大秦王安敦派使臣到中国，成为中国同欧洲友好往来的最早记录；唐朝以后的中外交往出现了更加繁盛的局面，至明朝初期郑和下西洋时到达顶峰。东西方的人们通过这条走廊不仅互有所收，也加强了人们之间的了解和文化交流。

2. 丝绸之路是中国古代西域少数民族接受先进文化、了解外部世界的通道

西汉丝绸之路穿过西域，西汉时期的西域是指玉门关、阳关以西包括今天的新疆，这里沙漠多、耕地少，人们居住在河流灌溉的绿洲上，每个绿洲就是一个国家，沿着塔里木盆地，南有楼兰、且末、于阗、莎车等国，北有车师、尉犁、焉耆、龟兹、姑墨、疏勒等国。这些国家的人大部分从事农业或畜牧业，社会发展多处在奴隶社会初级阶段。张骞第二次出使西域时，访问了西域许多国家，各国也派使者回访长安，自此汉朝和西域的交往频繁，汉族的铸铁、开渠、凿井技术和丝织品以及金属工具传到西域，极大地促进了西域的经济和文化的发展。丝绸之路不仅是西域人民接受中原文化的通道，也是中原地区人民了解世界的窗口。

3. 丝绸之路是现代中国西部开发的早期蓝本

西部大开发是我国在世纪之交作出的一项重大战略决策，也是 21 世纪全国经济发展的一个大战略。从历史的角度看西部开发，就要了解在中国古代经济发展中西部曾有过的辉煌，了解 2000 年以前丝绸之路的历史，知道在茫茫戈壁、漫漫黄沙中为人所熟知的楼兰、高昌、敦煌等古城当时是何等繁荣。这些古城宛若一颗颗宝石镶嵌在丝绸之路两侧，当时的贸易收入为国家积累着财富。现今，西部依托国家的开发西部政策，加之西部人民的智慧和不懈努力，为促进西部的经济繁荣发展、为再创丝路的辉煌、为西部经济的腾飞，使这条古为今用的“天路”成为当今西部开发中的经济大动脉。

第三节 海上丝绸之路

一、开洋裕国

北宋时期，为防止“黄袍加身”重演，赵氏采取强文弱武策略，但北方契丹、女真、羌族仍虎视眈眈，真宗被迫签订了“澶渊之盟”。这一和平条约虽使北宋获得了喘息之机，但传统的“丝绸之路”已经不再畅通，北方只能互设榷场进行茶马互市，不能满足商业贸易的需求，只有通过海外贸易填补。为鼓励海外经商，政府开始奖励对海外贸易有贡献的人。一是在各通商口岸设置“市舶司”统一管理，二是招徕番客来华贸易。南宋时，为了增加财政收入，又提出“开洋裕国”的政策。当然，商品经济的发展提供了海外贸易的物质基础，造船技术和指南针的使用也促进了海外贸易的发展。内河水运也较发达，在今江西、浙江、湖南、江西甚至陕西都设有造船场，每年为内河航运所造的漕运船达 3300 余艘，船体亘量可达数万斤。

（一）造船和航海技术

宋代用于航海的海船，船身长 10 余丈，深 3 丈，阔 2.5 丈，“皆以全木巨舫搀叠而成，上平如衡，下侧如刃，贵其可以破浪而引（行）也”[①]。1974 年，泉州湾后渚港海滩发掘出一艘宋代远洋海船证明了徐兢的记载。此船残存的底部长 24 米多，宽 9.15 米，推算该船的载重量在 200 吨左右。从结构上看，尖底，船身扁阔，有矩形龙骨，船舷侧板是三重木板，船底为两重木板，板厚 9.5 厘米，舱内分 13 个小密隔舱。从保存完好的头桅和中桅底座来判断，该船肯定是一艘三桅以上的海船。在船中还发现了大量香药、铜钱等。它是一艘航行于我国南海一带的货运海船。

据记载，宋朝以“料”作为船舶载重的计量单位。最小的船为 50 料，最大的达5000料。内河航行的民船和战船在 500 料以内，沿海航行、远洋航行的则 400 料至5000料不等。漕运纲船，每 500 料船 25 只，或 400 料船 30 只，叫“一纲”。一纲可载重 1.2 万石左右。船舶主要结构尺寸大致也根据料的标准而定，如 300 料的长 45 尺、阔 10 尺，800 料的长 70 尺、阔 18 尺等。宣和年航行到高丽的海船，“客舟”长 100 多尺、阔 25 尺，“神舟”长、阔 3 倍于“客舟”，更为高大了。

南宋初，对控制船舶航行的三大重要部分——推进、操纵和系泊装置都有改进。关于推进方式，宋朝船舶仍主要是风帆。徐兢曾说，宣和时期到高丽的船“舟行终不若驾风之快也”。当时航行时风正、风偏和风息，都以大帆或小帆调节使用，还大量制造车船，用人力踏车轮作推进装置。

到南海一带去的商船，已经普遍用隔离仓（今叫“密封舱”），它的先进性不言而喻，

① （宋）徐兢：《宣和奉使高丽图经》卷三四。

能在船体局部撞坏的情况下有效地防止整船进水下沉。船上备有指南针，舵手又掌握了有关季候风的知识，所以宋代航海居于世界领先地位。宋人朱彧在《萍州可谈》中这样描述当时的商船："舶船深阔各数十丈，商人分占贮货，人得数尺许，下以贮物，夜卧其上。货多陶瓷，大小相套，无少隙地。"2007 年底整体打捞的"南海 1 号"商船，是南宋已知最为先进的商船，打捞出的商品据说有 6 万余件。

（二）海商

根据宋代市舶法则的规定，出海贸易的船只、船员、货物都要呈报市舶司审批，领取允许出海的"公凭"才能出海，每艘船的"公凭"证件都列有船员的姓名和职务。因为"凡舟船将过洋，必设水柜，广蓄甘泉，以备饮食"，饮用水异常宝贵，生死攸关，势必采取计划配给的办法，让个人保存一些，以防备船中淡水储柜受损漏水等意外。在泉州湾古船中发现有"水记"的标签，如"曾干水记""丘锭水记"等，上系小绳，可能是船员个人贮存淡水的记号。这些千年前的木牌签，反映了宋代海船内部的组织和管理水平，对今日大型舰艇的管理有所启示。

远洋航行经常受到洋流的影响，要求船员对潮汛、风信、波浪、流向等海洋知识有所掌握。宋代沿海居民在同自然斗争中，已经比较熟悉海洋季节风的规律，比较熟练地利用自然规律出海或返航。如去南海诸国要"北风航海南风回"；去朝鲜乘夏至后南风，"北风方回"；到日本一般是利用初夏的西南季风去，回来则利用春季的东北季风。指南针用于航海，是宋人航海技术的重大突破。《萍州可谈》载："舟师识地理，夜则观星，昼则观日，阴晦则观指南针。"计时的办法是滴漏，在一些出海文物中，有铜钵（盆）、椰子壳（壳顶开有小孔）及被称作"换水神君"的铜勺，后者是专门为船上水罗盘和水时记换水时使用的。

（三）海外华商

两宋以来，海外贸易中形成了海外华商集团。中国海商数以万计，资产百万的大海商已不鲜见。南宋初，泉州商人夜晚以小舟载铜钱十万缗偷渡出境。泉州杨客经商十数年，资产可观。那时海外华人已有了聚居地。在爪哇，凡"贾人至，待以宾馆，饮食丰洁"（《宋史・外国三》）。爪哇新村和苏门答腊的旧港有华人数千家。北宋末的高丽国"王城有华人数百，多闽人因贾舶至者"。而且，华人有自己的组织机构和武装，经常啸聚数千人马。今文莱发现了保存完好、死于南宋嘉定年间的泉州判院蒲公之墓。

宋代造船业是公认的当时世界第一，所造大船载重达 600 多吨，可载 500 多人，加之罗盘针的发明及应用于航海，可以说 13 世纪初中国有印度洋上最好的商船。商船满载丝绸、瓷器、棉布、茶叶、钢铁、药材、芦荟、肉桂、高良姜、日用器皿等出发外贸，又从阿拉伯、印度、东南亚等地输入香料、珠宝、象牙、犀角、玳瑁等特产。其中最多的是香料，有檀香、沉香、降真香、乳香、龙涎香以及胡椒、槟榔、玳瑁等，它们多产自占城、东非的"香料之角"。外商来到中土的以大食国（今阿拉伯）人最多。伊德里西在他的《旅游证闻》（1154 年）中说，中国的君主施政合理，胸怀宽厚，关心臣民疾苦。特别提到了新兴的海港泉州，盛赞泉州“建筑华丽，买卖兴隆，商务信誉，驰名于世。所产瓷器，极其精美”。泉州和广州是当时最主要的外贸城市。

（四）刺桐城之盛

元承袭宋的海外贸易政策，鼓励外商来华贸易。泉州，海上丝绸之路的起点。在遗留的祈风石刻上能看到“车马之迹盈其庭，水陆之物充其俎”的文字。屹立的建筑珍品——六胜塔，是泉州港海路的第一座灯塔。安平商人与徽商、晋商齐名，但与他们经营的方式不同。《安平志》载：“商则襟带江湖，足迹遍天下，南国明珠，越裳翡翠，无所不有；纹身之地，雕题之国，无所不到。”马可·波罗奉蒙古大汗之命护送公主远嫁波斯，就是从泉州开始的。

刺桐城是泉州的古称。五代时，留从效扩建泉州城，下令遍植刺桐，从此，泉州开遍了从马来西亚引种的红色的刺桐花。事实上，波斯的菠菜、日本的蕹（音瓮）菜（俗称空心菜）、暹罗的茄子、南亚的南瓜、荷兰的荷兰豆和葱，都是从泉州登陆，踪迹逐渐遍布中国的。作为回报，从泉州输出的丝绸、茶叶、瓷器、蔗糖虽贵如黄金，仍在西方王公贵族中热销。

宋元时期，中国是世界上最出色的海洋国家，中国的海洋文明超越了地中海沿岸的西方国家。但令人遗憾的是，这一历史机遇又被明朝的统治者葬送了。

二、郑和下西洋

明朝没有把“革命”进行到底。元朝末代皇帝逃窜塞北，建立北元，威胁北疆，因此，明朝历代政府的重要基础工程就是修“边墙”（明朝人讳称长城）：“依山形，随地势，或铲削，或垒筑，或挑堑。”这个形象工程耗时近200年，全长6000多千米，修成了人类历史上的工程奇迹。

明代在海洋上留名的两位人物都姓“郑”，且都染些“洋气”。一位是赐姓郑，名和，马三保（宝）便是。“三保太监”本是云南咸阳回族，信奉伊斯兰教，其先人是色目商人，做过云南首位色目人省长。1381年冬，明军入云南，11岁的马三保被掳，受宫刑成为太监，后入燕王府，因在朱棣夺权中，“出入战阵，多建奇功”，特赐郑姓，并“擢为内宫监太监，经道衍和尚（姚广孝）召引，受菩萨戒皈依佛门”（《皇明大政记》）。1433年4月，郑和病逝于印度西海岸港口城市古里，同年7月船队返回中国，可以说他恪尽职守、鞠躬尽瘁，死在工作岗位上，另一位是南明皇帝恩赐的“国姓爷”郑成功。郑成功原名郑森，字大木，祖籍福建南安，其母为日本人，他出生在日本姥姥家，7岁时回到老家福建。这两位“郑大人”，在中国近代历史上可以说出尽了风头，一位是友好使者，一位是民族英雄。

教科书上说，郑和下西洋是为了加强明政府与海外各国的联系，扩大同海外各国的贸易往来。但史书也说：“郑和，云南人，世所谓三保太监者也。初事燕王于藩邸，从起兵有功，累擢太监。成祖疑惠帝亡海外，欲踪迹之，且欲耀兵异域，示中国薄彊。”（《明史·宦官一》）

永乐三年（1405年），郑和的船队自苏州刘家港出发，“首达占城，以次遍历诸番国，宣天子诏，因给赐其君长。不服，则以武慑之”。郑和历经三朝，先后七奉使，最多的一次人数达2.87万人。大船队由宝船（使者）、马船（运输）、粮船（运粮）、坐船（运兵）、战船（作战）等317艘船只组成。“母舰”是最大的宝船，这种宝船“体势巍然，巨无与敌，篷帆锚舵，非二三百人莫能举动”（《西洋番国志》）。其“大者长四十四丈，阔一十八丈”，明代造船习惯用淮尺，1淮尺合0.342米，则大宝船长151.8米，宽61.6米，桅杆9根，船上下4层，还有防水的密封舱壁，规模相当于一艘现代驱逐舰。宝船的建造技术，可以说达到了当时世界最高水平。同一个世纪末，哥伦布首航新大陆，西方人把它看成一大成就，代表当时西方的最高技术水平。实际上，发现“新大陆”是从西地中海出发，驶向加勒比海，再折回西地中海。他共有3艘船，旗舰“圣玛丽”号只有25.5米长。船员老幼加在一起不过90人，整个航海历时仅7个月，包括在岸上逗留的时间。

有人统计，郑和七次下西洋，将中国的7大类22种产品输入亚非各国，换回各国的货物11大类191种。输出的多为生活用品，而输入的多为奢侈品，因此，西洋人称之为“宝船”是名副其实。

明代所谓的“西洋”，实指印度洋，包括今东南亚、印度、阿拉伯等亚洲南部沿海地区及非洲东部沿海地区。与中国通商的并不限于西洋，真正的西洋人如弗朗机人（西班牙、葡萄牙人）、红毛夷（荷兰人）等都与中国通商。1553年，葡萄牙租借澳门；1601年，意大利人利玛窦入京师献《万国全图》，言天下有五大洲，地球是圆的；汤若望在崇祯年间来华，近代天文科学等西学开始输入华夏。西班牙、葡萄牙人也把原产于美洲的玉米（番麦）、甘薯（番柿）、马铃薯（土豆）、花生（长生果）、向日葵（朝阳花）、烟草等农作物带到亚洲，后传入我国。

明代，是东洋、西洋两大文化角逐时期。然而东洋、西洋却被鄙儒们看作化外之域，视为畏途，决策者只会搬石头砌“边墙”，不敢乘木板下海洋，而海洋皆关利薮。当此之时，我方实力远胜欧人，然而我方开拓先驱反而受挫，1436年，郑和下西洋的航海图被腐儒一把火烧了。

明朝的海禁政策，一是严禁濒海居民私自出海，违者面临杀头、充军等严厉制裁；二是大量招收沿海渔民、船户当兵，有10万多人，在漫长的海岸线上广设兵站卫所，有5000余个，并给这些卫所配备了士兵和战船。海岸线成了海防前线，看似宁静的背后隐藏着危机。

海禁主要是禁止与海外通商，所以那时的所有海上贸易都成了走私。只要是做生意的船和人就是贼是盗，可捕可杀，致使沿海商人变为“倭寇”。

三、闭关锁国

（一）广州“十三行”

清廷统一了东亚，建立了清帝国，奠定了今日中国之版图。但在文化心理上，清政府自始至终都陷于汉化还是满洲化、信佛还是信道、重农还是重商、开海还是禁海、给予家奴还是给予洋奴等的纠结之中。

康熙二十二年（1683 年），清廷统一台湾后，开放了广州、宁波、定海、厦门四个港口，但对出口商品的种类和出海船只的载重量作出了严格的限制。后来干脆实行“闭关锁国”政策，仅留广州，且由“十三行”垄断。

清初的对外格局，大致是：广州像特区，厦门、宁波、定海、上海等是开放城市，沿海是开放区；日本、泰国等国是友好邻邦；朝鲜、越南、缅甸等是附属国；西洋鬼子非我族类，是居心叵测、需要严防的敌人。中西方交换的商品中，我国输出的是“老三样”——丝绸、瓷器、茶叶，而输入的主要是白银。

（二）海关制度

康熙二十四年（1684 年），康熙帝召集大臣讨论制定海关制度及税则办法，对海外贸易在机构设置上做了立法程序准备。其制度创新有：

一是创立了粤海关制，废除了历代管理对外贸易的市舶提举司制度。

二是制定了新的船舶贸易和私商贸易法。

三是创立了住税报单和行税报单制度。

四是制定了其他新规，如鼓励有钱人“承允”洋商。

（三）外贸中的病商措施

病商措施有：一是用严厉的惩罚手段阻止商人在国外造船带回；二是限制出海贸易人数，禁止人民私自出洋及久居国外。对于偷渡问题，还颁布了奖惩条例，如规定地方官拿获十名以上偷渡出洋者，专管官记录一次，兵各赏银二两；拿获二十人以上，加倍；五十人以上者，专管官以应升之官即用，兼辖官加升一级，兵各赏银十两。否则，稽查不力，以“疏纵”论罪。

沿海城镇成为沟通江海的枢纽，当时海船从厦门出发，顺风十日即可到达天津。上至关东，下到胶州、上海、乍浦、宁波，闽广商船来往岁以为常，南北海面的交通顺畅无阻，水路交通的发达，促进了国内外贸的开展。相对繁荣的内外贸易，在客观上增强了中国与友邻国家彼此的了解，促进了彼此间在政治、经济、文化上的交流与发展。虽然乾隆时期，清廷改为一口通商，但从实际效果看，对外贸易不但没有停止，反而有所发展。可见，世界潮流浩浩荡荡，顺之者昌，逆之者亡；但满洲贵族文化底蕴不够，又受汉文化糟粕部分的影响，以天朝大国自居，对正常的贸易防范有加，朝贡贸易虽然处在有利局面，有所进步，但根本不能满足西方资本家扩大国外市场的野心。

对外，满洲贵族学习了汉文化中最保守的部分，总视他人为称臣纳贡的“蛮貊夷狄”，面对英、法、荷等西方殖民者疯狂进行的殖民活动，清政府竟毫无认识。英王特使马戛尔尼对中国政权分析的结论是：“这个政府正如它目前的存在状况，严格地说是一小撮鞑靼人对亿万汉人的专制统治。”这种专制统治有着灾难性的影响。胡适先生说过，凡富于创造性的人必敏于模仿，凡不善于模仿的人决不能创造。一个民族也和个人一样，最肯学人的时代就是那个民族最伟大的时代，等到他不肯学人的时候，他的盛世已过去了，他已走上了衰老僵化的时期了。我们到了民族中衰气象时，男子们只知学习印度人的吸食鸦片，却没有精力学习满洲人的不缠足。自足的经济，小资产者狂妄自大的意识，就这样支配着清廷保守和排外的思想与政策，也加固了封建君主专制的落后性、停滞性。等到“虎门销烟”的消息在英国议会讨论时，有议员叫喊道：“不要再嚷嚷了，先揍它一顿再说。”大清王朝在与西方资本主义国家的较量中遭到惨败，实为自杀式的贸易战争的失败。

第四节　茶马古道

一、茶马互市与古道物流

茶马古道是指存在于中国西南地区，以马帮为主要交通工具的民间国际商贸通道，是中国西南民族经济文化交流的走廊。茶马古道是一个非常特殊的地域称谓，是一条世界上自然风光最壮观、文化最为神秘的旅游绝品线路，它蕴藏着开发不尽的文化遗产。

（一）茶马互市的起源与发展

1. 茶马互市的起源

茶马互市是我国西部历史上汉藏民族间一种传统的以茶易马或以马换茶为中心内容的贸易往来。青海作为我国重要的游牧区之一，自古就有发达的畜牧业，而牧马业在其中占有重要地位。特别是吐谷浑时期，青海的牧马业开始进入繁盛期。吐谷浑人通过朝贡、互市等渠道将大批良马输送到内地，以换取各种农产品和手工业品。因而青海在茶马互市中曾扮演过重要的角色。

青藏属高寒地区，海拔都在三四千米以上，糌粑、奶类、酥油、牛羊肉是藏民的主食。在高寒地区，藏民需要摄入含热量高的脂肪，但因没有蔬菜，糌粑又燥热，所以过多的脂肪在人体内不易分解，而茶叶既能够分解脂肪，又能够防止燥热，故藏民在长期的生活中，创造了喝酥油茶的高原生活习惯，但藏区不产茶。在内地，民间役使和军队征战都需要大量的骡马，但供不应求，而藏区和川、滇边地则产良马。于是，具有互补性的茶和马的交易即茶马互市便应运而生。茶马交易，最早出现于唐朝，但直到宋朝才成为定制。由于茶是边疆少数民族生活的必需品，因此历代统治者严格控制茶叶的生产和运销，并严禁私贩。以茶易马，在满足国家军事需求的同时，也作为加强控制少数民族的重要手段和巩固边防、安定少数民族地区的统治策略。这就是茶马互市的起源。

2. 茶马互市的发展

唐朝的茶马互市主要是与回纥之间进行。到了宋朝，马资源优质而丰富的青海及甘肃一带吐蕃各部才成为官方茶马交易的主要对象。北宋时期，青唐唃厮啰政权在茶马交易中占有十分重要的地位。他们一方面通过朝贡的形式将马匹进献给宋朝，然后得到回赐，其中主要的物品就是茶叶；另一方面就是在秦（今甘肃天水）、渭（今陇西）一带与宋朝交易。宋朝也在吐蕃部落杂居的熙（今甘肃临洮）、河（今甘肃临夏）、洮（今甘肃临潭）、岷（今甘肃岷县）诸州设置了许多茶马场、茶马司等机构，由四川地区购运茶叶，与吐蕃各部茶马互市。后又设“都大提举茶马司”，统一组织和运作茶马交易。北宋末年，湟州也设立了荼马场。宋朝，在甘青地区吐蕃各部向朝廷输出的马匹总数中，青唐政权占有最大份额，朝廷年均买马 2 万匹，其中百分之七八十来自青唐所属的吐蕃各部。

茶马互市最为兴盛是在明朝。从洪武时期开始，明朝政府就在西北地区建立了河州、洮州和西宁三大茶马司，主持与甘肃、青海地区藏族、撒拉族及撒里维吾尔族的茶马互市。河州、洮州和西宁也成为明朝茶马交易的三大中心。明朝统治者认为，以茶易马，既可以“供边军征战之用”，还可以“系番人向化之心”，有着政治、军事及经济上的多重效应。所以，极力将茶马互市严格地控制在官府手中，成官府垄断局面，并厉行私茶之禁。为了严明禁律，明太祖朱元璋还拿皇亲开刀。他的女婿欧阳伦就因违禁走私茶叶，在兰州被一小吏告发后，朱元璋令其自尽。

三大荼马司建立后，明朝为了将茶马互市控制在官府手中，又向青海、甘肃一带藏、撒拉、撒里维吾尔等各部落发放“金牌信符”，确立了茶马征发制。以三年为期，定时、定额向各部落征收马匹，同时发放茶叶作为“酬劳”以示优待。这一制度，明朝叫“差发马”赋。差发马实际上就是国家向牧民征收的牧业税，只是朝廷还要付给牧民一定数量的茶叶而已。“金牌信符”分为上、下两号，牌符额上镌刻“皇帝圣旨”，下左处刻“合当差发”，下右处刻“不信者斩”，上号牌符由官府掌握，颁发给游牧部落的是下号牌符。到了征收期，官民各以所持金牌比对，然后纳马中茶。

金牌制下的茶马征发，虽属于赋税征收的性质，但还是保留了一定的交易成分。可是游牧部落地处偏远，流动性又大，官府很难对他们进行严格的控制，加上利益驱动，茶叶走私贸易禁而不止，牧民们将大量的马匹用来与私商交易，差发马的征收自然受到影响。加上其他因素的干扰，到明正统时期，金牌制度废弛，恢复了普通的茶马交易。此后，马赋征收时举时废，但茶马司主持的交易活动则始终未停，走私形式的民间贸易更是久盛不衰。

明朝，官府在西北用来易马的茶叶主要来自陕西、四川和湖南，运输方式或者官运，或者招商。陕西主要以汉中茶为主，四川则以保宁茶为主。但这只是就“官茶”而言的，民间走私活动，即“私茶”中，湖南茶则因其产量大且价格低廉及官府控制不严而占有相当大的比重。到明中后期，官茶也开始以湖南宝庆茶为主了。到万历时，湖南茶更是因其更适合西北游牧民的口味在西北茶马互市中取代陕茶、川茶，而在茶马互市中占据主导地位。直到今天，在青海、甘肃牧区的茶叶市场上，湖南茶仍然畅销。

茶马互市也是制约藏族的一种重要方式。由于自然环境方面的原因，藏族对茶叶十分依赖，茶能解毒去病，可以解油腻、助消化，因此，控制了茶叶的供给，就等于控制了藏族人的生活，所以，茶叶自宋朝以来不但成为中原王朝与西北和西南地区的藏族之间的大宗经贸产品，而且成为与藏族之间保持友好关系的物质手段。茶马互市对维护宋朝在西南地区的安全与稳定起到了重要作用，是两宋王朝具有重要的战略意义的治边政策。同时，通过茶马贸易，满足了封建王朝对战马的需要，而且为朝廷提供了一笔巨额的茶利收入以解决军费之需。

（二）茶马贸易与古道形成

茶马古道起源于唐宋时期的茶马互市。藏区和川、滇边地出产的骡马、毛皮、药材等和川滇及内地出产的茶叶、布匹、盐和日用器皿等，在横断山区的高山深谷间南来北往，流动不息，并随着社会经济的发展而日趋繁荣，形成了一条延续至今的茶马古道。

1. 茶叶生产的发展为茶马贸易提供了物质基础

宋朝东南地区的淮南、江南、两浙、荆湖、福建诸路植茶在唐朝基础上有较大的发展。东南九路产茶遍及 60 个州 242 个县。福建的建州，不但产区集中，产量较多，而且品质优异，引起朝廷的关注，因而设置了规格宏大、管理严密、专造贡茶的“北苑龙焙”，以代替顾渚贡茶院。每到采茶季节，“千夫雷动，一时之盛，诚为伟硯”。同时北宋王朝继唐朝开发江南广袤土地之后，继续向岭南开发，在广东、广西开辟了很多新茶园。如广东的南雄、循州，广西的静江府及融、浔、宾、昭等州。东南地区的茶叶产量，在北宋嘉祐四年（1059 年），已达到 2000 多万斤，成为全国茶业经济中心，因此北宋政府规定专榷东南茶。景德元年（1004 年），茶岁课“五百六十九万贯”，茶利直线上升，成为国家财政的重要支柱，对筹措军饷起到了关键作用。

2. 茶马古道是完成茶马贸易的物流通道

“茶马古道”是一个有着特定含义的历史概念，它是指唐宋以来至民国时期汉、藏之间进行茶马交换而形成的交通要道。这一历史时期的茶马古道主要分南、北两条道，即滇藏道和川藏道。滇藏道起自云南西部洱海一带产茶区，经丽江、中甸（今云南香格里拉县）、德钦、芒康、察雅至昌都，再由昌都通往卫藏地区。川藏道则以今四川雅安一带产茶区为起点，首先进入康定，自康定起，川藏道又分成南、北两条支线：北线是从康定向北，经道孚、炉霍、甘孜、德格、江达，抵达昌都（即今川藏公路的北线），再由昌都通往卫藏地区；南线则是从康定向南，经雅江、理塘、巴塘、芒康、左贡至昌都（即今川藏公路的南线），再由昌都通往卫藏地区。

以上所说的两条只是茶马古道的主要干线，也是长期以来人们对茶马古道的一种约定俗成的理解与认识。纵观整个历史发展过程，除以上主干线外，茶马古道还包括若干支线，如由雅安通向松潘乃至连通甘南的支线，由川藏道北部支线经原邓柯县（今四川德格县境）通向青海玉树、西宁的支线，由昌都向北经类乌齐、丁青通往藏北地区的支线，等等。支线与干线的结合形成了一个庞大的交通网络，这个交通网络最终梳理为川藏道、滇藏道与青藏道（甘青道）三条大道，地跨川、滇、青、藏，向外延伸至南亚、西亚、中亚和东南亚，远达欧洲。三条大道中，以川藏道开通最早，运输量最大，历史作用也较大。

3. 茶马司是茶马古道物流的管理机构

自唐朝茶叶传入藏区以后，茶叶所具有的助消化、解油腻的特殊功能，使肉食乳饮的畜牧人民皆饮茶成风。西北各族纷纷在沿边卖马以购买茶叶，而宋朝为了获得战马，便决定在西北开展茶马贸易，出卖茶叶，购买战马。北宋熙宁以后便在四川设置茶马司，将四川年产 3000 万斤茶叶的大部分运往甘肃、青海地区，设置数以百计的卖茶场和数十个买马场，并规定名山茶只许每年买马不得他用，每年买马达 15000 匹以上，从而使青藏道由唐朝的军事政治要道成为茶道。故《西藏志》的作者陈观浔说，唐宋以来，内地差旅主要由青藏道入藏，“往昔以此道为正驿，盖开之最早，唐以来皆由此道”。

据史籍所载，北宋熙宁年间（1068—1077 年），经略安抚使王韶在甘肃临洮一带作战，需要大量战马，朝廷即令在四川征集，并在四川四路设立提兴茶马司，负责从事茶叶收购和以茶易马工作，并在陕、甘、川多处设置卖茶场和买马场。沿边少数民族只准与官府（茶马司）从事以茶易马交易，不准私贩，严禁商贩运茶到沿边地区去卖，甚至不准将茶籽、茶苗带到边境，凡贩私茶则予处死，或充军 3000 里以外，官员失察者也要治罪。立法如此严酷，目的在于通过内地茶叶来控制边区少数民族，强化统治，这就是“以茶治边”的由来。但在客观上，茶马互市也促进了我国民族经济的交流与发展。

宋朝以后，除元朝因蒙古盛产马匹无此需要而未实行茶马互市以外，明、清两朝均在四川设立专门的茶马司，清康熙四年（1665 年）在云南西部增设北胜州茶马市，至康熙四十四年（1705 年）才予废止。

（三）茶马古道物流与贸易特征

1. 茶马古道是青藏高原上最古老的物流通道

从茶马古道的路线看，昌都是一个重要枢纽，它不仅是滇藏道和川藏道两条道路的必经之地，而且是这两条道路的交汇点。事实上，茶马古道并非只是在唐宋时期，汉、藏茶马贸易兴起以后才被开通和利用的，早在唐宋以前，这条起自卫藏，经林芝、昌都并以昌都为枢纽而分别通往今川、滇地区的道路就已经存在和繁荣，并成为连接和沟通今川、滇、藏三地古代文化的一个非常重要的通道。它不仅是卫藏与今川、滇地区之间古代先民们迁移流动的一条重要通道，也是今川、滇、藏三地间古代文明传播和交流的重要通道。

从考古文化遗迹看，远在 4000～5000 年以前，昌都就出现了像卡若遗址这样大型且时间延续极长的古人类聚落遗址。这说明至少在新石器时代晚期，昌都一带以卡若文化为代表的古文化已相当繁荣。昌都之所以能在如此早的时代就产生如此发达的古代文化，其原因正在于昌都是位于今川、滇、藏三地之间古代文明交流与传播的一条重要通道上。从卡若文化中，我们既可见到川西、滇西北地区原始文化的因素与特点，也可见到黄河上游地区马家窑等原始文化的某些影响，同时亦能发现其自身的特点，说明卡若文化具有浓厚的复合文化特点，它并不是一个孤立发展的原始文化，而是与周邻地区诸原始文化之间存在广泛的联系和交流。卡若文化的这一特点，正好说明当时的昌都一带不仅是卫藏与今川、滇西部地区的原始文化发生交流联系的通道，也是各种原始文化因素传播和荟萃的重要枢纽。

2. 茶马古道是人类历史上通行难度最大的物流通道

青藏高原是世界上海拔最高、面积最大的高原，被称作“世界屋脊”或“地球第三极”。因此，说茶马古道是世界上海拔最高的文明古道，是没有问题的。正因为它是世界上海拔最高的道路并且几乎横穿了整个青藏高原，所以它是一条通行难度世界之最的古代物流通道。主要表现在：

（1）茶马古道所穿越的青藏高原东缘横断山脉地区是世界上地形最复杂和最独特的高山峡谷地区，其崎岖险峻和通行之艰难亦为世所罕见。茶马古道沿途皆高峰耸云，大河排空，崇山峻岭，河流湍急。正如任乃强先生在《康藏史地大纲》中所言：“康藏高原，兀立亚洲中部，宛如砥石在地，四围悬绝。除正西之印度河流域，东北之黄河流域倾斜较缓外，其余六方，皆作峻壁陡落之状。尤以与四川盆地及云贵高原相结之部，峻坂之外，复以邃流绝峡窜乱其间，随处皆成断崖促壁，鸟道湍流。各项新式交通工具，在此概难展施。”

据统计，经川藏道至拉萨全长约四千七百华里，所过驿站五十有六，渡主凡五十一次，渡绳桥十五，渡铁桥十，越山七十八处，越海拔九千尺以上之高山十一，越五千尺以上之高山二十又七，全程非三四个月的时间不能到达。

（2）茶马古道沿线高寒地冻，氧气稀薄，气候变幻莫测。清人所记沿途“有瘴气”“令人欲死”之现象，实乃严重缺氧所致之高原反应，古人因不明究竟而误为“瘴气”。茶马古道沿途气候更是所谓“一日有四季”，一日之中可同时经历大雪、冰雹、烈日和大风等，气温变化幅度极大。一年中气候变化则更为剧烈，民谚曰：“正二三，雪封山；四五六，淋得哭；七八九，稍好走；十冬腊，学狗爬。”其行路之艰难可想而知。千百年来，茶叶正是这样人背畜驮历尽千辛万苦而运往藏区各地。如此漫长、艰险的高原之路，使茶马古道堪称世界上通行难度最大的道路。

二、贸易与沿途经济

（一）历史上的茶马古道贸易

1. 唐朝时期古道上的茶马贸易

唐朝，茶的种植已经相当普遍。随着茶叶饮用在内地的普及，茶叶也传到了当时的吐蕃。吐蕃赞普朗达玛“灭佛”以后，大量僧侣被迫还俗，遂将他们的饮茶之术传到了吐蕃民间。

茶叶在吐蕃大众中的传播就如星星之火，很快便有了燎原之势，成为藏民族的一种全社会、全民族的习俗。为了加强对茶叶的管理，唐朝制定了专门的茶叶贸易政策。

首先是实行专门的茶马互市。唐玄宗开元十九年（731 年），唐朝允许茶马互市在赤岭进行。其次是实行茶税。据记载：“茶税开始于唐德宗建中三年（782 年）九月，与漆、木、竹、商钱并税。”最后是实行“榷茶制”。《旧唐书》记载：“五涯献榷茶之利，乃以涯为榷茶使，茶之有榷税自涯始也。”唐朝实行“榷茶制”的目的就是要把茶叶的经营置于官府的垄断之下，为此唐严禁私茶贸易。至赤松德赞时期，藏族即以马匹大量换取内地的茶叶，茶马贸易开始发展起来。吐蕃为了加强对茶叶贸易的管理，派专人负责经营汉、藏茶叶贸易，称为“汉地五茶商”。这种互惠互利的茶马互市得到了唐、蕃双方的支持。据马大正统计：自太宗贞观八年（634 年）始，至武宗会昌三年（843 年）吐蕃王朝瓦解共 200 多年间，双方使臣来往不少于 191 次，往来使团的人数多则百余人，少则也有十余人。

唐朝的茶马贸易处于形成和开拓阶段，政府对贸易的经营和管理不健全，贸易形式主要为贡赐，贸易地区包括西部的大部分地区。这些为茶马贸易在宋朝的大兴奠定了基础。

2. 宋朝时期古道上的茶马贸易

由于北宋政府高度重视茶马贸易，茶马贸易开始大兴起来。当时贸易的主要形式有两种：一种是以贡赐的方式进行官方交换；另一种是北宋政府设茶马司在沿边各地“召募蕃商，广收良马”的贸易。例如：从 1008 年至 1098 年的 90 年间，青唐唃厮啰和北宋双方的贡赐贸易共进行了 39 次，其中纯粹的茶和马的贸易达到 11 次。

茶叶贸易的巨额利润使北宋的茶税成为政府开支的一大支柱，为了保证茶税的不断增长，北宋实行了一套更为严厉的榷茶制度。北宋的榷茶分为两个时期。第一个时期是从宋太祖乾德二年（964 年）开始，在京师、建安等四地“置场榷茶”，建立专买专卖的管理机构，茶由官府垄断买卖，并制定严格的惩处条律，禁止私人买卖。第二个时期是宋神宗熙宁四年（1071 年），北方战争又起，因对熙河用兵，需要大量军饷，北宋又重新实行榷茶制。熙宁六年（1073 年），政府使李杞入蜀买茶博马，随后在全川榷茶。《宋史・食货志》记载：“下令川陕民茶尽卖入官，严禁私行交易，全蜀茶尽榷。”

到了 12 世纪初，茶马贸易更加频繁。南宋建立后，高宗建炎元年（1127 年），成都府路转运使判官赵开上奏章，列举榷茶买马五害，请尽罢川茶官榷，恢复自由买卖，变茶息为茶税，改榷茶制为茶引制，这是茶马贸易历史上的一次重要变革，为明朝茶马贸易的金牌信符制度奠定了基础。

此外，宋朝的茶马贸易较之唐朝又有了长足的发展和进步，体现在对贸易经营和管理的制度化和系统化上，贸易的数量也进一步增加。同时茶引制度的出台，促使茶马贸易进入了较成熟的发展时期。

3. 元朝时期古道上的茶马贸易

由于在畜牧业方面吸取了唐宋以来的经验，元朝建立了齐备的马政制度，使战马的生产得到了保证，同时又采用“因其俗而柔其人”的治藏之策，因此马便在元朝淡出了原来的角色。但是元朝仍然重视茶叶向藏区的销售，主要是因为茶马贸易带来的巨额赋税。据《元史・食货志》记载，元世祖至元六年（1269 年）茶税年纳银达 1500 万锭。为此，元朝曾一度设立西番茶提举司，在碉门（今四川天全县）等地互市。虽然元朝对茶马互市并不重视，但是却非常重视对古道的开拓，大力开辟驿路，设置驿站，使川西、滇西北与西藏的茶马古道大大延伸。

4. 明朝时期古道上的茶马贸易

明朝是汉藏茶马贸易的极盛时期，茶马贸易的制度、内容和方式都发生了很大变化。完善的贸易制度、严格的经营管理不仅体现为一种经济关系，也是一种政治关系。通过茶马贸易，明朝全面巩固了对西藏的统治。

其一，在制度建设方面，明朝制定了“以其地皆肉食，倚中国茶为命，故设茶课司于天全六番，令以市马，而入贡者又优以茶布。诸番恋贡市之利，且欲保世官，不敢为变”的治藏之策。在此政策指引下，明朝大量设置茶马司。据《太祖实录》记载，置泰州茶马司，设司令正六品、司丞正七品。不久又设瑪州茶马司。洪武六年（1373 年）十月，置河州茶马司。随后“罢瑪州茶马司，以河州茶马司总之”。

其二，制定“茶法”。朱元璋立法禁止私茶出境，对违法者处罚甚严，“凡犯私茶者与私盐同罪，私茶出境与关隘不议者立论死”。

其三，制定茶课。据《太祖实录》记载：“户部言，陕西汉中府、金州、石朱、汉阴、平利、西乡县诸处，茶园共四十五顷七十二亩，茶八十六万四千五十八株，每株官司取其一，民所收茶，官司给直买之。无户茶园，以汉中府守城军士薅培，及时采取，以十分为率，官取其八，军收其二。”在贸易方式上，明朝与前朝也有所不同，主要有三种。一是政府贸易。其中的一种形式是差发马制度，就是对藏区收取马税，同时配之以茶的制度。这是明朝茶马贸易中一个不同于前朝的显著特点。还有一种形式是通过茶马司进行贸易。二是朝贡贸易。明朝成立后，对元朝遗留下来的土官和贵族，只要表示效顺，皆授官职，给予印信，令其世袭。据《明史》记载：“授喇嘛、禅师、灌顶国师之号，有加至大国师、西天佛子者，悉给以印诰，许多世袭，且令岁一朝贡。”三是私茶贸易。虽然明朝制定了严格的法律以禁止私茶贸易，但是明朝的私茶贸易却一直比较兴盛，特别是到后期差发马制度废除以后，私茶贸易更是如雨后春笋一样发展起来。正所谓“茶马互市，利之所在，人皆趋之，禁令越多，走私之风越盛”。在古道拓展方面，明朝时也得到了进一步的完善和发展。为了加强与长河西、朵甘思各部的关系，缩短运距，方便茶叶运输，明朝开辟了自碉门（今四川天全县）至昂州（今泸州岗安镇）逾大渡河至长河西（今康定）的“碉门路”茶道，并于昂州设卫加以保护。

5. 清朝时期古道上的茶马贸易

清朝时茶马贸易的地区有所增加，中前期贸易的规模较前朝有了较大的发展。清初，由于国内局势动荡，需要大量战马，因此基本承袭明制，继续推行茶引制。官茶“储边贸易”，商茶“给以茶课”，继续在四川、云南、青海等地设茶马司管理茶马贸易，同时增设过巡视茶马御史。为了保证茶马贸易带来的巨额利润，清廷推行了更为严格的贸易措施。为了改变官茶贸易逐渐萎缩的局面，清廷遂对四川茶叶贸易制度进行了重大改革，变“茶引制”为“引岸制”，将四川茶定为三种专岸：雅安、天全、荥经、名山和邛崃五县所产茶，专销康藏地区，因为五县都居成都南边，故名“南路边茶”；灌县、大邑等地所产茶行销松潘一带，因产地地处成都西边，故又称“西路边茶”；专销内地的茶叶称为“复茶”。关于茶马贸易的地区，除了前朝主要的四川、青海、甘肃等地区外，云南也成为最主要的茶马贸易区之一。顺治十八年（1661 年），五世达赖请求在云南胜州开展互市，以马易茶，得到清廷许可。从此后，云南茶大量销往藏族地区且地位日渐提升。檀萃在其《滇海虞衡志》中载：“普茶名重于天下，此滇之所认为产而资利赖者也，人山作茶者数十万人，茶客收于各处，每盈路，可谓大钱粮矣。”

清朝时，四川在茶马贸易中的角色更加重要了。康熙三十五年（1696 年）准行打箭炉市（今四川省康定市），蕃人市茶贸易；康熙四十一年（1702 年）在打箭炉设立茶关，在大渡河上建泸定桥，开辟直达打箭炉的“瓦斯沟路”。从此，打箭炉就成了西陲重镇。正如石硕教授所言：“使边茶市场由雅安碉门深入到藏区，从此打箭炉成为南路边茶总汇。乾隆时，松潘也发展成为川西北、甘青乃至蒙古的西路边茶集散地，人渐稠密，商贾辐辏，为西陲一大都会。”

这一时期，川、滇、藏地区的茶马古道得到进一步的拓展。滇藏线从丽江出发到德钦这段路，有三条路线可供选择。川藏道在清朝形成了南北二路茶道，昌都是两条川藏茶道的汇合点，也是滇藏、青藏交通的总枢纽，成为茶马古道上最重要的贸易中心。

（二）茶马古道贸易的历史作用

1. 茶马古道是连接藏汉的政治、经济纽带

茶马古道是一条政治、经济纽带，加强了西藏与祖国的统一和藏汉人民唇齿相依、不可分离的亲密关系。这条古道不仅使藏区人民获得了生活中不可或缺的茶和其他内地出产的物品，弥补了藏区所缺，满足了藏区人民所需，而且让长期处于比较封闭环境的藏区打开了门户，将藏区的各种土特产介绍给内地，形成了一种持久的互补互利的经济关系。这种互补关系使藏汉民族形成了在经济上相依相成、互相离不开的格局，由此而进一步推动了祖国的统一和藏汉民族的团结。在历史上，明朝尽管未在藏区驻扎一兵一卒，但却始终与藏区保持着不可分割的关系，令藏区各部归服，心向统一，其中茶马古道发挥了重要的作用。

2. 茶马古道带动了藏区社会经济的发展

沿着茶马古道，伴随茶马贸易，不仅大量内地的工农业产品被传入藏区，丰富了藏区的物资生活，而且内地的先进工艺、科技和能工巧匠也由此进入藏区，推动了藏区经济的发展。例如，因茶叶运输的需要，内地的制革技术传入藏区，使藏区的皮革加工工业发展起来；又如，因商贸的发展，内地的淘金、种菜、建筑、金银加工等技术和技工大量经由此道输入，推动了藏区农作技术、采金技术和手工业的发展。同时，由于交易物品的扩展，藏区的虫草、贝母、大黄、秦艽等药材被开发出来，卡垫、毪子和民族手工艺品的生产也被带动起来，有了很大的发展。据统计，宋朝四川产茶 3000 万斤，其中一半经由茶马古道运往藏区。明朝经由黎雅、碉门口岸交易的川茶达 3 万引，占全川茶引的 80%以上。清朝经打箭炉出关的川茶每年在 1400 万斤以上。同时，大批的藏区土特产也经由此

路输出。据1934年统计，由康定入关输向内地的有麝香4000斤、虫草30000斤、羊毛5500000斤、毪子60000多根等，共值银400余万两，可见藏汉之间贸易规模之大。在这一贸易的带动下，藏区商业活动迅速兴起，出现了一批著名的藏商，如“邦达仓”“三多仓”“日升仓”等（仓，藏语意为家，这里用作商号），出现了集客栈、商店、中介机构为一身的特殊经济机构——锅庄。康巴处于茶马古道的中心，康巴人受这种环境的熏陶，最早改变了重农轻商的观念，养成了经商的习惯。康巴商人的精明能干，由此远近闻名。

3. 茶马古道促进了藏区城镇的兴起和发展

茶马古道上的许多交易市场和驼队、商旅的集散地、食宿点，在长期的商贸活动中，逐渐形成为居民辐辏的市镇，促进了藏区的城镇化发展。如打箭炉在元朝尚为荒凉的山沟，明朝开碉门、岩州茶马道后，逐渐成为大渡河以西各驼队的集散之地；清朝开瓦斯沟路，建泸定桥，于此地设茶关后，又迅速成为“汉番辐辏、商贾云集”的商业城市。西藏和关外各地的驼队络绎不绝地来往于此，全国各地的商人在这里齐集，形成了专营茶叶的茶叶帮，专营黄金、麝香的金香帮，专营布匹、哈达的邛布帮，专营药材的山药帮，专营绸缎、皮张的府货帮，专营菜食的干菜帮，以及专营鸦片、杂货的云南帮等；出现了48家锅庄、32家茶号以及数十家经营不同商品的商号；兴起了缝茶、制革、饮食、五金等新兴产业；民居、店铺、医院、学校、官署、街道纷纷建立。又如昌都，由于是川藏、滇藏、青藏三条茶马古道的交通枢纽和物资集散地，亦随着茶马贸易的发展而成为藏区重镇和汉藏贸易的又一中心。

4. 茶马古道促进了藏族与汉族和其他民族的文化交流

茶马贸易的兴起使大量藏区商旅、贡使有机会深入祖国内地，同时使大量的汉、回、蒙、纳西等民族商人、工匠、戍军进入藏区。在长期的交往中，这种交流增进了彼此对不同文化的了解和亲和感，形成了兼容并蓄、相互融合的文化新格局。在茶马古道上的许多城镇中，藏族与汉、回等外来民族亲密和睦，藏文化与汉文化、伊斯兰文化、纳西文化等不同文化并行不悖，而且在某些方面互相吸收，出现了复合、交融的情况。例如在康定、巴塘、甘孜、松潘、昌都等地，既有金碧辉煌的喇嘛寺，也有关帝庙、川主宫、土地祠等汉文化的建筑，有的地方还有清真寺、道观。各地来的商人还在城里建立起秦晋会馆、湖广会馆、川北会馆等组织，将川剧、秦腔、京剧等戏剧传入藏区，出现了不同民族的节日被共同欢庆、不同民族的饮食被相互吸纳、不同民族的习俗被彼此尊重的文化和谐现象。文化的和谐又促进了血缘的亲和，藏汉联姻的家庭在这里大量产生，民族团结之花盛开在茶马古道之上。

（三）茶马古道上的贸易古镇

1. 四川康定市

茶马古道是世界上通行里程最长的古代商路，总行程在万里以上。自古以来，很少有人能够走完全程。沿途的每站都可以作为终点或者起点，而当时最大的贸易中转站便要属四川的康定了。

康定过去叫做“打箭炉”，西来的马帮到达康定，就要在这里转换运输工具或者就地进行茶马贸易。康熙三十五年（1696 年），康熙帝批准了在康定进行茶马互市贸易的请求，使康定成为内地与西藏地区之间主要的商业中心。国内的丝绸、茶叶等商品经过康定运往西方，而南亚、欧洲、美洲的商品也从这里销往中国。康定有悠久灿烂的历史文化，是川藏咽喉、茶马古道重镇、藏汉交汇中心、商贸繁荣之地，是世界历史文化名城。康定山川秀美，有贡嘎山、木格措、跑马山、新都桥、塔公草原、莲花湖、泉华滩等享誉世界的自然景观。康定也是甘孜藏族自治州的州府，是甘孜州的政治、经济、文化、交通中心。

2. 云南沙溪古镇

沙溪镇位于云南省大理白族自治州剑川县西南部，是茶马古道的主要途经地之一。以沙溪为中心的滇西“四大盐井”（唐朝时弥沙的傍弥潜井，明朝时黑漓江峡谷的乔后井、云龙诺邓井、兰州啦鸡井）的随后崛起，使沙溪一跃成为茶马古道的盐都，成为滇西北地区食盐供给的集散地。盐作为人民生活的必需品，在沙溪逐渐成为继茶马互市之后的又一重要商品。

现在，许多外国游客喜欢在沙溪长住，在这里晒太阳、看书，他们认为这里才是中国最真实的古镇。沙溪古镇有完整的戏院、旅馆、寺庙、大门，使这个连接西藏和南亚的集市相当完备。2001 年 10 月，中国沙溪（寺登街）区域入选 2002 年世界纪念性建筑遗产保护名录。

3. 四川望鱼古镇

望鱼古镇是昔日茶马古道进出成都的重要驿站。它因为主要建筑坐落在一块突兀于山腰的巨石上，巨石形似一只守望着周公河游鱼的猫而得名。古镇很小，一支烟的功夫便可从头走到尾。街道两侧都是极为平常的民居，清一色的老式木结构吊脚楼、小青瓦木板房，房屋全都是木制的，见不到沙石和土墙，除了墙基外也甚少用石料，屋顶一律是黑色的瓦片。同所有的古村一样，细节的精美无处不在，木制的窗花都是各种动物，用作支撑梁柱的石礅有四面的，有八面的，每一面都雕刻精美。

4. 云南束河古镇

束河镇在纳西古语中称“绍坞”，又叫龙泉村，是茶马古道上保存完好的重要集镇之一。在束河街上，不宽的石板路青幽古朴，但小街道路两侧的房屋虽然是当地的老式建筑，一眼看去却全是商铺，有些还挂上了稀疏的红色灯笼。束河古镇有八景，即烟柳平桥、夜市萤火、龙门望月、雪山倒映、断碑敲音、鱼水亲人、西山红叶、石莲夜话。

这里曾经是丽江的皮毛交易的集散之地。脚底下被人和牲口踩磨得滑溜溜的石板，影射着昔日的繁华。古代，由于广场夜市人来人往、灯影憧憧，形成了一道风景，因此也被诗意地称为“夜市萤火”。玉龙雪山倒映其中，清亮潭水中，鱼儿成群漫舞游弋，小湖旁便是北泉寺。潭旁矗立着一块半截古碑，用石块敲击便可以发出清脆的音响，所以称之为“断碑敲音”。龙潭上端建有一座寺庙，名叫“三圣宫”，供奉着皮匠祖师孙膑，足见当年皮毛加工贸易产业之兴盛。

5. 云南和顺古镇

和顺镇位于云南省腾冲县城西南 4000 米处，四面火山环绕，山上名木古树郁郁葱葱、涛声阵阵。600 多年来，中原文化为主流的和顺，兼收并蓄，成为中华文明与南亚、西方交融的窗口。和顺古名“阳温暾”，因境内有一条小河绕村而过，更名“河顺”，后取“士和民顺”之意，雅化为和顺乡。有诗赞和顺：“绝胜小苏杭。”和顺镇曾是马帮重镇，过去的交通工具主要靠马，人们为了生活，既要用马驮运货物到远方做生意，又要抵御土匪抢劫，久而久之，形成了马帮。这里可以领略到徽派建筑粉墙黛瓦的神韵，可以欣赏到江南古镇小桥流水的倩影，也可以寻觅到西方建筑、南亚建筑的元素。寸氏宗祠的南亚风格大门、艾思奇故居的欧式窗户、“弯楼子”民居的英国铁艺，都与“四合五天井、三房一照壁”这样的云南古民居珠联璧合地融为一体。

6. 盐井古镇

地处西藏芒康县和云南德钦县接壤之地的盐井古镇，是茶马古道进入西藏的第一站。盐井盐田这道人文景观现在是“茶马古道”上唯一存活的人工原始晒盐风景线。

盐井山高谷深，沿江两岸三叠纪红色沙砾层出露有盐泉，将盐泉水提至盐田，经 3～5 天盐水自然蒸发，析出盐分，即为“藏巴盐”。盐业是盐井古镇的主要经济来源，井口和盐田全分布在境内澜沧江两岸。盐井在纳西族和藏族的历史上，是个围绕着盐而产生了许多战事纠葛的神秘之地。到盐井古镇最先看的自然是盐井，当地的纳西族女子，用长圆形木桶从江边的盐井内将盐水一桶桶背出，倒于一块块晒盐田之中。一两天后，井盐便在峡谷阳光的暴晒和强风的吹拂下，成为固体状盐。

芒康盐井古盐田已有 1300 年历史，位于西藏芒康县盐井古镇澜沧江东西两岸，是我国唯一保持完整的最原始手工晒盐方式的地方。盐田都是居民们自己搭建的，这个传承了千年的古老工艺至今仍在使用。盐井古镇的古老制盐术是世界上独一无二的。芒康盐井古盐田已列入中国世界文化遗产预备名录。过去，达赖喇嘛规定“茶马互市”只能有三条过道，盐井即为其中之一。

7. 云南丽江古镇

丽江已经建城 800 多年了，经历过若干战争和自然灾害的破坏与侵蚀，但古城顽强的生命力使它坚守着并重新焕发出生机。丽江古城街道依山傍水而建，古朴自然，带着水乡温婉的样貌和山城刚毅的气质，无声中透露出融合了多民族建筑的从容气魄。

四方街是丽江古城的代表，它是一个大约 4000 平方米的梯形广场，旧时滇西的贸易与商业在这里经历了辉煌和没落。街道两边是鳞次栉比的商铺和人家，所有的房屋都是土木结构，与汉族的许多古城一样，以青砖小瓦建成，雕梁画栋、飞檐翘角。

丽江古城堪称一座桥都。其中，建于明朝的大石桥为众桥之首。大石桥又叫映雪桥，因为白日里站在桥上看河水，可以望见玉龙雪山绝美的倒影，水映雪山，清冷而高贵。桥下有潺潺的流水，水边风吹杨柳垂丝，而柳下小桥轻盈，如此景色，岁月无声。如丽江清婉柔软的名字一般，古城也带着这样和美动人的气质。

课后习题

1. 中国的运河在不同时期的名称是什么？重要港口有哪些？
2. 丝绸之路开辟的历史意义是什么？
3. 海二丝绸之路是如何没落的？
4. 茶马古道产生的历史背景是什么？

拓展学习

1. 观看中央电视台制作的 10 集大型纪录片《河西走廊》。
2. 观看中央电视台制作的 6 集大型纪录片《茶马古道》。

第三章　商　人

学习目标

1. 了解中国古代著名商人的主要事迹。
2. 了解各个朝代商人的地位。
3. 了解中国古代商人的文化精神。

本章导读

商人是指以一定的有形资源或无形资源为工具获取利润，并负有一定社会责任的人，或者是指以自己名义实施商业行为并以此为常业的人，是古代士农工商四民之一。在中国古代，商人是指专业买卖或交易者。商人也是周初商朝遗民的代称，周武王灭商后，商朝遗民被周公迁移至商丘。由于失去土地无以为生，这些人只好靠小买卖维持生计，久而久之，做买卖成了他们专门的职业，因为他们是商朝的遗民，所以被称为“商人”，而买卖的职业也被称为“商业”。中国古代商人地位不高，但是却具有很独特的文化精神。

思考讨论

1. 中国古代著名商人身上的共同点是什么?
2. 为何古代商人的社会地位普遍不高?
3. 中国商人都有哪些有代表性的文化精神?

第一节 中国古代商人的地位及著名商人

一、中国古代商人的地位

在中国古代，商人地位低下。秦朝时商人即使富得流油也不可以穿丝绸衣物，唐朝时商人不能入朝为官，直到明清商人的地位才有所转变，从富商巨贾仕途无路到富商巨贾仕途有路，中国商人咸鱼翻身。

（一）秦代

商人不能穿戴丝绸，如同赘婿、后父没有地位。秦代，军人、官吏和有土地的自耕农都是具有完全行为能力的民事主体，享有人身、财产、婚姻和单独立户的权利。但因为国家政策和社会观念，商人、赘婿、后父三种人的权利却受到限制。国家推行“重农抑商”政策，认为农耕是本业，经商是末业，所以商人阶层受到歧视。他们虽然可以积累大量财富，但法律却禁止他们穿戴丝绸衣物、乘坐华丽车驾，被称为“虽富无所芳华”。商人和他们的子女都不能从政做官，而且他们被发送边疆从事开荒活动的可能性比普通人更大。

（二）汉代

汉代商人依然不能做官，手工业者为“贱民”。汉代初年，法律规定男子满 15 岁为成年人，开始缴纳人头税；23 岁开始服徭役，到景帝时降为 20 岁。达到法定年龄便具备了完全的民事主体资格，同时也开始承担义务。但汉代是等级分化非常严重的封建社会，民事权利和义务在不同身份的主体之间也有着不同的分配。贵族、官僚不仅不用承担各种封建义务，反而还享有种种特权，占有大量田宅和奴婢。

商人依然不能做官，不能以自己的名义购买田地，而且需要向政府申报财产，缴纳财产税。如果申报不实，被人揭发，全部财产就要被没收，还要被罚戍边一年。手工业者被视为“贱民”，与商人一样，是限制民事行为能力人，民事权利和国民资格是不完整的。奴婢是最低贱的社会阶层，虽然汉代法律禁止主人随便杀死奴婢，但他们仅仅是主人的私有财产，可以被拿来买卖、转让、赠予，完全属于民法上物的范围，与牛羊无异。

（三）魏晋

魏晋时商人委身地主豪强，农民地位降低。魏晋南北朝是中国历史上的大动荡时期，连年战争使普通百姓流离失所，政府的户籍管理自然成为空架子。农民的地位比秦汉时有所下降，大多农民不堪忍受各种赋税，委身投靠地主豪强，成为“佃客”“门附”。这些农民不记入国家正式户籍，而是作为主人的依附人口；不向国家缴纳赋税，而是为主人耕种田地，缴纳田租，由以前的完全民事行为能力人转变为依附于豪强地主的限制民事行为能力人。他们虽然不像奴婢那样是主人的私有财产，但却失去了人身自由，常常被主人连同土地一起转让或赠予他人。

（四）唐代

商人依然不能入朝为官，唐朝时来华的外国人地位都比商人高。一些来华的外国人可以获得国民资格并参加国家组织的科举考试，而且考中的还可以做官。

朝廷控制着商业，在朝廷财政没有办法时，常向商人掠夺。据《通典》记载："诸道节度使、观察使多按率征税商贾以充军资杂用，或于津济要路及市肆交易之处，计钱至一千以上，皆以分数税之：自是商旅无利，多失业矣。"商人的职业在这种情况非常不稳定，职业的不稳定也导致了商人地位的低下。

（五）宋代

到了宋代，商人比以前获得了更多的权利。社会对商人的歧视有所降低，法律对他们的限制有所动摇。在商品生产和服务行业中出现了雇主与雇工这种毫无人身依附性质的新型民事关系，契约期满后，雇工有权自主决定去留，雇主要向雇工支付报酬。

（六）元代

将国民分四等，商人位居第二。元朝统治者实行"分而治之"的政策，将国民分为"蒙古人""色目人""汉人""南人"四个等级，不同等级的人自出生之日起就享有不同的权利，承担不同的义务，这是一种历史的倒退。元朝的商人大多属于"色目人"，他们在政治和法律上享有仅次于"蒙古人"的优厚待遇，这是元朝社会特有的现象。

（七）明清

明清时期，商品经济进一步得到发展，民事主体的范围在宋代的基础上继续扩大，一个显著的突破就是一些大商人开始走上仕途，商人可以做官了，"红顶商人"胡雪岩就是最典型的例子。

二、中国古代著名商人

（一）富甲陶朱——范蠡（前 536—前 448 年）

陶朱公就是范蠡，春秋时期越国的大政治家、军事家和经济学家。楚国宛（今河南南阳）人，前 496 年前后入越，辅助勾践廿余年，在越国被吴国灭亡时，是他提出降吴复国的计策的，并随同越王勾践一同到吴国为奴，千方百计谋取勾践回国，成为辅助勾践灭吴复国的第一谋臣，官拜上将军。

勾践复国之后，范蠡了解勾践是一个可以共患难但不能同安乐的人，于是他急流勇退，毅然弃官而去，堪称历史上弃政从商的鼻祖和开创个人致富纪录的典范。《史记》中载"累十九年三致金，财聚巨万"。但他仗义疏财，赚了钱就从事各种公益事业。他的行为使他获得了"富而行其德"的美名，成为几千年来我国商人的楷模。

（二）儒商鼻祖——端木子贡（前 520—前 456 年）

端木赐，字子贡，春秋末期卫国（今属河南省鹤壁市浚县）人。是孔门七十二贤之一，也是"孔门十哲"之一。子贡虽出儒门，却懂经商之术。多年的经商活动使他积累了大量的财富，这为孔子与其门徒的周游列国活动提供了有力的经济保障，历史上多用“端木遗风”来表彰经商致富之人，即源于此。孔子曾称其为“瑚琏之器”（古代宗庙中盛黍稷的祭器，常用来比喻有立朝执政才能的人）。他利口巧辞，善于雄辩，且有干济才，办事通达，曾任鲁、卫两国之相，为孔子弟子中首富。

（三）智慧商祖——白圭（前 463—前 385 年）

白圭，名丹，战国东周洛阳人，梁（魏）惠王时在魏国做官，后来到齐国、秦国。《汉书》中说他是经营贸易发展生产的理论鼻祖，即“天下言治生者祖”，先秦时商业经营思想家，同时是一位著名的经济谋略家和理财家，其“人弃我取”“知进知守”等经商理论至今仍对现代理财有指导意义。

（四）莒国巨商——吕不韦（前 292—前 235 年）

吕不韦，战国末年著名商人、政治家、思想家，卫国濮阳（今河南濮阳西南）人。史载“往来贩贱卖贵，家累千金”，但一生最得意的一笔大买卖却是结识了秦流亡公子嬴异人并资助其回国即位，从而成功实现了个人由商从政的历史性转变。他以“奇货可居”闻名于世，曾辅佐秦始皇登上帝位，任秦朝相国，并组织门客编写了著名的《吕氏春秋》，也是杂家思想的代表人物。

（五）富可敌国——沈万三（1296—1376 年）

沈万三，元末明初江南巨富，以垦殖为根本，以分财为经商的资本，大胆通番，可能算是历史上最早的国际贸易商人了。他曾助朱元璋修南京城，个人承包了三分之一的工程费用。只可惜其孙卷入蓝玉之案又被朱元璋充军云南，财产被没收。

（六）第一富翁——伍秉鉴（1769—1843 年）

伍秉鉴，商名伍浩官，清代广东十三行怡和行之行主。凭与英国东印度公司走私鸦片迅成巨富，1834 年已宣称有资产 2600 万元（一说为 2600 万两）。西方学者称其为“世界上最大的商业资财，天下第一大富翁”。道光二十三年（1843 年），清政府令行商偿还《南京条约》规定的 300 万元外商债务，他独自承担 100 万元，同年在广州病逝。

（七）商业巨族——乔致庸（1818—1907 年）

乔致肩是乔家经商第三代人，乔家商业从第一代乔贵发起家，到第三代由乔致庸大手笔经营，使乔家成为商业巨族，故乔致庸可谓乔家殷实家财的奠基人，人称“亮财主”。他经商既有雄才大略，又多谋善断，是位商场高手。乔家在包头开办的复盛公商号，在他的策划下发展为庞大的复字号商业网络，基本上垄断了包头商业市场，故包头有“先有复字号，后有包头城”之说。光绪十年（1884 年），他适应时代发展要求，创立了汇通天下的大德通、大德恒票号。在他的经营下，乔氏商业遍及全国各大商埠及水陆码头，业务繁荣，财多势旺，成为商场巨贾。

（八）红顶商人——胡雪岩（1823—1885 年）

胡光墉，清代徽州绩溪人，幼名顺官，字雪岩，著名徽商。初在杭州设银号，后入浙江巡抚幕，为清军筹运饷械。同治五年（1866 年）协助左宗棠创办福州船政局，在左宗棠调任陕甘总督后，主持上海采运局局务，为左宗棠大借外债，筹供军饷和订购军火，又依仗湘军权势，在各省设立阜康银号 20 余处，并经营中药、丝茶业务，操纵江浙商业，资金最高达 2000 万两。

（九）一代钱王——王炽（1836—1903 年）

王炽，一代钱王，红顶商人。资本主义已在西方兴起，生活在闭关自守的封建王朝的王炽抓住全国商品经济萌动的态势，投巨资于刚兴起的银行票据汇兑行业，以昆明“同庆丰”钱庄为龙头，在当时全国 22 个行省中的 15 个行省及香港、越南、马来西亚设立分行，被誉为“执全国商界牛耳”之云南金融业的开山鼻祖。晚清巨商王炽在英国《泰晤士报》评选的 19 世纪 10 年代世界首富中排名第四，是中国历史上唯一的一位“三代一品红顶商人”，晚清名臣李鸿章曾称其为“犹如清廷之国库也”。王炽的商德商道，对后人都具有启迪和借鉴意义。

（十）五金大王——叶澄衷（1840—1899 年）

叶澄衷，宁波庄市人，著名的宁波商团的先驱和领袖。他做生意很有天赋，头脑清醒，乐观机变，为人处世既诚且信，宽厚待人，人称“首善之人”。在叶澄衷传奇性的创业历程中，诚信宽厚的性格帮助他在穷途时得到了难得的机缘，有人资助他在虹口的美租界百老汇路口开设了上海滩第一家由中国人独自开业的五金店——顺记洋杂货店。叶澄衷据此发展出覆盖五金、机械、钢铁直至军需器械和军服的庞大生意，开设了 38 个分支机构，赢得了“五金大王”的美称，并继投资金融业，在上海、杭州、镇海、芜湖、湖州等地开设票号、钱庄，鼎盛时竟达 108 家。在宁波商帮中，一直流传着这样一句话：“做人当如叶澄衷。”

第二节　中国古代商人的文化精神

一、中国古代商人的文化精神特征

（一）较强的政治性

商人的经营活动，本以逐利为目的，而中国古代不少爱国商人，却表现出政治责任感高于财富积累欲的价值取向。他们在经营活动中，每逢国家处在危难之时或多事之秋，常常毫不犹豫地慷慨解囊，将自己惨淡经营积累的财富捐资报国。春秋时弦高犒师救郑国，西汉时卜式输财击匈奴，明代抗倭中众商捐金助饷等为其中之彰明较著者。大量史实表明，爱国重于盈利的价值观是中国古代商人文化的重要内容和特征之一。

这一价值观念的形成，一方面由于中国是一个历史悠久、有着爱国主义优秀文化传统的文明古国，社会文化中爱国的大气候哺育和熏陶着各分支领域的文化，其中也包括商业文化中的商人文化，这是外因。另一方面，外因必须通过内因而发挥作用，使我国古代商人文化呈现爱国重于盈利这一特色的内因主要是忠君报国的封建意识。

众所周知，我国古代商人由官商和私商（亦称民商）两部分构成。前者指在历代官府中直接经营盐、铁、茶、酒等专卖事业和在均输、平准机构中效力的商人，后者指从事私营的富商大贾和中小商人（包括小商贩）。官商直接为封建统治阶级服务，对王权依附性十分明显，毋庸赘言，而封建社会中的私商，经济上因主要生产与生活资料均被官商垄断而被迫处于从属的受支配地位，政治上不断遭到官府打击，这就决定了他们也不得不紧紧依附于封建王权以求一席之地，分取几杯残羹剩汤。整个商人团队强烈的封建依附性限制了经济发展和社会进步的速度，无疑是一种历史的惰性。然而，事物的因果联系是复杂的、辩证的。坏的东西有时也能引出好结果，在"朕即国家"的封建社会里，王权与祖国往往难分难解成为一体。我国古代爱国商人差不多都是通过对王权的依附和效忠来体现对祖国的热恋和忠诚，爱国责任感这朵芳香的鲜花也是从封建依附性的污水中生长出来的。

（二）浓郁的伦理性

商业是买卖双方的活动。按照什么样的行为准则处理与消费者的关系，这是古代商人文化的中心内容。

商人与消费者关系的行为准则，其核心是伦理与财利之间的偏重和选择，或者说是伦理规范对财利获取的制约范围和程度，即所谓"义利之辩"。古代世界各文明的民族，几乎一致强调经济生活中的伦理信念，但是各自所采用的制约方式却不同。古希伯来人和印度人依赖于宗教教义的限制，而古希腊人和中国人则诉诸合乎理性的伦理劝诫。中国古代思想家，大都认定财富的获取应有其伦理限制，后经儒家再三强调，"取之以义""临财毋苟得"遂成为中国长期封建社会中居支配地位的财富观，此种财富观对各行各业的职业文化均有重大影响。商业作为生产与消费的纽带和桥梁，区别于封闭式自然经济的农耕行为，与外界有着广泛的社会联系，从而决定了商人文化的外向性和开放性，包括对其他社会文化较强吸附性的特点，更易受到儒家伦理型财富观的渗透和浸润。

中国古代商人中，儒而商、商而儒、亦儒亦商的现象很突出。被奉作古代商人典范的子贡（后世称商业为"子贡生涯"），乃是儒家创始者孔圣人的得意弟子，是跻于七十二贤之列的一个大儒。汉唐之下，因仕途坎坷或无意功名而隐于市的儒者屡见于史乘。明清时期全国最著名的地方商人集团——徽商，则以"儒而贾"称道于世。清人沈尧综观历史指出，宋、元、明以来，"天下之士多出于商"（《落帆楼文集》卷二十），一语中的地揭示了中古以后商与儒结下的不解之缘。儒商合一型商人的大量存在，给中国古代商人文化打上了儒家伦理烙印。

在自然经济占统治地位的中国古代社会中，商业的消费者主要是拥有金钱的统治阶级。为了维护本阶级的经济利益，封建官府总是运用政治权力惩办见利忘义的奸商，奖励非义不取的诚贾。社会舆论也多以神道设教的形式，借助因果报应，宣扬义然后取的财富观。

上述者因素的共同作用，使我国古代商人文化表现出强烈的伦理道德色彩。尽管贪贾并不鲜见，但作为经商者行为准则的社会心理积淀而言，仍是以诚信为本、不欺消费者、不赚昧心钱的高尚商业职业道德闪耀着光辉。货真、价实、秤准、量足、拾金不昧等佳话美谈彪炳史册，成为我国古代商人文化中最宝贵的历史遗产。

（三）鲜明的早熟性

经营管理思想和策略，是商人文化的又一重要内容。我国古代的商业经营管理理论自成体系，卓然独立于世界民族文化之林。

中国在世界文明古国中，是政治上长期保持统一稳定、持续文化传统从未中断的一个典型。自前 11 世纪西周统一王朝建立以来的 3000 多年历史中，始终存在持续不断的文化传统，其中包括几次外族入侵统治，他们也还是顺应中国的文化传统来维持其政治统治。因而，古代中国的经营管理理论以自己独特的面貌持续发展，其逻辑体系、表达方式、名词术语等均与西方国家不同，但就其成就来看，所研究的经济现象和取得的成果，则可以和古希腊罗马相媲美。胡寄窗教授说：“在十八世纪西方资产阶级经济学成为科学以前，中国的古典经济思想敢于与世界上同一时期任何国家的经济思想相比较。”① 这里所说的经济思想，毫无疑问也包括商业经营管理理论。

中国是世界上商品经济发展较早的国家。春秋战国时期商品经济的发达程度，已处于和西方人引以为豪的古希腊时期同等水平了。中世纪前期数百年间，欧洲尚处于一种残破的自然经济状态中，中国却进入了封建社会商品经济的鼎盛期。即使是在欧洲出现了新兴城市、经济走向繁荣的 13 至 14 世纪，中国商品经济发展水平仍然比欧洲毫不逊色。有人将该时期中国杭州与居于欧洲经济文化发展前列的佛罗伦萨进行过比较，得出的结论是：“杭州的商业在规模、范围、货币的使用等方面均不亚于佛罗伦萨，而城市市场的繁荣尚有过之。”② 理论源于实践，中国古代较早发达的商品经济，为商业经营管理理论的领先奠定了社会物质基础。

另一方面，中国古代商人，尤其是其中著名的大商人，思想文化素质出类拔萃者不乏其人。他们中的一些代表人物如管仲、范蠡、白圭等则是集政治家、思想家和商人三重身份于一体，这就为商人文化的形成准备了人才条件。

上述有利条件造成了中国商业经营管理理论的早熟早慧的特色。这种早熟早慧，集中体现在西汉司马迁的不朽著作《史记》中。《史记·货殖列传》将先秦以来的经营管理理论进行了总结性的记述，其内容主要有十个方面：

（1）重视货物资本积累，“富给之资，坐而待收”。

（2）注重商品质量，“务完物”，“取贵善”。

（3）加速资金周转，“无息币”，“财帛欲其行如流水”。

（4）勤俭经营，“夫纤啬筋力，治生之正道也”，“薄饮食，忍嗜欲，节衣服”。

---

① 胡寄窗：《中国经济思想史简编》，中国社会科学出版社 1981 年版，第 472 页。

② 王挺之：《马可波罗时代的杭州与佛罗伦萨比较》，载《四川大学学报（哲社版）》，1989（4）。

(5) 用人得宜，“善择人”，“能使豪奴自饶而尽其力”。

(6) 经营民众生活必需品，“欲长钱，取下谷”。

(7) 利润率要适当，“无敢居贵”。

(8) 熟悉商品知识，“百里不贩樵，千里不贩籴”。

(9) 善于掌握时机，“乐观时变”，“取予以时”。

(10) 注意经营特色，“富者必用奇胜”。

以上这些在整个前资本主义时期均有普遍指导意义，对现代也有很高借鉴价值的经商术，竟能集中地出现于公元前的中国历史文献中，如此丰富多彩，如此精要深刻，这在古代世界史上堪称一大奇迹。

这种早熟早慧，还突出地表现在战略眼光的深邃方面。管仲及其思想承继者桑弘羊、刘晏等皆以政治家的卓识，把商业管理理论用于治国安邦，对国家经济生活实行宏观调控，并在一定历史条件下获得了巨大成功。管仲本人还将“商战”作为对外争霸的谋略。白圭则要求经营者具备战略家的素养，提出了“吾治生产，犹伊尹、吕尚之谋，孙吴用兵，商鞅行法是也。是故其智不足与权变，勇不足以决断，仁不能以取予，强不能有所守，虽欲学吾术，终不告之矣”（《史记·货殖列传》）。现代，日本、美国等发达国家不断兴起学习《孙子兵法》，指导经营管理的热潮，其实也就是源于白圭在 2000 多年前提出的“孙吴用兵”治生产之法。由此可见，我国古代商人文化之博大精深，衣被百代，泽及中外。

二、中国古代商人的精神缺失

（一）职业观

在中国，商人自始至终没有一种终极关怀意义上的职业观念，这是与中国古代商人的定位联系着的。在中国古代，人们很早就注意了商业在社会生活中的作用。《史记·货殖列传》中引《周书》说：“农不出则乏其食，工不出则乏其事，商不出则三宝绝。”商业与农、工一样关系人们的生活。在先秦，商人在大多数时候是很风光的，大家都有发财的欲望，如孔子言：“富而可求也，虽执鞭之士，吾亦为之。”（《论语·述而》）司马迁在《史记·货殖列传》中更总结为：“天下熙熙，皆为利来；天下攘攘，皆为利往。夫千乘之王，万家之侯，百室之君，尚犹患贫，而况匹夫编户之民乎?”所以春秋战国时代可以说是中国古代商人的黄金时期，出了不少商家大贾，诸如弦高、范蠡、子贡、吕不韦等。但是，中国的地理环境及经济条件决定了中国古代只能以农立国。自商鞅变法始，重农抑商成了中国古代经济意识的主流。在士大夫们看来，商人不事生产，专靠投机射利，巧取豪夺，引起人心浮动，甚至引起天下的贫困。清末翰林院学士谢阶树就说：“今天下贫三而富一：君贫、臣贫、民贫，是三贫也；而富一，则商贾而已矣。”（《约书·理财》）本来具有社会意义的商业，在社会主流意识看来，就只是一种个人行为，商人的目的就是一心赚钱，商人使用的手段就是诡诈。《韩非子·备内》说：“故舆人成舆则欲人之富贵，匠人成棺则欲人之夭死也。非舆人仁而匠人贼也，人不贵则舆不售，人不死则棺不买。情非憎人也，利在人之死也。”中国古代的文人士大夫是社会主流意识的代言人，他们对商人的看法也就是整个社会对商人的看法，而最可悲的是这种看法也被没有话语权的商人们认同，因此才会有“无奸不商”的说法，不择手段盈利似乎是中国大多数商人的唯一目的。韦伯这样描绘中国商人：“中国人盈利欲异乎寻常的强烈和发展早就是不容置疑的事了，其厉害和肆无忌惮，只要不是宗族同胞——为其他任何民族的竞争所不及。”

如此，因为社会主流意识对商人的看法，商人们虽然在发财时奋不顾身，但是他们本身对自己的职业并无信心。中国古代商人从事商业活动往往是生计所迫，他们更向往的是文人士子的生活，追求的是耕读世家。虽然商人中尤其明清以来多有穷书生弃文从商，但文人士子的生活对商人的吸引力是巨大的。这倒不仅仅在于读书使人明理，而是因为在中国古代人看来，文化里面包含许多神秘的东西，文人士子身上有种超俗的魅力——卡里斯马品格。[①] 这当中徽商是一个明显的例子，徽商是明清之际兴盛了几百年的商帮，足迹遍布全国，在许多地方都建有自己的会馆。会馆中往往有各种对联以明徽商心志，有许多都是关于向往读书的，现抄录两条：

（1）几百年人家无非积善，第一等好事只是读书。

（2）欲高门第须为善，要好儿孙必读书。

徽商是中国历史上出现的比较有文化修养的一批商人，也是比较有开拓性和进取心的一批商人，但他们也无法为自己的职业找到理论上的根据，中国古代商业的举步维艰也就是意料之中的事了。

（二）劳动观

鄙视体力劳动的观念，在欧洲中世纪与中国如出一辙。在西方中世纪，大多数修道院的修道士们整天沉浸于冥思苦想之中，把世俗的劳动看作卑贱的事，因此劳动只能是那些不能享永生福气的世俗人应尽的本分。

中国古代商人是如何看待劳动的呢？不能说中国古代商人不爱劳动，中国人的勤奋是出了名的，美国大都市中唐人街华裔的作为无疑证明了这一点。也不能说中国古代商人不重视劳动的价值，成由勤俭败由奢是历来的古训。但中国古代商人的劳动观里没有像清教徒那样把劳动看作对生命的认同，看作为他人服务的机会。简言之，中国古代商人的劳动观里缺乏一种终极关怀的支持，因此，在中国古代商人那里，劳动的价值是即时性的，不具长远的意义，更不是为来世谋幸福的手段。商人队伍里也没有像路德和加尔文这样的思想家作他们的代言人。我们无法从文献上说明中国古代商人对劳动的看法，但是从大多数商人尤其是他们的子孙在富贵后的骄奢淫逸上也可以推知他们对劳动的态度。而且，中国古代商人在西汉中期以后就基本上失去了社会意义上的话语权，他们对劳动的态度要受社

① 德国社会学家将权威分为三种类型：传统型，例如当代社会的长子继承制；卡里斯马型，依靠个人非凡魅力获得权威；法理型，现代社会中根据一定选举程序确定的权威。

会主流意识左右。那么，掌握话语权的文人士子如何看待劳动？孔子弟子樊迟问稼问圃，孔子的回答倒是挺谦虚，“吾不如老农，吾不如老圃”，可等樊迟一出门，孔子就责备上了，“小人哉，樊须也”（《论语·于路》）。因为愿意劳动就成了小人，所以愿意学习孔子的人都不会去做这样的小人。孟子说得更直接：“劳心者治人，劳力者治于人。治于人者食人，治人者食于人。”（《孟子·滕文公上》）看来孔孟也非决然反对劳动，只是瞧不上体力劳动，虽然他们也是靠体力劳动者养活。这倒很类似于中世纪传教士对劳动的态度，但这与清教徒是一种截然不同的劳动观。

中国古代民间妓院和赌场特别兴盛，基本上靠商人支撑。所以中国古代富商大贾很少能流传三代以上（可与同为封建时代的日本比较，日本的三井商业家族从 16 世纪末开始兴盛，持续了近 4 个世纪），基本上自生自灭，这与他们对劳动的态度大有关系。

（三）财富观

中国古代商人和清教徒对待财富的态度有一点是相同的，那就是节俭，但他们节俭的出发点和结果是大不一样的。

中国古代小农经济的供给，使大多数人仅能维持基本生存，不敢对财富稍有懈怠，所以形成了一种全世界绝无仅有的、令人难以置信的、登峰造极的节俭（从这个词的消费含义上讲）。这种节俭观念在商人身上有充分的体现，财富几乎是所有中国商人的精神依靠和支柱，所以中国商人是出了名的刻薄——对他人也对自己。例如民国前后安徽巨商汪厚庆，他经常告诫人们“要知家苦”，不能“吃了白米饭，丢了乞丐棒”，尽管他家里满是绫罗绸缎，他也只是在应酬宾客和年节时穿件新衣服，平时一身竹布短褂，有轿有马不坐不骑，却穿上一双土布鞋，夹上一把油纸伞，以步当车。他在饮食上也非常节俭，常年青菜、萝卜、豆腐汤，他还关照各店铺管事的先生平时一律粗茶淡饭，只准每月初一、十五打两次牙祭，还时不时到各地厨房察看。他平时到各店，从不在店内吃饭，到东家就说在西家用过点心，到西家又说到南家搭过伙，尔后离开店铺就躲在巷头摊尾啃上两个米馍充饥。汪氏的作为是中国古代创业商人的典型作风，历代典籍中关于这方面的记载不少。《世说新语·俭啬》载王戎两事。一是王家有好李树，每次卖李子的时候，王戎都要每李钻核，说是不让他人得种，也亏他有耐力、有恒心钻这成百上千个李子。二是王戎女嫁裴家，当时裴家贫，故借王戎数万钱。这样，女儿每次归省，王戎都没好脸色。女儿知道父亲的心，赶紧设法凑钱还账，再归娘家，父亲果然就笑脸相迎了。

可以这样说，对于中国古代的许多创业商人来说，对待财富的态度就是攫取、积存、再攫取、再积存，他们不愿去关心获得财富有什么意义，实际上财富本身就是意义。这样说来财富只有对活着的人有意义，所以中国古代商人的财富观是很奇特的，其本身就蕴涵对财富的否定。一方面是拼命节俭，一方面又是对财富的毫不顾惜。这种毫不顾惜，一则表现为个人行为的不检，二则表现为厚葬，三则表现为培养败家子。前文已经讲过，中国商人身上缺乏一种宗教气质，而且中国古代商人也如同其他行业的人一样，精神上受礼教的压抑。随着他们商业上的成功，这种压抑感越来越强烈，财富使他们有了宣泄的机会，而赌场、妓院提供了场所。就第二种行为——厚葬来说，可以从这么几个方面来理解：一是厚葬是传统习俗，本来未必多么听话的子孙，可借此来显示对先人的“孝顺”；二是中国古人虽然对鬼神持怀疑态度，但出于防范万一的设想，到时候带一批财物到另一个世界也好过个安稳日子；三是商人下意识中倾向于自己辛辛苦苦一辈子挣下的产业不能让他人享用。对于培养败家子，这与中国古人重视后继香火有关，也与前边提到的劳动观有关。在中国古代许多家庭，长辈对后代关注的不是教育他们独立生存，而往往只是把儿孙看作香火所继而加以溺爱，缺乏文化修养的商人家庭更是于此为甚。刚才提到的汪厚庆，他的全部家业在他死后都葬送在他溺爱的孙子汪意茹的手中，也算是一个很好的例证吧。

课后习题

1. 中国古代商人地位为何低下？
2. 中国商人的文化精神有哪些缺失？
3. 中国古代著名商人的共同点是什么？

拓展学习

1. 观看《档案》栏目 2006 年制作的 52 集纪录片《百年商海》。
2. 观看中央电视台 2012 年制作的 20 集大型纪录片《中国商人》。

第四章 商 帮

学习目标

1. 了解我国明清时期著名的十大商帮。
2. 了解晋商崛起的条件及其经营业务。
3. 熟悉徽商的经商特点与留存的老字号。

本章导读

中国历史是一部漫长的封建史，重义轻利的儒家文化和农耕经济的主流使得市场经济之花迟迟难以萌发，可事实上，人类社会一直就未曾离开过商人的活动。中国商业活动真正的繁荣还是在明清时期，并且有个显著的特点就是成群结队，按照地理方位，人们很自然地把他们划成帮派——商帮。在明清之际曾引发了一场“商业革命”，在这场“商业革命”中相继崛起了十大商帮，即徽（徽州）商、晋（山西）商、陕商、洞庭（苏州）商、江右（江西）商、闽（福建）商、鲁（山东）商、粤（广东）商、龙游（衢州）商、宁波商。他们的相继出现和崛起，影响了近现代甚至当代中国社会。其中，晋商、徽商、浙商为势力最大、影响最远的三大商帮，它们对中国的经济、社会、文化、精神的影响是巨大的。

思考讨论

1. 晋商为何在明清时期能成为十大商帮之首？
2. 晋商对当代商贸业的贡献主要体现在哪些方面？
3. 皖南地区的牌坊与徽商外出经商之间的联系如何？

第一节　明清时期十大商帮简介

商帮是中国历史上特有的现象，主要存在于明清两朝。我们现在所讲的商帮，主要就是指明清两朝以地域为纽带的封建商业联盟。在中国明清两朝，公认的十大商帮是晋商、徽商、粤商、闽商、鲁商、宁波商、龙游商、洞庭商、江右商和陕商。这些商帮在历史上都曾产生过重要的作用，对中国经济和商业产生过不可磨灭的影响，也形成了自己独特的传统。他们在经商过程中形成的商帮文化是中国传统文化不可分割的一部分，他们成败的经验与教训在今天仍然有现实意义。

一、商帮兴起的社会基础

（一）社会历史背景

商品生产的发展和商品经济结构的变化有利于商帮的兴起。如明朝的丝绸生产，以苏杭湖等地最为兴盛，为徽商、洞庭商帮、福建商帮和广东商帮的丝绸贸易提供了可能。白银的货币化推动了商品的大规模流通，为商帮开展大规模经营活动创造了有利的前提。明朝时商业税赋相对较轻，有利于商人实力增强。明中后期商品经济的发展和商品流通的发达改变了固有的社会观念，改变了社会各阶层对商人的印象。交通条件的改观客观上也推动了商帮的兴起，在交通发达的地方形成了繁华的商业中心。

（二）地域条件

商帮兴起的地方大多人多田少，地贫粮少，人地矛盾比较突出，自然条件相对恶劣。虽然粮食产量低，但一般有其他的物产可用于交换，物流通道相对通畅，这些地域条件，使经商成为当地人的必然选择。

（三）政策的推动

明朝初年，为了保卫北部边防设了“九边”（九个军区），80 多万强军和 30 多万匹战马给政府财政造成了极大的压力。洪武三年（1370 年）开始实行的以粮换盐引的开中制是晋商和陕商形成的契机。可以说，没有开中制，山西和陕西的商人就难以成气候。明朝中期，开中制转变为折色制，外加官府授权的私人盐业垄断经营，成为徽商成长的关键推动力。明朝中期，在辽东和张家口分别开放东、西马市，对晋商由以盐业为主转向多种经营有重要的促进作用。没有这种政策，就没有在“走西口”中成长壮大的晋商。同样，明朝中期海禁的放松也是浙商、闽商、粤商得以形成的直接原因。

（四）社会结构的影响

明朝中叶后，中国的社会结构与社会价值体系发生了深刻的变化。传统的“士、农、工、商”中的“商”已不再被排在末位。“士商常相混”，亦商亦儒，甚至弃儒从商，在一些商帮崛起的地方，似乎成了普遍的趋势。商人的成功对士人是极大的诱惑，明清的捐纳制度又为商人开启了入仕之路。

二、十大商帮的地域分布和经商特点

（一）晋商

晋商是指明清时期分布在山西及周边地区的商人集团，主要集中于太谷、榆次、祁县、平遥等地。晋商的经营模式最先进，其用聚沙成塔的经营理念完成了资本的原始积累，并首创票号走向辉煌。票号在经营管理上实行完全的两权分离，即所有权与经营权的分离。东家作为所有者只管两件事：任命大掌柜和主持3～4年一个账期的分红，不参与票号的经营与管理。在大掌柜选定之后，就由大掌柜选择并组成自己的管理团队，大掌柜是票号经营管理的最高领导。

（二）徽商

徽商即古徽州府商人，是指明清时期徽州府下歙县、休宁、婺源、祁门、黟县、绩溪六县的商人集团。徽商贾而好儒，本质上是儒商，其经营策略可以用四个字来概括："以德治商"。对此，徽商有自觉和内在的理解和把握。徽商有很好的品牌意识，注重无形资产的建立，因此涌现出一批"老字号"。徽商将商誉看作商品价值的一部分，认为树立起良好的商业信誉，并以此获得顾客的充分信赖才是商业兴旺发达的保证。因此，徽商大都通过长期艰苦的努力去建立起良好的商业信誉，并极力维护这种信誉，视之比金钱更宝贵。

（三）宁波商帮

宁波商帮是指宁波府下辖鄞县、奉化、慈溪、镇海、定海、象山六县在外埠经商的商人集团。宁波商帮的经营策略在于出奇制胜，他们的出奇就是创新。宁波商帮认为唯有新东西才是别人所不具有的，才能谋取最大的利益。宁波商帮以传统行业经营安身立命，以支柱行业经营为依托，以新兴行业经营为方向，往往一家经营数业，互为补充，使自己的商业经营在全国商界中居于优势地位。

（四）龙游商帮

龙游商帮是指以浙江衢州府龙游县为中心的衢州商人集团，包括衢州府西安、常山、开化、江山、龙游五县的商人，其中以龙游商人最多，经商最为高明，故冠以龙游之名。龙游商人的经营之策是"稳中求进，日积月累"，他们在经营时抱着很谨慎的态度，不求一夜暴富，只求细水长流，所以龙游商人中很少有大富大贵之人，也很少有倾家荡产之人。龙游商帮的崛起，是整体的、缓慢的、必然的。

（五）山东商帮

山东商帮是指山东省辖区内的本省商人和在省外的山东籍商人集团，主要分布在山东省内的青岛、威海、烟台、济南等地。山东商人具有山东人的特点：质朴单纯，豪爽诚实。正因为如此，与别的商帮相比，山东商帮的致富之道显得单纯、直截了当。山东商帮的致富之道，概括起来，就是长途贩卖和坐地经商的商业经营方式、讲求信用的商品道德以及规范的商业行为。同时，山东商帮里面，主要是大官僚、大地主兼大商人，因此大部分是封建商人，这也决定了山东商人所走的道路及商业资本的流向是以末致富、以本守之的。虽然山东商帮的致富之道相对其他商帮来说实在是没有什么高明的地方，但他们的这些经验和经营方式却非常实在，生意做起来踏实。

（六）福建商帮

福建商帮主要是指分布在福州、泉州、莆田等地的商人集团，也包括在兴化、延平、漳州、宁德等地的商帮。福建商帮从事海上贸易较多，并在南洋、台湾等地从事海外贸易。

福建商帮的兴起，一开始就与封建政府的官方朝贡贸易和禁海政策针锋相对。他们进行走私商业贸易，不能进行贸易时就抢劫，具有海盗和商人的双重性格。“内外勾结”的贸易方式是福建海商最常见的经商方式，他们广泛联络沿海居民，建立了许多据点，利用据点收购出海货物，囤积国外走私商品，以利销售。他们不仅在海上营商，还有许多也是陆地商，水陆两栖，海上贸易也做，陆地贸易也做。明清时期的福建商人，把国内与国外的贸易紧密地结合起来，努力经营，进行多种形式的贸易，从而形成了中国封建社会晚期一个很有影响力的地方商帮。

（七）广东商帮

广东商帮主要可分为三类：第一类是海商，专门从事海外贸易；第二类是牙商，包括明朝从事贡舶、市舶贸易的牙行商人，清朝的广东十三行行商以及晚清逐步形成的买办商人等；第三类是国内长途贩运批发商，到省外或省内的边远地区收购货物贩运回广州、佛山等中心市场批发给零售商，或通过牙商向外商批发。

粤商的辉煌时期是在近现代。近代，由于外国经济势力的入侵以及中国缓慢地迈开近现代化步伐，晋商、徽商等因为固守传统而日渐式微，而粤商却伴随着近代广东商品流通的扩大、商品经济的发展、海外移民的高潮而崛起，发迹于东南亚和香港、潮汕地区。第二次世界大战期间，广东商人虽然曾一度沉寂，但经过战后若干年的苦斗，又终于在 20 世纪 70 年代后崛起于中国南部、香港及东南亚地区。近代粤商发扬了古代粤商冒险开拓、独立进取的商业精神，而在参与国际商业贸易的过程中，近代粤商又具有了某种开放的心态。在近代粤商身上，我们可以看到传统文化与近代商业文化的有效融合。而正是这种文化的发展与融合，也许才是粤商继晋商、徽商衰落之后仍能够发展并进一步成长的原因。

（八）洞庭商帮

洞庭商帮以经营棉花、丝绸闻名，同时投资实业，搞买办，也参与银行业和钱庄业的经营。洞庭商帮经营观念较独特，利用洞庭湖得天独厚的经商条件起家后，在不断向外部拓展新市场、新领域的同时，十分讲究具体的经营手段，而这些手段看起来则非常符合现代经商的要求。洞庭商人非常注意市场信息，时常预测行情，在经商过程中，洞庭商人会根据市场行情与商品交换情况的变化而改变自己的经营策略，不拘于成见，只要有利就行。洞庭商人还会根据当地的实际情况，比如商人资金和民风特点，因地制宜地采取独特的经营方式。

（九）陕西商帮

陕西商帮主要经营棉布、茶叶、药材和水烟，经营地域北到乌鲁木齐、伊犁，南到上海、佛山等地。陕西商帮生财的行道较多，在这一点上他们与江右商帮相似。陕西商人善于捕捉商机，乘势而起从事商品经营，明清时期抓住政府对外开放的政策机遇，充分利用"丝绸之路""茶马交易"等便利条件，进行各种商品贸易，其中以盐业贸易最为著名。

（十）江右商帮

江右商帮经营的行业有：粮食业、茶业、瓷器业、布业、纸业、木材业、蓝靛业、盐业、典当业、书业、杂货业等。

江西商人绝大多数是因家境所迫而负贩经商的，因此，小本经营、借贷起家成为他们的特点。他们走州过府，随收随卖，操业很广，其经营的产品有粮食、陶瓷、布匹、烟草、蓝靛、药材、木材等。江西商人多是农家子弟，自幼养成了吃苦耐劳的品格，在从商的过程中，他们吃苦耐劳，艰苦创业，勤俭持家的品性蔚然成风；同时，他们敢闯敢拼，扬帆出海从事出口贸易，将江西出产的瓷器、茶叶、药材、纸张等远销国外。江西商人由于讲究"贾德"，经营中注重信誉，在帮会内部建立帮规并互相监督，因此扬名海内外。

三、商帮的经商之道

在商业缺少法律保护的封建时代，独立运作的商帮在漫长的封建帝制时代是不可能存在的。商帮的命运与其说掌握在上帝手里，不如说掌握在强势的皇帝及官僚阶层的手中。因此，官商结合成为历史的必然。

（一）文化是经营之本、商业之脉

1. "学而优则贾"使晋商开创了先进的经营模式

明清时期十大商帮之首的晋商，文化程度相对于其他商帮是比较高的，他们的经营模式也是最先进的，股份制、资本运作等现代经营方式已经在他们身上萌芽。晋商把商业当作一项崇高的事业，这是晋商成功的一大关键因素。而晋商所逐步探索完善的掌柜制度，合理公正地界定东家与掌柜之间的权利与义务、分红与责任，并利用行会之权威培育从业者的诚信荣誉感，可谓最富中国特色的"委托—代理"制度，其所蕴涵的中国传统智慧对当下民营企业的组织管理仍有启示意义。

首先是所有权与经营权相分离，实行大掌柜负责制（相当于现代的经理负责制）；其次是人身顶股制，这也是山西票号首创的激励机制，把员工的利益与票号的利益紧紧联系在一起，有利于协调劳资关系、调动劳动者积极性；最后是管理监督机制，晋商一方面发明了联号制，即大号管小号的层级管理方式，以加强自我约束，另一方面创造了钦差制。

这些管理制度有效地促进了晋商的迅速发展。

2. 爱读书使徽商有了“儒商”的雅名

徽州是南宋大儒朱熹的故乡，被誉为“儒风独茂”，因此徽商大多表现出“贾而好儒”的特点，他们的商业道德观带有浓厚的儒家韵味。徽商很爱读书，他们有的白天经商，晚上读书，在路途中也是时时不忘读书。这一特点既促使徽州成为文风昌盛之地，又对商业经营产生了积极影响，使徽商称雄于明清两朝。徽商以儒家的诚、信、义的道德说教作为其商业道德的根本，因此在商界赢得了信誉，促进了商业资本的发展，这是他们经商成功的奥秘所在。他们身上，既有优秀传统文化的烙印，又有与时代发展相适应的道德水平和文化素质。他们懂得市场经济的运行规律，有驾驭市场的能力。商人的务实和精明，加之厚重的历史使命感和责任感，使得他们处处散发着儒家理想人格的魅力。

（二）审时度势是商人的天性，逐利是商家的本性

1. 审时度势、把握时机是洞庭商帮的制胜法宝

洞庭商人没有与晋商、徽商在盐业和典当经营上争夺市场，而是根据当地实际情况，如商人资金和民风特点，因地制宜地采取独特的经营方式贩运起米粮和丝绸布匹。尤其是鸦片战争后，在作为金融中心的上海，洞庭商人利用自己的经营之术，开辟了买办业、银行业、钱庄业等金融实体和丝绸、棉纱等实业。在新的历史背景下，洞庭商人从事着不同于以往的商业活动。由此，洞庭商帮产生了一批民族资本家，走上了由商业资本向工业资本发展的道路。

2. 尽可能追逐厚利是陕西商帮的生存之道

陕西商帮利用地理之便，多从事边境贸易，长期与西北边疆少数民族进行互换贸易，双倍盈利，用内地所产的茶叶、食盐、布匹及其他生活用品来换取游牧民族盛产的良马、药材与优质皮货，再到中原城市出售，获利非常丰厚。

（三）注重消费者需求、开拓新业务是经商法则

1. 观念新潮、手段高明的龙游商帮

龙游商帮虽地处偏僻，却能充分利用地处浙、闽、皖、赣四省通衢，水陆畅通之便，从事长途贩运业务。龙游商帮在投资上有敢为天下先的精神和海纳百川的肚量。完成了资本的原始积累后，当别的商帮都在注重典当、票号、盐业经营时，龙游商帮敏锐地意识到，要获得更多的利润，必须转向手工业生产和工矿产业。他们果断地投身于纸业、矿业的商品生产，使商业资本转化为产业资本，给当时的封建社会注入了带有雇佣关系的新生产关系。龙游商帮还不排斥外地商帮对本乡的渗透，并且相处友善，吸收外地商人于己帮，推进了龙游商帮的发展。

2. 草根起家，更懂消费者的心是江西商人发财致富的经验总结

江西商人绝大多数是弃农经商、弃儒经商者，多为“挟小本，收微货”，小本经营起家，以人数众多、积极活跃、不避艰险、渗透力强著称，极具草根色彩。由于江西商人多

为小商人出身，因此更了解市场与消费者的日常生活需求，从事的买卖基本与百姓的生活密切相关，如当时汉口的六大行业——盐、当、米、木材、药材、花布，皆有江西商号，尤其是药材业，几乎被江西清江商人所垄断。总之，以销售尽手中的商品和捕捉商机为原则，是江西商人发财致富的经验总结。

（四）融合经营是壮大资本的根本途径

1. 工商业融合经营使宁波商帮后来居上

宁波商帮不仅善于开拓活动地域，还善于因时制宜地开拓经营项目，把商业与金融业紧密结合起来，在工商业、金融业等领域不但影响了江浙、上海的进程，还影响了中国工商业、金融业的进程。经济发展的首要条件就是资本，从 19 世纪开始到 20 世纪初的 100 多年里，宁波商人已经看到了资本运作的巨大拉动力，于是他们从商业领域大踏步地转向资本运作领域。从创办中国第一家华人银行（中国通商银行）开始，宁波商人在上海开办的多家银行对在上海的宁波工商业者的发展起到了不可估量的作用。

2. 坐行结合、规范经营是山东商帮的致富之道

山东商帮以长途贩运和坐地经商相结合的方式发家致富，经营行为很规范。资本比较雄厚的大商人以独资经营为主，资本较小的小商贩以合资经营为主。他们规范的商业行为主要表现在与生意对象间的信义约束，按约定俗成的规矩行事。山东商人很质朴，善于规范自己的商业行为，而正是这份质朴让山东商人的经营之道成为高招，外地商人与山东商人做生意、打交道很少有过节。可见，善于规范自己的商业行为是山东商人经营制胜的原因之一。

第二节 晋　商

一、晋商的崛起与发展

（一）晋商的崛起

晋商通常是指明清两朝的山西商人，是中国历史上最著名的商帮。晋商的历史最早可以追溯到春秋时期的晋国，明清两朝是晋商的鼎盛时期，主要经营盐业、票号等商业，尤其以票号最为出名。这是一个驰骋明清两朝、称雄五百多年的商帮，走过了一条横跨亚欧大陆、绵延数万里的商路，在中国金融史上留下过厚重的足迹。晋商兴起的主要原因有：

1. 山西优越的地理位置

山西自古就是东西南北商路的要冲，明清时期成为运送沿线边防重镇所需物资的枢纽。此外，由于晋南一带地窄人稠，因此外出经商成为人们的谋生手段。从明朝中期开始，山西经商之风逐渐形成，经营各种商品的巨商大贾都已涌现出来。北京城曾流行一句话，“京师大贾数晋人”。随着商业竞争的日趋激烈，为了壮大自己的力量、维护自身的利

益，晋商的商业组织开始出现。

2. 山西丰富的矿产资源

山西矿产资源丰富，盛产盐、粮、铁、煤等，明清时期手工业和加工制造业已初具规模，这为晋商的发展提供了物质基础。中国经商起源也与盐有关，而山西河东的盐池历来是重要的商品之一；唐朝时山西盛产粮食，其储备位居全国第二；山西的铁矿资源也很丰富，冶铁历史悠久，唐朝时太原生产的铁镜被列为贡品；明朝时泽州、潞州铁货驰名天下，行销各省，促进了晋商的崛起。山西丰富的煤矿资源，也为手工业的发展提供了物质条件，使山西聚集了很多能工巧匠，在将优质产品销向全国各地的同时，也推动了晋商的迅速崛起与发展。

3. 明朝的“开中法”

明朝“开中法”的实施，为晋商的发展提供了契机。明初，为防御蒙古侵扰，统治者在东起鸭绿江、西至嘉峪关一线，先后设立了九个边防重镇，驻扎重兵，以保障边境的安全。山西北部的大同、左云、偏关等地组成的塞北防线，更是地处要冲，配置重兵，加以戍守。由于军事的需要，山西北部形成了一个高额消费区。为解决边镇的军事消费与供给的矛盾，明朝开始实施“开中法”。“开中法”就是官府利用对食盐的专卖权，规定商人将军需物资运送到边关，可领取一定的“盐引”，然后凭“盐引”到指定的盐场领取食盐，再到官府规定的销盐处出售。因贩盐有厚利可图，晋商开始大规模向边防驻军供应军需物资（主要是军粮），以换得更多的“盐引”从事盐业经营。这样，山西在明朝便涌现出了一批靠贩粮、贩盐发家致富的大商贾。明朝的“开中法”为晋商的兴起提供了千载难逢的机遇，也为晋商后来的发展奠定了坚实的基础。

（二）晋商的发展

到清朝，晋商已发展成为国内势力最雄厚的商帮。商业的发展不仅给当地人带来了财富，而且改变了多少年来“学而优则仕”的观念，流传着“家有万两银，不如茶庄上有个人”的谚语。茶庄、票号正是当时非常热门的行业。这一时期，晋商雄居中华、饮誉欧亚，辉煌业绩中外瞩目。

晋商称雄的整个过程中，一共树有三座丰碑，分别是驼帮、船帮和票号。

1. 驼帮

驼帮是晋商中以骆驼运输为主从事贸易活动的重要商帮之一，他们经营的主要产品为茶叶。南来“烟酒糖布茶”，北往“牛羊骆驼马”。晋商经营茶叶的独到之处，就是运销一条龙。晋商在福建、两湖、安徽、浙江、江苏一带购买茶山，同时收购茶叶就地加工成茶砖，然后经陆路、水路两条路线运往各个分号。当时，晋商的茶叶主要销往蒙古及俄国恰克图一带，在销往蒙古的时候要路过杀虎口（遗址在今山西省朔州市右玉县）。杀虎口两侧高山矗立，地形险峻，驼帮当时运销茶叶非常艰险。

2. 船帮

船帮出现在清中叶，随着商品经济的发展，货币流通量猛增，但当时我国产铜量极低，仅靠云南一地产的滇铜远远满足不了铸币需求。在这种情况下，山西人组织船帮对日贸易采办洋铜，其中，介休范家就是最为突出的代表。范毓宾时期，范家的商业发展到了鼎盛时期，被人们称为著名的“洋铜商”。晋商在利用驼帮、船帮经商的过程中，真可谓“船帮乘风破浪，东渡扶桑；驼帮驼铃声声，传播四方”，写下了一部艰辛的创业史。

3. 票号

山西商人并没有只盯着茶叶和洋铜，他们最大的创举是票号。中国历史上第一家票号是由平遥李家独资创办的日升昌票号，地址在平遥的西大街，现在已开发为“中国票号博物馆”。当时在日升昌票号的带动下，平遥、祁县、太谷群起仿效，形成了平遥帮、祁县帮、太谷帮。平、祁、太三帮曾有一度享有“执全国金融界之牛耳”的美誉。当时全国51家大的票号中，山西商人开设的有43家，晋中人开设的有41家，而祁县就开设了12家。在这些票号中值得一提的是祁县的第一家票号——合盛元。1907年，合盛元票号不惧风险，远涉重洋，在日本的东京、大阪、横滨、神户以及朝鲜的新义州等地，设立了票号分庄，从事国际汇兑业务，开创了我国金融机构在海外设庄的新纪元。

（三）清朝八大皇商

清朝八大皇商是指山西商人范永斗、王登库、靳良玉、王大宇、梁嘉宾、田生兰、翟堂、黄云发八大家。

在明朝政治日趋腐败和社会动荡的关头，商人特有的灵敏嗅觉使他们看到了满人的崛起和野心。于是在正常贸易之外，他们暗中为满人输送军需物资，提供关内各种情报，搞起政治买卖。清军入关后，顺治没有忘记为己入主中原建立过赫赫功业的八大家，于是在紫禁城偏殿设宴，亲自召见了他们，并赐予服饰。宴上，顺治要给他们封官赏爵，八大家受宠若惊，竭力推辞。于是，顺治便将他们封为“皇商”，籍隶内务府。

八大家之首范永斗被命主持贸易事务，并“赐产张家口为世业”，其余七家亦各有封赏。从此，范永斗等人取得了别的商人无法享有的政治经济特权。范永斗不但为皇家采办货物，还凭借皇家威势，广开财路，漫天做起买卖来。除经营河东、长芦盐业外，还垄断了东北乌苏里、绥芬等地人参等贵重药材的市场，又被民间称为“参商”。

（四）清朝晋商八大家

在清朝，全国排名前16位的大财团都在山西。赫赫有名的晋商八大家分别是：乔家、常家、曹家、侯家、祁家、亢家、范家、孔家。有一首民谣道出了晋商八大家的历史与风光：

白手起家通天下，诚信为本数乔家。
货通俄蒙领风骚，外贸世家是常家。
太谷巨富“三多堂”，商铺规模数曹家。
蔚字五联竞潇洒，票号世家是侯家。
声名卓著“长裕川”，祁县大户是祁家。

明清两代聚千两，山西首富数亢家。
甲第联辉名当世，“世袭皇商”是范家。
大名鼎鼎“财神爷”，“最后风光”是孔家。

二、晋商代表乔致庸

（一）乔氏家族与乔致庸

乾隆初年，乔氏家族创始人乔贵发为做生意走西口，在包头一个当铺当店员。十余年后，乔贵发和同盟兄弟秦某开了一个小字号，叫“广盛公”，经营豆腐、豆芽、烧饼、切面及零星杂货。其间生意不景气，广盛公曾面临破产，但广盛公的许多生意伙伴认为广盛公东家为人处世不错，不忍看他们破产，相约三年后再来收欠账。三年后，乔贵发不但还清欠款，生意还重新复兴，并把广盛公改名为“复盛公”，这也奠定了乔家经商重诚信的基础。随着复盛公在包头经营的发展，乔贵发又相继开出了许多与复盛公相关联的分号。乔贵发是乔氏家族的创始人，而将家族生意乃至票号生意发扬光大的，则是乔贵发的孙子乔致庸。

乔致庸出生于 1818 年，去世于 1907 年，活了 89 岁。在整个乔家前几代人中，乔致庸是最长寿的一个。历经两代人经营，到乔致庸出生时，乔家家境已经比较富裕。乔致庸青年时代已经考中了秀才，他的生活本来应该与商道无关。当时乔家有三门：一门人丁不旺；二门已经出了 5 个举人，家里竖了 5 个石旗杆；生意则主要是乔致庸所在的三门在做，但三门却没出过一个举人。乔致庸的大哥有个愿望，希望乔致庸能给三门挣个举人，竖个石旗杆，如果将来能再中个进士，这辈子的任务就提前完成了。

乔致庸虽然生活在祁县乔家堡这个商业气息浓厚的地方，却因幼年失去父母，由大哥、大嫂养大，极受大哥关爱。由于大哥对他照顾有加却没有一般做父亲的严厉，乔致庸的生活可以说过得很自在。年轻时的乔致庸是个有钱又有闲的人，他对当官其实也没什么兴趣。当时一个县令年俸只有 50 两银子，加上养廉银最多也就几百两。而那时候乔家最年轻的大掌柜一年也有 1000 两白银的薪金，这还没有算上四年一次的账期分红。然而到咸丰初年，北方捻军和南方太平军起义，南北商路断绝，乔家生意岌岌可危。乔致庸的大哥因战乱对生意的重大打击而一病不起，本来将以一介儒生终了的乔致庸不得不接手家族生意。从咸丰初年到光绪末年，乔致庸的人生经历了整个清朝晚期。接手家族生意后，他却在社会动荡、兵荒马乱的清朝晚期把乔家的生意推到了顶峰，尤其是乔家的票号生意。

1907 年，89 岁的乔致庸去世。从一介儒生到晋商翘楚，一生历经嘉庆、道光、咸丰、同治、光绪 5 个朝代，乔致庸的人生浓缩了山西商人的传奇。

（二）乔氏家族的经商历程

1. 重振茶丝商路

当时祁县鲁村的茶叶市场在山西规模很大，正是南方运抵茶叶的主要交易中转市场。

其后，传统的商茶之路分为两条：一条是经西口前往新疆塔城、恰克图，另一条是通过张家口前往东北。漫长的茶路，从南方的武夷山到蒙古腹地，关系着无数茶工、船工、驼队和山西商人的生计。而丝绸通道则是将湖州的丝运往山西潞州制成潞绸。乔家单是茶丝生意，直接或间接地就关系到上万人的生计。商旅路途的艰苦和危险让乔致庸逐渐意识到票号的重要作用。

在乔致庸做东家时，复字号已经是包头第一大商号，几乎垄断了整个包头市场。有句话说得好：先有复盛公，后有包头城。当时经过两代的经营，乔家在包头已有 11 处生意，关内还有好几家铺子，总数有 17 家。光复字号就有 3 个大号、十几个商铺、几百名伙计。

2. 开设票号

乔致庸接手乔家生意时还没有涉及票号生意，但那时平遥的日升昌票号已经经营汇兑业务了。当时票号很少，全国也只有 5 家，其中最大的日升昌也只有 7 个分号，且不和中小商人打交道，影响非常有限，一般小商人还是必须带着银子做生意。意识到票号的广阔前景后，乔致庸希望有朝一日能汇通天下，力图将票号发展到全国。乔致庸之所以能有雄厚的资本实现自己票号汇通天下的理想，在于他从一开始就把乔家在包头的复字号生意发扬光大，复字号也成为乔致庸发家的起点。乔致庸利用乔家的资本一下子开了两个票号，即“大德通”和“大德丰”。在乔致庸的经营下，大德通和大德丰都成为全国屈指可数的大票号。

乔致庸作为一个比较有代表性的人物，成为明朝开始发迹的山西商人群体中处于上升期的新兴力量。乔致庸之所以如此看重票号的前途自有他的心得。当时商路上土匪和乱军纵横，商人携带大量银两非常危险、不便。而票号兑换的汇票即便被土匪所截，没有密记也不可能在票号中兑换到银子（令人惊讶的是，后人考证，整个山西票号史上，至今一例有据可查的误兑或错兑都没有过）。

（三）乔氏家族的经商之道

1. 以德经商

乔致庸在经营时把儒家的宽厚和仁义精神带进商业，主张经商首先要重信义，以信誉招徕客户，以义待人，利取正途。乔致庸在经商中坚持“人弃我取，薄利广销，维护信誉，不弄虚伪”，认为经商必须戒懒、戒骄、戒贪，不哄人、不骗人，不能把利益放在首位。同时，乔致庸治家也很严，其家规如下：一不准吸毒，二不准纳妾，三不准虐仆，四不准赌博，五不准冶游，六不准酗酒。严格的家规也成为家庭谦和、商业事业日益兴盛的保证。

2. 不拘一格用人

乔致庸能将乔氏家族的产业经营得风生水起，成为富甲一方的晋商代表，一个非常重要的原因是善于用人。他打破了晋商按部就班选用人才的模式，从内外破格选聘人才，为乔家聚集了许多优秀的经营管理人才。如马公甫本来是复盛公字号下属粮店里一个没有任何身股的小伙计，有一年复盛公的大掌柜委派他回祁县向乔家汇报经营情况，马公甫表现出不凡的才干，不仅汇报得条理清楚，而且在汇报中还显示出了他的经营谋略。乔致庸看出他是个人才，立即给他加顶身股 8 厘，在大掌柜告老后，便让他当上了复盛公的大掌柜。马公甫上任后，将复盛公经营得有声有色，并带动了包头整个复字号的巨大发展，也给乔家赚回了不少银子。乔致庸的不拘一格用人，对乔家事业的发展起到了很好的促进作用。

（四）乔氏家族的财富象征——乔家大院

乔家大院，又名在中堂，位于山西省祁县乔家堡村，是一座具有北方汉族传统民居建筑风格的古宅，原是乔氏家族的宅第，现属于国家级文物保护单位。乔家大院始建于清乾隆年间，后又在清同治、光绪年间及民国初年多次增修，时间虽跨越了两个世纪，却保持了建筑风格的浑然天成。乔家大院由 6 幢大院，内套 20 个小院，共 313 间房屋组成。从高处俯瞰，整体为双喜字形布局，城堡式建筑。四周高达 10 米的全封闭青砖墙内，院与院相衔，屋与屋相接，鳞次栉比的悬山顶、歇山顶、硬山顶、卷棚顶及平面顶上，都有通道与堞墙相连。

乔家的院子在山西晋商的宅院中并不是最大的，但在山西目前保存的晋商宅院中，是唯一的国家级文物保护单位，因为它从来没有拆过，一直保持着原汁原味。乔家大院最终能够被保留下来，也和乔致庸的仁厚有直接关系。当时八国联军入侵中国，山西总督毓贤在山西地界杀洋人。从太原逃出 7 个意大利修女，逃到祁县被乔致庸保护下来，藏到自家银库里，最后用运柴草的大车拉到河北得救。后来意大利政府给了乔家一面意大利国旗以示表彰，这面国旗竟然在后来日本侵华到山西的时候派上了用场。乔家把意大利国旗挂在门口，日本人看到这是盟友的，就没有破坏乔家。

综观全院，布局严谨，设计精巧，建筑考究，砖瓦磨合，精工细做，斗拱飞檐，彩饰金装，砖石木雕，工艺精湛，充分显示了中国古代汉族劳动人民高超的建筑工艺水平，被专家学者誉为“北方民居建筑史上一颗璀璨的明珠”。因此，素有“皇家有故宫，民宅看乔家”之说，乔家大院誉满海内外。

三、晋商的经营管理制度

制度建设是晋商成功的核心秘诀之一。制度包括企业治理制度、内部运营制度和人力资源管理制度。其中，股份制、内控制度、激励机制、用人机制和约束机制是企业的核心制度。

（一）开明的用人制度与规范的人才培养制度

晋商开明的用人制度主要体现在东伙制和用乡制两方面，规范的人才培养制度主要体现在学徒制。

1. 东伙制

晋商经营管理中的一大特色就是实施东伙制。起初，资本雄厚的商人出资雇用当地土商共同经营，双方是劳资合作关系。当资本积累到一定程度，完全靠自我经营已经无法取得发展时，就出现了“东家出资、伙友出力”的东伙制。东伙制中，大掌柜拥有经营管理的全部权限，且权限明确写在与东家签订的合约之上。东家正式聘用大掌柜后，就赋予他全权，给予充分信任。东家不插手商号的日常经营业务，也不许向商号推荐人，更不准在商号借贷，一切权力归大掌柜。

2. 用乡制

为了扩大选人用人范围，选拔到德才兼备的人才，晋商出现了独特的用乡制。用乡，即录用本乡本土的商人入商号，所谓“同事贵同乡，同乡贵同心，苟同心，乃能成事”。用乡表面上看是排外，实际上则加深了乡人之间亲情上的维系，形成了由地缘关系结成的一个圈子。同乡间最为知根知底，晋商的地缘圈子在一定程度上也保证了人才的稳定性，促进了商号的安全运营。山西商号无论是招聘掌柜、伙计还是录用学徒，都要求有殷实的亲友或商铺作保，后者倘有越轨行为，保人负完全责任。这种推荐担保制度增加了经营人员外逃或者侵吞公款的机会成本，在一定程度上解决了代理人问题，也增强了经营用人的稳定性。

晋商用地缘乡情把人的责任感和创造性发挥出来并加以利用，一方面促进了商业经营的成功和辉煌，一方面使得晋商能够避免各种裙带关系，减少内斗内耗，并能有效补充新鲜血液，为商号的发展注入活力。

3. 学徒制

晋商的人才培养制度称为“学徒制”，其实施过程分为选人、学习、实践三个环节。

选人：从中选出有培养前途的人，选择的标准包括外在与内在素质。学徒年龄为15～20岁，身高五尺（1.7米）以上，五官端正，举止大方；懂礼貌，善珠算，有一定的文化基础，精楷书，不怕吃苦，能远行。此外，还要家世清白，有人或店铺担保。

学习与实践：新招入的员工需要经过三年学徒期的学习。第一年，为掌柜“提三壶”（茶壶、水壶、尿壶），打水、扫地、干杂活儿，伺候掌柜，不设座位。这一年主要是职业道德与个人道德的考查和培养。第二年，进入业务学习，包括文化课（四书五经、蒙语、俄语等）、业务课（珠算、商业性能，记账、商业信函等）。第三年，在柜上跟着师傅（老职工）学习做生意，即为实践。三年内不得回家，考核成熟后正式录用。

这种“徒弟——师傅——掌柜”的晋升阶梯，不仅激励员工奋斗，而且上下运作如意，具有较高的执行力。

（二）形式多样的激励机制

1. 员工身股制

员工身股制，即人身顶股制，是晋商在经营活动中创立的一种劳资组织形式。它是指商号中的员工凭自身才能、工作关系与业绩，经过评定而获得顶身股，即以人力顶一定数量的股俸（股份），按股额参与分红。这种形式不同于西方的股份制，它体现的是儒商

“以人为本”的经营理念。东家出资，即银股，是开设企业时东家投入用以增值的货币资本；掌柜和伙计为资本负责，东家允许掌柜和高级伙计以个人劳动顶身股，不交银两，但享有同等分红的权利。

顶身股的具体方式有两种：一种是商号开设之初东家出资，掌柜和重要伙计出劳动力，事先约定人力股与资本股的比例，在合约中明确表明；另一种是动态的激励机制，商号在账期分红的时候由掌柜向东家推荐优秀伙计，经认可后即获得一定的顶身股。后一种方式获得的顶身股数额每年动态变化，根据伙计的表现情况酌情增减。若伙计行为不端，掌柜有权减少股数，情况特别恶劣的则开除并要求赔偿损失。

2. 股份制

晋商在股份制之前，已经出现了贷金制、朋伙制和伙计制。股份制的股份分为银股和身股。银股就是东家出的资金，东家承担无限责任，东家的财产都是后备资本。银股又分为正本和副本，正本是合约资金，每股多少根据票号的规模而不同，多者每股为 1 万两银子，少者每股为 2000 两银子。每股分为 10 厘，银股所有者享有永久利益，父死子继，夫死妻承；只享受分红，没有股息，可以在一定时期内抽出、补进或增添新股份。正本承担全部责任。副本又称护本，分为两种：一种是东家除正本外又投入票号的资本；另一种是东家、掌柜及有顶身股的伙计在结账期分到的红利中，提留一部分存入票号。副本不参与分红，只得利息。

晋商的股份制已有现代股份制的特点：一是实现了股权多元化和有相对控股的大股东；二是实现了两权分离，即所有权和经营权的分离。

（三）严格的商号管理规则

1. 号规

晋商有严格的商号管理规则，即号规，用于约束财东和伙计的行为。号规是晋商在长期经营过程中逐渐形成的，不少内容是约定俗成的习惯做法的书面化，同时随外部条件的变化而有所修订和增补。

晋商号规极严，无论掌柜、伙计、学徒，均须遵守。其内容包括各分号与总号之间的关系、业务经营原则、对工作人员的要求等。例如休假制，一般规定号内员工从掌柜起，均为三年回家探亲一次，住家半年，往返旅杂费由商号供给。如遇婚丧等事，视情况予以补贴。号内包括掌柜在内，一律不准携带家眷。

2. 质押

号规还约定，无论掌柜还是伙计，都要赔偿因个人原因造成的商号损失，以减少身股和薪金数额作为处罚。为确保掌柜或伙计有能力赔偿损失，商号通常要求掌柜以及有顶身股的伙计将分得的部分红利以副本形式存于柜上。由于山西商号仅雇用本省人充任伙计，而伙计赴异地经商又不携带家眷，因此，留居山西的家眷及家产也成为保证驻外经商的伙计不亏空、不违规、不携资潜逃的质押。

四、晋商的经商精神与经商文化

（一）晋商的经商精神

1. 进取精神

晋商的进取精神体现在具有创家立业、兴宗耀祖的抱负，强烈的开拓精神和不畏艰辛、敢于冒险的经商作为上。他们拉着骆驼，千里走沙漠，冒风雪，犯险阻，北走蒙藏边疆，横破万里浪，东渡东瀛，南达南洋。这充分表现了他们不畏艰辛、坚韧不拔的精神风貌。如山西商人在清朝开辟了一条以山西、河北为枢纽，北越长城，贯穿蒙古戈壁大沙漠，到库伦，再至恰克图，进而深入俄境西伯利亚，又达欧洲腹地圣彼得堡、莫斯科的国际商路，这是继我国古代丝绸之路衰落之后在清朝兴起的又一条陆上国际商路。

2. 敬业精神

一是热衷经营商业。晋人摒弃旧俗，褒商扬贾，以经商为荣。榆次富商常氏，把家族中最优秀的子弟投入商海。如十三世常维丰，幼年从师就读，辞章粹美，识者器重。长大后放弃科举，赴张家口经商。二是勤奋刻苦。山西商人基本都具有不怕苦、不怕累、勤奋好学的良好品德。三是谨慎。山西商人经商以谨慎闻名。这并不是说他们不敢经营大的业务，恰恰相反，他们对大业务抓得很紧。但他们不轻易冒险，不打无准备之仗，而是要在充分调查了解情况的基础上，才拍板成交，以避免不必要的损失。

3. 群体精神

山西商帮的群体精神在商业经营中的表现有三种形式。其一是从朋合营利到合伙经营。这是最初的群体合作形式。朋合营利就是一方出资，一方出力，有无相资，劳逸共济。而合伙经营是一个人出本，众伙而共商，也就是财东与伙计合作经营。其二是按地区形成商帮。即以地域乡人为纽带组成群体，并在各地设立会馆，形成地方性商帮。如清朝票号有平遥、祁县、太谷三大票号。其三是以联号制和股份制形成业缘群体组织。联号制是由一个大商号统管一些小商号，类似西方的母公司和子公司，从而在商业经营活动中发挥企业的群体作用。

（二）晋商的经商文化

1. 诚实守信：为商做人之本

晋商将“诚实守信”的观念融入商业活动中，以诚实为本，坚持质量第一，维护自己的信誉，不弄虚作假，先做人，后经商。信用为上，取信于人，宁愿赔钱也不做玷污招牌的买卖。

晋商在进行商业活动时，诚实守信的表现还有重信守约、有诺必践。经商过程中，商号之间的资金经常相互“拆借”，叫做“相与”，也就是通常意义上的借贷。他们对待“相与”极其慎重，经过了解，认为对方重信守约，才与之银钱来往。既经来往，就算对方中途发生变故，明知无利可图，也不中途绝交。万一对方倒闭，成了呆账，也就听之任之，当作教训。其指导思想是：利是商家之血，信为商家之命。

2. 义利并重：经商致富之道

晋商挟信义而经商，不畏艰难，辗转千里，输万货以为人，赢百利而利己，逐渐形成了义利并重、义利统一的商业价值观。商业经营活动中的"义"，不仅包括具有社会责任感，还包含先进的经营机制、优良的企业素质、灵活的经营方针。晋商对员工的素质要求非常严格，狠抓业务，让自己的人员练到嘴稳手勤。在职业道德方面，晋商要求员工重信誉、贵忠诚、鄙利己、喜辛苦、戒奢华。晋商制定了许多规定，如果有员工违反则开除出号，永不续用。晋商也因此建立起了良好的商业形象，赢得了广泛的赞誉。

第三节　徽　商

一、徽商的兴起、发展与衰落

徽商不是安徽商人，是徽州商人，又称新安商人或"徽帮"，是旧徽州府籍商人或商人集团的总称。据记载，徽商与晋商齐名，徽人经商，源远流长，早在东晋时就有新安商人活动的记载，以后历代都有发展，到明朝成化、弘治年间（1464—1505 年）形成商帮集团。

（一）徽商的兴起

古代徽州府下设歙县、休宁、婺源、祁门、黟县、绩溪六县，山多地少，生活艰难。"前世不修，生在徽州，十二三岁，往外一丢"，说的是古徽州的创业者们大都也是出身贫寒、历尽艰辛。徽商的兴起有多方面的原因。

1. 地理环境

古徽州四面环山，山高林密，地形多变。"七山半水半分田，两分道路和庄园"，是古徽州地理环境的生动写照。汉朝以前，古徽州人口不多，而晋末、唐末、宋末及中国历史上的三次移民潮，给徽州送来了大量人口。人多地少，当生产的粮食不足以养活当地百姓时，出外经商成了一条出路，以天下为人生奋斗的舞台成为徽州人的生活目标。

2. 传统习惯

徽州不宜种粮，却盛产林、竹、茶、桑、药材等，新安江为徽州人的货物贸易提供了一条黄金水道，外出售卖各种山货历来是徽州人的习惯。徽商最早经营的是山货和外地粮食，后来将丰富的木材资源用于建筑、做墨、油漆、桐油、造纸，成为外运的大宗商品，茶叶有祁门红茶、婺源绿茶等名品。

3. 历史机遇

南宋建都临安后推动了江南经济的发展，淮扬地区和苏、嘉、杭等长三角地区成为中国经济的重心。徽州人重视教育，文化素质较高，又能吃苦耐劳（俗称"徽骆驼"），在商业领域纵横捭阖，终成大器。南宋时期，开始出现了拥有巨资的徽商。明朝成化年间，徽商相继打入盐业领域，一向以经营盐业为主的山西、陕西商人集团受到严重打击，于是徽商以经营盐业为中心，在中国商界迅速崛起。

（二）徽商的发展

徽商到明朝时期已经发展成为中国商界同晋商齐名的劲旅。明中叶以后至清乾隆末年的300余年，是徽商发展的黄金时代，无论是营业人数、活动范围，还是经营行业与资本，都居全国各商人集团的首位。到清中叶，徽商一跃成为中国十大商帮之首，所谓“两淮八总商，邑人恒占其四”，尤其是在盐业与茶叶贸易方面，徽商独执牛耳。清乾隆末年，每年关税盈余达85万两银子，而出口商品中徽商的茶叶为第一位。仅扬州从事盐业的徽商就拥有4000万两银子，而当时清朝的国库存银仅7000万两。当时，经商成了徽州人的“第一等生业”，成人男子中经商的占70％，极盛时还要多。徽商的活动范围遍及城乡，东抵淮南，西达滇、黔、关、陇，北至幽燕、辽东，南到闽、粤。徽商的足迹还远至日本、东南亚各国以及葡萄牙等地。

徽商经营的行业以盐、典当、茶叶、木材最为有名，其次为大米、稻谷、棉布、丝绸、纸、墨、瓷器等。其中，婺源多茶商与木材商，歙县多盐商，绩溪多菜馆业，休宁多典当商，祁门、黟县以经营布匹、杂货商居多。徽商除了从事多种商业和贩运行业外，还直接办产业。休宁商人朱云沾在福建开采铁矿，歙县商人阮弼在芜湖开设染纸厂，他们边生产边贩卖，集工商于一身。徽商在经营中注重人才，做到知人善任，注重市场行情，实行灵活经营，有一业为主兼营他业的，有根据不同行情、季节变换经营项目的。

（三）徽商的衰落

清乾隆末年，封建统治日趋没落，课税、捐输日益加重，徽商处境愈来愈艰难。1831年，两江总督兼管两淮盐政陶澍革除淮盐积弊，改行“票法”，靠盐业专利发迹的徽商开始衰败。典当业也因左宗棠垄断及外国银行的侵入而中落。茶、木两商则由于鸦片战争和太平天国运动的影响，连年亏损。尤其是随着帝国主义入侵，外资渗入，国外商品倾销，徽商经营的行业大多被其所替代。同时，与帝国主义、军阀官僚联系密切的广东、江浙财阀开始兴起，只掌握传统商业知识、技能的徽商，在商业领域中逐渐失去其操纵、垄断和独占的地位，开始走下坡路。

清末民初，虽有个别徽商如黟县盐商李宗媚、歙县房地产商程霖生等崭露头角，但整体上挽救不了徽商的颓势。

二、徽商的经商精神与经商文化

（一）徽商的经商精神

1. 积极进取

徽商一般以小本起家闯荡商海。商海波涛汹涌、凶险异常，一不小心就会搁浅甚至沉没。然而徽商的可贵之处在于，他们受到挫折之后，并非一蹶不振，从此便销声匿迹，而是义无反顾、百折不挠，不成功决不罢休。许多徽州大商人都是经历了无数次失败，最后终于成功走上致富的道路的。

2. 团队合作

在徽商的乡族观念中包含着约定俗成的道德观念和带有强制性的宗族族规，这些使徽商彼此之间有着很强烈的患难与共意识。这种意识客观上成为徽商之间信息传递的动力源泉。一首绩溪民谣这样唱道："有生意，就停留，没生意，去苏州。跑来拐去到上海，托亲求友寻码头。同乡肯顾爱，答应给收留。"遍布各地的徽州会馆、同业公所的建立，就突出体现了这种精神，从而大大地强化了徽州商帮内部的凝聚力，提高了市场竞争力。

3. 忠诚爱国

从早期徽商不辞劳苦，运粮输边，到明中后期徽商积极参与抵抗倭寇侵略的斗争，乃至近代徽商为了抵御外国入侵，踊跃捐资捐物，处处时时体现了他们的爱国精神。因为他们深知，没有国家的安定与统一，就不会有个人事业的兴旺和发达。"国家兴亡，匹夫有责"，这是我国历史上商人的爱国主义传统。

(二) 徽商的经商文化

1. 贾而好儒

爱读书给徽商带来了三个方面的影响：一是提高了徽商的文化素养、文化品位，这样，较高的文化素质就成为他们与官僚士大夫交往的"黏合剂"，同时也给徽商的商业经营带来了许多便利；二是读书使得徽商善于从历史中汲取丰富的商业经验、智慧，促进自身商业的发展；三是增强了经商的理性认识，使他们能够以所谓的儒道经商，从而形成了良好的商业道德。休宁是我国历史上"状元"第一县。

2. 诚信处世

在商业资本的盘剥下，农民和小手工业者受害极深，于是"无商不奸"之类的诅咒此起彼伏。在这种形势下，徽商举起诚信的旗帜，本着先义后利、义中取利的心态走进市场，恪守货真价实、童叟无欺、奉公守法、互惠互利等基本道德，在生意场上左右逢源，处处受益。徽商吴南坡"宁奉法而折阅，不饰智以求赢""人宁贸诈，吾宁贸信"的表示，胡仁之大灾之年不为"斗米千钱"所动、平价售粮的举动，都使徽商诚信的风格得以彰显，进而成为徽商集团的标志。

3. 灵活经营

市场风云变幻莫测，活跃于市场的徽商必须时时细心预测市场，观察市场动向，分析市场行情，审时度势，根据市场商品种类的盈虚和供求情况，对目标市场进行细分，去选择所经销的商品，并且能够使经营时间、地点随供求关系的变化而灵活机变。他们所从事的五大行业，即食盐、粮食、木材、茶叶、典当无不是根据市场行情的变化而随机经营的。正是由于他们能够随时观察市场，根据市场变化审时度势，因此面对同行业的竞争时，他们能够走在同行业的前面，出奇制胜。在长期的经商实践中，徽商还练就了一套灵活多变的经营手段，如取信消费者、薄利多销、抓住市场信息、宣传促销等，使其在激烈的竞争中立于不败之地。

三、徽商代表胡雪岩

胡光墉，字雪岩，生于1823年，卒于1885年，安徽省绩溪县湖里村人，幼年时候，家境十分贫困，以帮人放牛为生。胡雪岩天资聪颖，勤奋好学，不谋私利，加上他胆大心细，自信诚实，很快从一个小伙计一跃而成为阜康钱庄的老板，再跃而成为徽商巨头。

（一）白手起家，飞升江南“第一财神”

12岁那年，胡雪岩开始了别样的人生。早年丧父让他承担起了养家糊口的重任。胡雪岩经亲戚推荐，前往杭州于姓的信和钱庄当学徒。从扫地、倒夜壶等杂役做起，胡雪岩三年后因为勤劳、脚踏实地博得庄主的赏识，成为正式的伙计，16岁时升为跑街。胡雪岩本想沿着传统从商之路一步步发展成为商界名流，未料一次偶然的机会，他遇到了生命里的第一位贵人——王有龄。

王有龄，字英九，号雪轩，福建侯官人，官至浙江巡抚。据说有一天，王有龄因无钱进京，只得在杭州一家茶楼叹息。落魄的王有龄恰巧被胡雪岩看见，胡雪岩慧眼识珠，认为王有龄将来定有出头之日，便毫不犹豫地资助了王有龄500两白银。后来王有龄遇到了时任户部侍郎的好友何桂清，经其推荐当了浙江巡抚门下的粮台总办。他不忘当年胡雪岩的知遇之恩，并看出其在商业上的天赋，转而资助其开设阜康钱庄。

胡雪岩凭借其超凡的能力，敢冒风险，善抓商海机遇，不拘成法，开创了一条属于自己的致富捷径。除了开展湖州、宁波、温州等各地的钱粮借贷业务外，还介入多项投资事业。阜康钱庄已然成为杭州第一大钱庄，胡雪岩也一跃成为财雄势大的商绅，影响晚清整个商界，被人称为“商界奇人”。

俗话说“树大好乘凉”。自从有了王有龄这棵大树，胡雪岩的商运一路亨通，先被王有龄任命为代理湖州公库，开办丝行，收购湖丝运往杭州、上海等地，后又委办粮械、综理漕运事务。在此期间，胡雪岩利用与军界建立的密切联系，让官军的饷银公款一律由阜康钱庄汇兑。就这样，胡雪岩一手抓钱庄业务，一手办理粮饷军械，几乎掌握了浙江一半以上的战时财政，由此也拉开了他一生亦官亦商的序幕。雄厚的资本积累，也为胡雪岩的日后发展奠定了坚实的物质基础。

（二）叱咤商场，成为最有名的“红顶商人”

轰轰烈烈的太平天国运动改变了胡雪岩的命运。1861年，王有龄兵败自杀，胡雪岩丧失了坚实靠山。但很快，胡雪岩就凭借着过人的胆识和善于揣摩他人心思的能力，赢得了新任浙江巡抚左宗棠的信任。当时左宗棠的部队粮饷短缺，急于寻找新靠山的胡雪岩抓住了这次机会，他雪中送炭，三天内就出色地完成了为左宗棠筹集十万石粮食的任务。因为杰出的商业才能，胡雪岩很快被委派总管全省钱粮、军饷的重任。胡雪岩以亦官亦商的身份来往于宁波、上海等通商口岸，操纵江浙商业，专营丝、茶出口。这一时期的胡雪岩纵横驰骋，如鱼得水，达到了事业的巅峰。胡雪岩最为后人称道的是他协助左宗棠完成了三件利国利民的大事。

第一件大事：筹办近代中国最大的官办造船企业——福州船政局，加强海防建设。在制定船政事宜中，"凡局务及出入款项，都由胡负责"。胡雪岩选定马尾作为造船基地，采办建厂原料，购买法国轮机，聘请法国技师，培训轮机驾驶人才。在他的精心筹划下，马尾船厂成为当时中国最早、最大的造船基地，并为国家培训了一批优秀的造船工程师和具有驾驶技术的海军人才。

第二件大事：积极引进西方先进的机器设备和技术，创建近代最早的官办轻工业——兰州织呢局。在力助左宗棠开发西北的过程中，胡雪岩采购国外先进开石机器，大力发展西北的水利事业；同时，胡雪岩还招募农作物专家，向西北地区百姓传授技艺，极大地推动了西北农业的发展。

第三件大事：凭借其商业信誉向外国银行借军款，支持左宗棠收复新疆，保证国家领土的完整。1866 年，左宗棠被任命为陕甘总督，负责收复被俄国人占领的伊犁。为了保证西征军粮饷和军费供应，左宗棠在上海设立西征军转运局，任命胡雪岩主持工作，负责向东南各省催领和转运大军的粮饷及军需物资。从 1866 年到 1878 年，胡雪岩经手为西征军借了 4 笔总金额达 1600 万两白银的外债，确保了西征的胜利。

左宗棠班师回京后，极力赞扬胡雪岩"勤干有为，有豪侠之气概"，后来胡雪岩被赏加布政使衔（三品），赐二品红顶戴、穿黄马褂、在紫禁城骑马等荣誉，成为清朝最著名的"红顶商人"。

（三）为富好仁，创办胡庆余堂

除了"红顶商人"的美誉外，胡雪岩为富且仁、乐善好施，做出众多义举，赢得了"胡大善人"的美名。1874 年，为了施药给那些饱受战乱和病痛之苦的人，胡雪岩选中吴山脚下的大井巷为址，建屋造店，创办胡庆余堂。1876 年又在杭州涌金门外购进 10 余亩地，建房造厂。胡庆余堂雪记药号，以一个熟药局为基础，重金聘请浙江名医，收集古方，总结经验，精制成药，便于携带和服用。

1878 年，胡雪岩亲题店训"戒欺"二字的匾额，上面还刻有告诫员工的跋文，内容如下："采办务真，修制务精；以信为本，真不二价。""采办务真"，是指采购地道的药材配制各味丸、散、膏、丹，不以劣质药材来牟取厚利；"修制务精"，是指药材进店后，要去杂提纯，保证成药质量；"以信为本"，是指重视信誉，讲究商德，做到质优价实；"真不二价"，是指货真价实，不以次充好。

胡雪岩以"济世救人"为办店宗旨，广纳名医研制出"诸葛行军散""八宝红灵丹""藿香正气丸"等数十种中成良药，赠给受灾民众。在其全盛时期，胡庆余堂将救死扶伤的对象范围扩大到所有百姓。在胡雪岩的主持下，胡庆余堂还推出十四大类成药，并免费赠送"辟瘟丹""痧药"等民家必备的太平药，并在《申报》上大做广告，让胡庆余堂声名远播。

胡雪岩不耻下问、勇于探索，一个钱庄出身、不熟悉药业的人却写下了中国药业史上光彩夺目的一笔，推动了中国医药事业的发展。如今的胡庆余堂国药铺，不仅是保存最完整的清朝徽派商业古建筑群，也成为国内规模较大的全面配制中成药的国药字号，饮誉中外，有民间“江南药王”之称，与北京的“同仁堂”药号相提并论。

（四）“雪化岩崩”，黯然离世

19世纪80年代，中国蚕丝业在国际市场上受到欧洲和日本蚕丝的竞争。为了进一步扩充自己的生丝业务，打破洋商对生丝市场的垄断，抑制洋商的盘剥掠夺，挽回华商权益，胡雪岩决定以自己雄厚的资金财力，囤积生丝，与洋商一决高下，保护中国丝商和蚕农的切身利益。结果，得不到生丝的洋商联合起来严密封锁国际市场，断绝胡雪岩生丝出口。由于长期积压，生丝变质，胡雪岩无奈之下急于出手，却遭到以不平等条约作为后盾的外国丝商联合压价，结果亏损了800万两白银。

随后，胡雪岩又想通过在上海炒地皮东山再起，未料中法战争爆发，法军即将在吴淞口登陆的谣言又甚嚣尘上，官民纷纷卖房逃难，地价暴跌，胡雪岩投注的大量地皮顷刻化为乌有。国内局势动荡，人心惶惶，京、沪、杭的官民纷纷到钱庄提款准备逃难的盘费，在抢兑狂潮的冲击下，胡雪岩在各地的钱庄、典当铺纷纷倒闭。1885年，胡雪岩的得力靠山左宗棠病逝，清廷乘机追查胡雪岩在购买军火、代购洋债中克扣公款、收取回扣之事，下旨将其原籍及各省财产查封抵债。但没等到圣旨传到杭州，这位曾经叱咤一时的“红顶商人”便“雪化岩崩”，一代商界名流凄然离世。

胡雪岩的失败除了来自洋商的排挤之外，更多的是清廷内部派系之争的打击。所谓树大招风，据传言胡雪岩帮助左宗棠完成西征大业，得罪了另一军政重臣李鸿章，所以在胡雪岩与洋商的竞争过程中，李鸿章乘人之危，派亲信幕僚把持上海海关，设置各种障碍，让他库存的生丝无法外销；而李鸿章的另一心腹盛宣怀更是利用掌握的电讯大权让胡雪岩在商战中处于被动，并广泛散播其资金周转不灵的消息，煽起提款风潮，给了胡雪岩致命一击。

作为近代极具代表性的商人，胡雪岩长袖善舞，牟取暴利，但也怀着一颗爱国之心，协助左宗棠兴办洋务事业、捍卫新疆主权，并以一颗仁厚之心，开办胡庆余堂，以图济世救人。他既扮演着买办角色，又是一位散发着民族之光的悲剧英雄，而其骤盛倏衰的传奇命运无不折射出晚清官商合流的现象和在帝国主义、封建主义夹缝中挣扎求生的近代华商的两难境地，揭示了“商人荣枯，系于国运”的道理。

第四节　其他商帮

一、陕西商帮

陕西与山西是近邻，风俗习惯接近，因而在经商活动中形成了结合的传统。人们通常合称他们为“西商”，或“山陕商帮”。比如会馆常由两省商人合建，称山陕会馆。在扬州，也是山陕两地的盐商子弟可共同参加科考。

陕西商人整体实力与名号比不上晋商。但经营范围也很广泛，盐业、茶业、毛皮业、水烟业、药材业、当铺、钱庄、高利贷，一样不少；实力也不可小觑，经营时敢用赊购方式，足迹遍布中国的东西南北；先富以后的毛病也与晋商一样，特别是窖藏金银，在李自成起义时，肥了这帮贼人。

二、宁波商帮

宁波商帮，是指宁波府下辖鄞县、奉化、慈溪、镇海、定海、象山六县在外埠经商的商人。兴起于明末清初，但后来居上，鸦片战争后特别是民国时期称雄商界。

由于濒临海口及政府政策的原因，宁波在明朝以前盛行海外贸易。唐代，宁波（明州）就是著名的国际贸易港口了。宋代，明州成为著名的海上陶瓷之路的起航地。明朝政府实行海禁政策，只发展官方的朝贡贸易，伴以勘合制度，规定明州只许日本贡船入港（朝鲜改走陆路），导致宁波兴起了走私贸易。宁波府所属的双屿港、烈港、岑港，成为民间走私商人最活跃的地盘。但是朝廷把他们称作倭寇，典型代表就是王直。现在一些国人一听倭寇，还把王直这样的商人视为汉奸。为了维稳，朝廷无所不用其极地打击海外贸易与海商，于是宁波商帮开始转向国内经营，并且在明末结成商帮。康熙二十三年（1684年）朝廷开海禁，行四口通商制，宁波即为其中之一，所以宁波商帮大为发展，除了原先的药材业、成衣业、银楼业、海味业、粮糖业之外，又发展出一个发展特别快的行业——埠际间的沙船贩运贸易（后来由沙船业又扩展到轮船航运业）。靠这个挣钱后，宁波商帮又迅速攻占钱庄业和银行业，上海的钱庄与银行市场基本上被他们所操纵，甚至清末的近代商业组织——上海总商会也由宁波商帮控制。他们讲乡谊、敦睦谊，在各地设立会馆公所，联手开拓根据地，抢占市场，遍布国内国外，除了原先的传统行业，新式行业，比如进出口贸易、日用洋货业、呢绒洋布业、钟表眼镜业、五金颜料业、西药业、保险业、证券业、公用事业及各种新式服务行业，到处都少不了宁波商帮的身影。可以这么说，鸦片战争后，直到中华人民共和国成立前，宁波商帮都是商业舞台上最强劲的一支。中华人民共和国成立后，宁波商帮中的一部分转移到了海外，日本、欧美等地成了他们新的落足点。直到现在，宁波商帮在海外的声威仍不减当年。

三、山东商帮

山东是历史上著名的重灾区。

一是人口重灾区，人多地少。事实上，人口过剩一直是中国的传统死结。每逢旧朝末年，战乱消灭一部分；可是新朝休养一下，人口就又成灾了。甲午海战时期，西方媒体想当然地描述“中国军队人数如同蝗虫般多”。甚至有美国报纸计算说，即使日本人每天杀掉 1000 名中国人，要杀光中国人也要 1500 年之久。以清朝为例，清初人口 5300 万；康熙二十四年（1685 年）人口 1 亿，耕地 74000 万亩，人均 7.25 亩；乾隆七年（1742 年）人口 1.5 亿；乾隆二十七年（1762 年）人口 2 亿；乾隆五十五年（1790 年）人口 3 亿；道光十四年（1834 年）人口 4 亿，耕地 114000 万亩，人均 2.84 亩。山东有些县，人均耕地不到三分。按西方人估算，山东地区五口之家拥有 15 亩地才能维持生存（每亩地收六七斗就叫丰收）。

二是战乱重灾区，不管是陆路还是水路，山东都是南部及中部各省进京的必由之路。问题是好事也会变成坏事，非稳定时期，就倒霉了。可以说宋朝以来山东就是战乱重灾区，就是响马都比别省多，比如众所周知的梁山好汉及后来的义和团，都出自山东。

三是自然重灾区，水灾、旱灾、虫灾不断，十年九灾是家常便饭。

上述诸多原因导致山东流民居多。流民中一些有头脑的借用山东的水陆之便，自然就成了商人。明中期，山东商人逐渐增多；到了清代，山东商帮崛起，特别是登、莱、青三府，史称胶东帮。不过就整体实力与经营范围来讲，比晋商、徽商还是差了一些。

四、广东商帮

独特的政策，使广州成为广货与北货、土货与洋货的集散地。第一，广东有优越的地理环境，背负五岭，东、西、南三面向海，境外毗邻太平洋、印度洋、亚洲与大洋洲的航路要冲，境内以西、北、东三江为主流的珠江水系贯通全省；第二，随着中国经济重心的南移，商品经济大为发展；第三，欧洲地理大发现之后，早期殖民者前来中国，最先到达的就是中国的南大门——广州；第四，由于明朝厉行海禁，所以广州海商自然而然地发展成了武装商团，著名代表有林凤、林道乾等人，明朝隆庆开关后，广东的中小商人更是集资结帮出海，声势浩大；第五，清初也厉行海禁，稳定后开海贸易，行四口通商制，后又改成广州单口通商。

就地域而言，广东商帮主要由广州帮（顺德、番禺、南海、新会等县）与潮州帮（潮州、海阳、澄海、饶平、大埔等县）组成。同时，还有未完全形成商帮的恩平、遂溪、兴宁、韶关、南雄、乐昌、海南等府县的零散商人。另外，在广州、佛山等中心城镇，还有不少外省商人长期坐镇经商，也可以划入广东商帮。

就功能而言，广东商帮可分作三大类。

第一类是海商，也就是专门从事海外贸易的新型商人，封建王朝及史籍习惯称他们为“海寇”“海盗”甚至“倭寇”。其实，他们就是走私，违背朝廷落后、偏执的海禁政策而已，大可不必上升到民族感情、民族大义的层次。这里我们可以与英国的大海盗作个比较。弗朗西斯·德雷克拥有来自大英政府的官方支持，他本人更是英国王室晚宴上最受欢迎的客人，甚至是英国女王伊丽莎白的私人好友，最后由于海盗业绩而被女王封为英格兰勋爵从而登上荣誉的最高峰。历史不能假设，但是直到今天，中国一些史学家还在遗憾，如果中国朝廷能以英国政府为榜样，那么中国的海军早有救了，落后挨打的历史也将不会出现了。

第二类是牙商，包括明代贡舶、市舶贸易的牙行商人，清代的广东十三行行商以及晚清逐步形成的买办商人等。

明初实行“朝贡贸易”，政府在广州设置市舶司，负责管理进出口商船的登记、纳税，收买船舶带来的货物，并将珍贵贡品呈解北京内廷皇府，具体的商务则由“官设牙行与民贸易”。当时有“官牙”和“私牙”之分，凡有官府发给牙帖者称为“官牙”，没有牙帖者就是“私牙”。不管“官牙”“私牙”，其职能都是对外贸易的中介，收取佣金。隆庆开放海禁之后，牙行开始发生变化，由纯粹的买卖中介而成为包销外国进口商品和本国商品出口贸易的商业团体。这就是嘉靖、万历年间形成的广东三十六行行商。三十六行同以往的官牙一样，由明官府选推有抵业的人充当，给予印信文簿，充当外商与国内批发商的中介，从中收取佣金，即“牙钱”。这些牙商后来就成为清代广东十三行商的先驱者。清初开放海禁，设置四海关对外通商，广州随后成立了“洋货行”和“金丝行”，分别负责对外与对内贸易。

早在鸦片战争前夕，广东十三行商就已陷入衰败之中，不是破产倒闭，就是被政府抄家充军。中英《南京条约》签订后，清廷废止了十三行商的垄断贸易，其中一些人遂转变为公开受雇于外国资本的近代买办。

买办在明中叶以后就出现了，他们受雇于澳门的葡萄牙人，以解决洋人生活为主要目标，在澳门与内地之间居间采办。根据清朝实行广州单口通商制度后，洋商开始大量雇用买办，不雇用也不行，因为洋商在广州没有活动自由。这些买办被称为采买人或管事人，分商馆买办和商船买办两种。商馆买办由行商作保，负责商馆外商生活供给、私人事务等工作；商船买办亦称船人买办。根据清制，外国商船要先到澳门靠岸，向设在澳门的中国衙门登记并请得一名引水员，聘请通事（翻译）和买办，然后才能开往广州。通事为其向粤海关办理纳税及进口手续，买办则为其供应船上人员的伙食及日用品，并代请码头搬运工。十三行废止后，买办干脆成了洋人的商业代理，不只受雇于洋人，自己也是独立商人。而广东商帮则成为外商最早和最主要的雇佣来源，他们迅速坐大，成为近代买办商人及资本家。

第三类是国内长途贩运批发商。他们的主要经营方式，是到省外或省内的边远地区收购货物贩运回广州、佛山等中心市场批发给零售商，或通过牙商向外商批发。因此，他们在广州、佛山设置商行经营业务，同时把广东的货物贩运到外省或省内边远地区批发给当地的中小商人。为此，他们会在当地设立商号或会馆进行经营。

五、福建商帮

福建商帮以海商为主，初兴于晋唐，经过宋元时代的发展，明清时期发展到顶峰。

福建背山面海，有着得天独厚的自然优势。唐末，陆上丝绸之路衰败，海上丝绸之路兴起，除了广州，福建泉州也成为海上丝绸之路的起点。由宋末至元，泉州地位甚至超过广州，被誉为当时世界上最大的贸易港口之一。

明朝，政府实行官方垄断的朝贡贸易，民间片板寸货不得入海，走私商贩遂逐渐兴起。由于与欧洲海商海盗的竞争，更由于要应对来自背后也就是中国政府的高压与严禁，因此福建商帮也是武装商帮。嘉靖四十三年（1564 年），倭患大致消除。在一些官员的建言下，隆庆元年（1567 年）政府终于开关，准许商民前往东、西二洋贸易互市。虽然规定商人下海必得向政府申请引票，且在船只数目、贸易地点、人员货物等方面都有限制，对日本倭奴更是严格禁绝，但毕竟由非法的地下状态走向了公开的正常贸易，所以福建商帮大为发展，而且发展出专门针对日本的犯禁商帮，如著名的郑芝龙集团（郑芝龙甚至娶日本女人为妻）。崇祯元年（1628 年），郑芝龙接受了明朝政府的招抚，并借这种优势吞并了其他商团，建立了海上郑氏王国，福建乃至东南沿海各省所有海舶船只，没有郑氏令旗，不得私下往来，每过一船得交保护费，每年收入达千万。可惜好景不长，江山易主，清军入关，郑芝龙之子郑成功反清，后退守台湾，政府执行严厉的海禁政策，福建商业遭遇沉重打击。康熙二十二年（1683 年），清政府统一台湾，郑氏余脉不存。康熙二十三年（1684 年），福建泉州衙口人靖海侯施琅等群请开放海禁，为朝廷所采纳，并在厦门设立海关，福建商业元气渐渐恢复，厦门也成为国际性的对外贸易港口。只是，过去的时光不再来，东南海上王国已被东印度贸易公司所掌控，福建商帮再也恢复不了明朝时期的荣光了。特别是中国贸易顺差的优势渐渐不再存在，伴随着这种逆差蜂拥而入的，还有一种新的走私品——鸦片。于是，福建商帮里又多了一个群体——鸦片走私商。

六、洞庭商帮

洞庭商帮是指成形于太湖洞庭东山和洞庭西山的商人集团。洞庭东、西山位于今苏州市西南，原是太湖中面积最大的两座岛屿，由于泥沙淤积，东山的东北现在已与陆地相连。东洞庭一名莫厘山，一名胥母山，因在洞庭山之东，故明时始称东洞庭。西山古称林屋山，又称包山、禹迹山。

当时的洞庭两山处于太湖之中，对外交通全靠水路，老弱妇幼皆善操舟弄桨，加上太湖得天独厚的自然环境——明朝谚语云“太湖熟天下足”，除了粮食作物外，其他物产也高度商品化，所以洞庭百姓占有先天的商业优势。明时，洞庭商帮兴起。冯梦龙《醒世恒言》中说：洞庭“两山之人，善于货殖，八方四路，去为商为贾，所以江湖上有个口号，叫做‘钻天洞庭’”。因此，当时也有“钻天洞庭遍地徽”的谚语，可见势力之盛。洞庭商帮活动的主要区域有：第一，运河沿线，这个区域又可以分为两块，即以太湖流域为中心的长江以南地区和长江以北的广大北方地区。第二，长江沿线，此乃洞庭商帮最为活跃的一个地区。第三，通商口岸上海重镇。鸦片战争之后，在长江沿线与运河沿线活跃的洞庭商帮就开始转战上海了，特别是太平天国之乱加重了这种转战。他们或者充当外国银行和洋行的买办，或者自己开办钱庄和银行，当然也经营自己的老本行——丝绸业，同时经营洋纱洋布业，甚至开办工业企业，开始了商业资本向工业资本的转换。

七、江右商帮

古时，“江东称江左，江西称江右。盖自江北视之，江东在左，江西在右”。所以明清时期多将江西称为江右，江西商人则被称为“江右商”或“江右商帮”。

两宋时期，江西就是经济发达地区了。但是经济发展也会伴随一些弊病，一是人口增长过快，二是官府赋税严重。明朝时期江西人口外流严重，其中一部分转而成了商人。江右商帮的特点是人数众多，操业甚广，活动地区广泛，资本分散，渗透力极强但竞争力较弱，小商小贾极多。时人曾拿徽商与江右商作过比较：新安多富，江右多贫。这也说明了江右商帮多从小本买卖起步的特点。

江右商帮经营的行业有：粮食业、茶业、瓷器业、布业、纸业、木材业、烟靛业、盐业、典当业、书业、杂货业等。

鸦片战争后，江右商帮优势不再，走向衰败。

八、龙游商帮

龙游县位于浙江中部偏西南的地方，南北环山，自西至东只有一线溪河以行舟楫，上达江（山）常（山），下通杭（州）绍（兴），为衢州府要道，地当浙、闽、皖、赣四省要冲。独特的地理位置和当地的丰富物产，给龙游商帮提供了诸多优势。龙游商帮大致包括纸商、山货商、药商、珠宝商、海商等。

龙游商帮并不限于龙游县，实际上包括衢州府西安、常山、开化、江山、龙游五县的商人，其中以龙游商人最多，经商最为高明，故冠以龙游之名。龙游商帮发端于南宋，鼎盛于明中叶至鸦片战争前后，衰落于光绪以后。

课后习题

1. 明清时期十大商帮在地理分布上有什么特点？
2. 为何称晋商为“官商”、徽商为“儒商”？
3. 搜集资料分析晋商和徽商在经商上的异同点。

拓展学习

1. 观看纪录片《晋商》和《茶，一片树叶的故事》。
2. 观看电视剧《走西口》《乔家大院》《新安家族》等。

第五章　商　道

学习目标

1. 了解我国商道文化的起源。
2. 了解我国传统商道的主要内容。
3. 了解我国传统商业营利的方法和原则。

本章导读

商业即人业，商品即人品，商道即人道，此乃从古至今颠扑不灭的商规。闻名中外的商业传奇大多揭示了势、变、和、信、勤、俭、施等商经，这些贯穿在古今商人故事和生平中的商道让人掩卷沉思，浮想联翩，回味悠长。商人不但要成事，还要谋利，所以中国人延伸了修身、齐家的道理，提出了“以义制利”的概念。中国人谈交易，讲求的是诚信无欺、顾念人情和公平合理。

思考讨论

1. 什么是商道？
2. 为何诚信是商道的根本？
3. 商业竞争中的不良行为是如何产生的？怎样才能避免？

第一节　商道文化起源

一、起源

我国早期的部族社会，其商业贸易是十分活跃的，它促进了人们的广泛交往，推动了特色的社会群体聚合，甚至影响部落种族社会的聚成，最终萌芽了具有社会经济结构与分工的国家模型。

秦之前，商业发达，因而培育了浓厚的社会平等自由气氛，这才有了中国思想史、文化史上灿烂的“百家争鸣”。这其中，商业文化的贡献可以说是功不可没的。

1899 年，在河南安阳小屯村首次出土了一批甲骨文，这是迄今为止所发现的最早的汉字，经考证为商代的遗物，这使商代成为我国有籍可考的最早的朝代。商代从立国前的部落时期就是十分重商的，据《山海经》等史籍记载，有部落发明了牛车，亲自驾驭，拉着货物来往于部族间做生意，王亥就是那个部落的首领。王亥后来一直受到商朝的尊崇和供奉，可想商朝 570 年历史中商业的繁荣景象。

后来商朝为周所灭，商的遗民便流散到各地。而让人惊异的是，商朝遗民中无论原先是贵族还是平民，都对祖传的贩运业持有浓厚的兴趣，并且传承光大。为此，周朝他族便将这一“商部族所世传的行业”叫做“商业”，将本来是指“商部族人”的“商人”演变为“货殖经商的人”。传统货殖业有“行商坐贾”的说法，从中你仍可以想象到商部族南贩北运、舟车不息的身影。追根求源，我们可以探寻到商业的源头，同时也能从中体味到什么是商道文化的生命力。

先秦时期的政治与商业有着密切的关联，从辅佐周文王建立周王朝的姜太公，辅佐齐桓公成就一代霸业的管仲，到辅佐秦始皇一统天下的吕不韦，他们都出身商人或有经商经历，执政后也都大力推行重商政策，大走通商富国之路。据此可以判断，商业在我国先秦时期的社会生活中占有十分重要的地位，商人也不像后来那样倍遭抑制和轻视。

从《周易》中的记载来看，炎帝也很重视商业，并设置了专门管理机构。《周易》里还记载，我们中华民族的另一位老祖宗——黄帝也很重视商业：“刳木为舟，剡木为楫，舟楫之利，以济不通，致远以利天下。”“服牛乘马，引重致远，以利天下。”意思是说，黄帝通过制造水陆运输工具，发展长途贩运，促进物品流通，惠及天下百姓。

据《史记》《淮南子》《尚书大传》等典籍记载，黄帝的嫡传后人尧、舜、禹，也都很重视商业，并且以促进商品交流作为治理社会的手段，甚至舜帝本人就出身商贩，做了部落首领之后也是常行不辍。

众多史料证实，我们的祖先开创了中华商业史初始最绚丽的篇章，他们在商道活动里自觉或不自觉的行为和倡导，使之成为当之无愧的中华商业的奠基人。

炎黄二帝到春秋战国，这一时期我国的商业呈现出蓬勃发展的局面，商人也在整个社会生活中承担着重要的角色。这一时期，不但出现了像子贡、范蠡、弦高、白圭、吕不韦这样名垂千史的大商人；而且由计然、范蠡、白圭等人通过自己的商业实践的总结以及对同时代商务活动的系统研究，形成了我国最早的商业理论，这也是我们今天所称道的商道文化的源头。

二、启示

学以致用，古为今用，这是我们探讨商道文化的落脚点。从以上探究商道之源的材料中可以清楚地看到，商道之法，讲究德为先、信为本、善为果。我国历史上有无数的杰出的仁人志士，他们用执着的人格精神，开辟了商道的博大精深的理论。纵使在千年之后，依然散发着经久不衰的光芒和诱人的魅力。商道融智慧与能力为一体，是敏锐的目光、从容的心态和果敢的决策的有机结合。商道是历代商人在商旅生涯中不断累积的智慧，是一种最好的无形资产，也是打开事业成功之门的钥匙。

（一）仁义求信是商道之本

诚信至上，经商之本。白圭曾说过："欲长钱，取下谷；长石斗，取上种。"意思是说，如果为了省钱而买谷物自己吃，就买差一些的谷物；如果为了做种子来年丰收，那就买上等的种子。他不但为对方着想，还计划得合情合理，既要节俭，又要丰产，可谓将思想做到了家。

货真价实，立足之本。北京同仁堂乐家老药铺的一代代后人，遵循先祖"汲汲济世，兢兢小心。虽不能垦先人万一，而至于遵肘后，辨地产。炮制虽繁，必不敢省人工；品味虽贵，必不敢减物力"。本着这样的经营宗旨，全力以赴，确保所售之药货真价实，三百年不变。其心志之正，诚心之精，堪称商界楷模。同仁堂为保真材实料，每年派出能识货辨伪、经验丰富的专门采购人员，不惜舍近求远，奔赴名药产地，高价收购所需药材。

"以仁为善，行义立信"是商人所信奉的商道精神，也是衡量一个商人是否成功的标准之一。财富的多少并不代表成功的全部，而财富绝不仅仅意味着金钱，它更表现为用财富所创造的社会价值。没有"仁义之心"也就不会有百年长运。

（二）天时、地利、人和是商道之策

"天时不如地利，地利不如人和。"这句出自孟子的古训，着实道出了商道成功的三个必备条件，缺一则必无大成。

1. 天时：慧眼识商机

天时是时局环境与趋势的结合体。商业活动离不开审时度势，洞察未来变化和发展趋势，并能捕捉到稍纵即逝或飘忽不定的机会，通俗地说就是"慧眼识商机"。占得先机，顺势而为的人就有了成功的起点。

计然指出：知道要打仗，就要做好战备；了解货物何时为人需求购用，才算懂得商品货物。善于将时与用二者相对照，那么各种货物的供需行情就能看得很清楚。所以，岁在

金时，就丰收；岁在水时，就歉收；岁在木时，就饥馑；岁在火时，就干旱。旱时，就要备船以待涝；涝时，就要备车以待旱，这样做符合事物发展的规律。一般说来，六年一丰收，六年一干旱，十二年有一次大饥荒。出售粮食，每斗价格二十钱，农民会受损害；每斗价格九十钱，商人要受损失。商人受损失，钱财就不能流通到社会；农民受损害，田地就要荒芜。粮价每斗价格最高不超过八十钱，最低不少于三十钱，那么农民和商人都能得利。粮食平价出售，并平抑调整其他物价，关卡税收和市场供应都不缺乏，这是治国之道。

2. 地利：因势利导

地有南北，河分东西。能因势利导从事商业活动，也是促成成功的因素之一。

范蠡最终选择的陶邑，应在今安徽省涡阳县西阳镇范蠡村一带。此地处于各国之间，是一处与各国都不相干，没有人争的地方，又是一个很有发展潜力的地方。特别是它北临中原、南接吴楚、交通四达、天下之中，正是个经商的好地方。范蠡在陶邑有多种经营，不是单一地制造与贩卖陶器，虽然陶器是当时人们生活的必需品。除农业外，畜牧业也是他经营的主要行业之一。范蠡在19年经营之中“三致千金”，不能不说是识地利的高人。

3. 人和：商道+人道

“商道即人道”的古训是自古至今传承下来的商道精神之一。无论是古代的商业活动，还是当今市场经济条件下的竞争，所有的有序竞争，无不以信用为基础。因此，信用是无形资产，是核心竞争力。所谓“人道”，就是为人处世之道。诚信是为人处世的基本要求，也是社会健康运行的重要保证。这也自然也是商道的核心价值所在。

管子道：“不务天时则财不生。”天时指的是地理气候等自然条件，可以理解为择业经商的市场条件。商人应当根据地理环境、季节变化、市场需求等不同情况，确定自己的经营范围，这样才能达到生意兴隆、发财致富的目的，这也就是人们常说的“经营对路”。

孟子讲：“天时不如地利，地利不如人和。”指出了天时、地利、人和三种因素的主次关系，强调了“人和”居第一。而荀子讲的“上不失天时，下不失地利，中得人和而百事不废”，强调的是三种因素必须同时具备。其实两种说法并不矛盾，都主张“顺天时，占地利，得人和”，才可百事振兴。商道也是得人心者得天下，客户、员工、利益相关者和社会，都是人心的代表。

（三）义利以德、共谋双赢是商道之途

商道是一种精神，是一种文化艺术享受，是一种哲学。老子曰：“上善若水。水善利万物而不争，处众人之所恶，故几于道。”意思是说，最高境界的善就像水一样，善于滋润万物并使之生长，却不与万物争高下和利益，总是安然处在众人都厌恶而不愿意去的低洼之地。

“商道”要求商人以大度的胸怀，容纳百川。“商道”可以让人在利润与道德间找到平衡，利人又利己，得到最丰厚的回报。

当代有位著名商人在总结自己的成功之道时说："小胜以智，大胜以德。""德"作为人行于天地之间的立身之本，在商道中就是诚信为本的职业操守。经商以谋利为目的，做事以德义为原则，在利与义的权衡中，才能不断地发展。

商道与人道是一致的，经营企业与经营人生能够合二为一，当为至高境界。给予与获得是相辅相成的商业命题。商人都希望以小投入换取大回报，但在衡量予得关系时，都要以经商做人的原则为准绳。

结果是简单的，市场是复杂的，而在运营过程中，大小高低便能一目了然。经商之道，永远是在竞争与合作中平衡发展，成功的商人往往立足长远，在双赢的基础上实现自身的发展。只有共赢或多赢，才能实现财富的均衡流通，使整个社会充满和谐的旋律，也就赢得了商道精神。

三、商道即人道

（一）把握时机，准确判断

秦朝将要崩溃的时候，高门富贾都在存储金玉，以为这些东西最保险。只有宣曲一个姓任的小官吏在悄悄储存粮食。后来刘邦和项羽在荥阳一带打起拉锯战，农民根本无法耕种，结果粮食短缺，粮价飞涨，那些积攒了大量金银财宝的人为了活命，也只好高价买粮。这样一个机会，让任氏大富。

任氏的成功源于他对未来的准确预测，并把握住了这个机会。当然，政府可能会认定任氏的行为已经构成了囤积居奇、投机倒把，民众也可能要求政府平抑粮价。然而，我们应该想一想：如果没有任氏在粮食低价时购进，到了粮荒的时候，就是拿出再多的金子珠宝，也买不到粮食。而且，任氏的预测也可能出错，如果战事很快结束，这些粮食就会砸到他手里，那么，政府会赔偿他的损失吗？因此，任氏并不是在发战争财。相反，在战争爆发前，他就已经发财了：他已经预见到自己的利润了。战争的爆发不过是证实了他的预测，使他可以兑现自己的利润。他的利润并不是来自那些金银珠宝本身，而是源于其余人的错误和他对这些错误的洞察与矫正：那些人本来也应该提前储存粮食，但他们却错误地以为金银珠宝在战乱时更值钱。任氏洞察到了他们的错误，并通过自己的操作矫正了市场趋于失衡的趋势。

（二）人弃我取，人去我就

山西蒲州（今山西永济）位于南北纵贯的晋陕峡谷的黄河折转东流之处，这里土陋人稠，历来挟资本走四方者十之八九。由于经商之利倍于农，故外出经商之人多能以富归里。这些商人虽然走南闯北，到过五方都会，但是其富多由刀锥之利而成，并没有什么稀奇之处。

明代山西蒲州人王海峰虽然也和其他商人一样外出经商，但他的经营方式却与众不同。明代，蒲州人外出经商大多是西到秦陇，东到淮浙，西南到蜀。王海峰一开始也是去了上述地方，但经过一段时间，他认为在这些地方经商盈利不太多，便东走青沧。青是指青州，在今山东益都；沧是指沧州，即今河北沧州。这两个地方是明代的长芦盐区，但由于官僚显贵、土豪奸绅上下勾结，这一盐区的运销不能正常进行，商人纷纷离去。但是王海峰认为，这里是春秋时齐国管仲收鱼盐之利的地方，陶朱公也是据此富至千金，经商就要人弃我取、人取我予。因此王海峰借助与众不同的经营方法，再加上努力，最后成为一位出色的商人。

（三）同舟共济，利人利己

山西商人笃信“和气生财”，重视与社会各方的和谐，尤其在同业往来中既保持平等竞争，又保持相互支持和关照。在晋商中，相互指友好的同行为“相与”，凡是“相与”，必须善始善终，同舟共济。他们不乱交友，只有经过了解，认为可以共事，才与之银钱来往，否则婉言谢绝。既是“相与”，必竭力维持，即使无利可图，也不中途绝交。榆次常家天亨玉掌柜王盛林（汝阳人）在东家发生破产还债需抽回天亨玉资本时，向其“相与”大盛魁借银三四万两，让东家将资本利润全部抽走，天亨玉毫无资本，全赖借款支撑，改组为天亨永，照常营业，未发生倒闭，全凭王盛林的人格信用。1929 年大盛魁危机时，王盛林派人送去两万银元，同事们坚决拒绝，认为此款无法归还，王盛林正色道：“假如 20 年前没有大盛魁的维持，天亨玉早完了，哪里还有天亨永呢?”票号经理李宏龄著书《周舟巷告》说：“区区商号如一叶扁舟，浮沉于惊涛骇浪之中，稍一不慎倾覆随之……必须同心以共济。”

（四）相机而动，灵活应变

《史记》载，春秋时人辛研，因多谋而善计算，誉为计然之名。在其经商三策中，有一条叫做“贵流通，戒停滞”。认为理财之人应当促进货物和货币的流通，还要根据商情变化“时用则知物”。什么时候需要什么货物提前准备好，以防措手不及而误了时机。要加速商品和资金周转，做到“货币欲其行如流水”。还有一条叫做“无敢居贵”，就是要追赶时限，抓住时机，果断地快买快卖，做到“贵出如粪土，贱取如珠玉”。意思是说，价高时，将手中货物像粪土一样抛售出去；价低时，像珍惜珠玉那样赶快进。古人这些高明的见解，体现了“时”与“价”的辩证关系：价随时迁。商人必须“乘时而动”才能掌握赚钱的主动权。

上海滩三个百年老字号绸布商店（协大祥、宝大祥、信大祥）之一“协大祥”，对过时的滞销商品采取果断措施，及时处理，宁赔不存，此种经营手段十分高明。一般商人都知晓“货卖一时鲜”的道理。“鲜”就是“抢先”的意思，趁时抢先上货、拔得头筹，既满足了市场求新的需求，又可显示出“人无我有”的优势。

（五）打破桎梏，与时俱进

山西省太谷县广升药店的前身是广盛药铺，约创办于明嘉靖年间。广盛药铺原是到太谷县行医的某大夫开办的，后被当地地主杜氏所侵吞。清嘉庆年间，药店改组，新增姚聚等人入股，药店遂更名为广升（聚记）药店。广升药店出售的自制中成药龟龄集和定坤丹在历史上很有名气，现在仍然驰名海内外。光绪十一年（1885 年），申化带领七家股东退出，另组成广升（远记）药店，或称广升远药店。广升远首任经理申守常精明能干，药店在他的主持下发展很快。雄厚的资本是经商的物质基础，申氏首先设法广为吸收游资，扩充药店资本，接着积极向外扩展，开设分店，如在营口、济南、重庆、烟台等地都设立了分店。此外，积极扩大龟龄集、定坤丹的销售市场，使这两种药的销售地区由原来的山西、河北、河南、广东等地，又扩大到东北、西南各省和南洋一带。有人估计，广升远从成立到 1930 年，盈利在 70 万银两以上。

（六）深藏若虚，韬光养晦

明朝初期有一个很有名的商人，名叫沈万三。明太祖朱元璋定都南京时曾召见他，命他献上白金千锭、黄金百斤。修筑南京外城时，正值国库匮乏，沈万三自恃私库富实，表示愿与朝廷对半而筑。工程同时开工，结果沈万三先朝庭三天完工，朱元璋很不高兴。沈万三仍不识趣，又申请犒赏全国军队每人银子一两（总共近百万两）。于是使得心胸狭窄、出身穷苦的朱元璋由妒生恨：“匹夫犒天子之军，乱民也，宜诛之。”朱元璋下令收沈万三重税，每亩九斗三升（平均亩产的一半多）。随后又借口沈万三修筑苏州街道，以茅山石为街石，有谋反心，派兵包围他家，要杀他。经马皇后苦苦劝谏，才改为将他流放到云南，家产充公，后仍被朱元璋杀掉。

（七）童叟无欺，公平待客

五十多年前北京海运仓有家小粮店，字号叫“天兴泰”。掌柜的姓陈，是山西人。他做买卖比较公道，尤其对老人和小孩来店买粮食特别优惠。称足斤两之后，总要叫伙计再加上半小铁勺（旧时粮店货柜架着杆秤，顾客买米面时，伙计拿起像现今大炒勺一样的工具，从面箱或米筐箩中舀起，放在秤盘上称分量，再用长把小铁勺添减。一小铁勺的米面大概有一两）。陈掌柜常向伙计们讲，凡老人来买粮食的，大都是穷苦的鳏寡孤独之人，吃上顿没下顿，给点儿照顾能积德。

陈掌柜派学徒搀扶老人上下台阶，不但可以表示对老年主顾的尊敬与爱护，而且可以避免老人因手脚不便摔倒在店内外，招来麻烦，说明他为人做事很周到。

“天兴泰”粮店照顾孩童、善待老人的做法，使周围的居民看在眼里、记在心上，他们都认为陈掌柜是个好人。传开之后，不论远近都来买他的粮食，他很快便发达起来了，接连开了三家分号：北新桥横街的“天兴隆”、东单闸市口的“天兴东”和南小街的“裕记粮栈”。一个小小的“天兴泰”从“童叟无欺”的“小惠”中获取了巨大的利润。

（八）乐中思苦，不忘当初

“斤饼斤面”是老北京街头小贩经营的大众食品，一般都是卖给出力的劳动者吃的，因饭量大，买时以斤为单位，故称斤饼斤面。

“东来顺”大饭庄摆摊子的举动深得广大群众的好感。许多来饭摊吃饭的老主顾都说：“丁掌柜到底是摆粥摊的苦出身，发了财不忘穷人。”丁掌柜听后动情地说：“我在穷人身上赔点本，可以从阔人身上找回来。”乍听这句话，还真有点劫富济贫的味道，毕竟大多数人不是出手阔绰之辈，他的这些理念至少是从维护多数人的利益出发的。既做了好事又赚了钱，还宣传扩大了自己的好名声。其实，他的大众饭摊根本不会赔钱，只是少赚而已。他在摊上的用料，都是自家大饭庄的下脚料，成本不高，这充分体现了他的精明与“会做”——会做买卖，也会做人。

（九）专注本业，持之以恒

“卖浆，小业也，而张氏千万。洒削，薄技也，而郅氏鼎食。胃脯，简微耳，浊氏连骑。马医，浅方，张里击钟。此皆诚壹之所致。”这是《史记·货殖列传》中的一段话。

意思是，卖水浆本是小本生意，而张氏靠它赚了一千万钱。磨刀本是小手艺，而郅氏靠它富到列鼎而食。卖羊肚儿本是微不足道的事，而浊氏靠它富至车马成行。给马治病是浅薄的小术，而张里靠它富到击钟佐食。这些人都是由于心志专一而致富的。

（十）智慧为本，天道酬勤

在遥远的春秋战国，诸侯割据、烽火连绵，“商圣”范蠡，无人不知。

范蠡是楚国宛（今河南南阳）人，字少伯，春秋末年的大政治家和军事家，春秋后期越国名臣。他出身微贱，但绝对聪慧，辅佐越王勾践，巧施美人计，苦心经营，精密筹划，终灭掉吴国，成就越王一代霸业。但功成名就时，他却不慕富贵，巧妙隐身而退。《越绝书》云：“西施亡吴国后，复归范蠡，同泛五湖而去。”《史记·货殖列传》又载：“后游齐国，至陶，改名陶朱公，经商致富。晚年放情太湖出水，爱好养鱼。著计然篇、养鱼经。”

计然是春秋时期天下闻名的经济学家，对治理国家的策略极有研究。他从经济学的角度来谈论治国方略，与同时代的其他人截然不同。比如，计然认为，如果一个国家要打仗，就要首先做好后勤战略防备工作，时刻准备好待用之物。如果想知晓国库物资的多少，相互对照各种物资的供需状况，就可以做到胸有成竹、了如指掌了。

第二节　生意经

经商哲学就是俗称的“生意经”，是一种简明扼要的经商理论。它随着商品经济的产生而产生，随着商品交换关系的发展而发展。经商理论在战国时期已经出现，汉代中后期形成体系，有些经实践检验行之有效，已成为商人的座右铭。

一、贱买贵卖理论

“积著之理，务完物，无息币。以物相贸，易腐败而食之货勿留，无敢居贵。论其有余不足，则知贵贱。贵上极则反贱，贱下极则反贵。贵出如粪土，贱取如珠玉。财币欲其行如流水。”（《史记·货殖列传》）就是说，必须把握市场供求与价格的变化时机，来达到贱买贵卖的目的。

马克思在《资本论》中说：贱买贵卖，是商业的规律。“积著之理”是春秋时期商人囤积居奇以牟取暴利的理论，这种商业理论符合当时生产力的发展实际和商业活动的规律。这一理论的背景是当时流行的农业丰歉循环论，也叫“平粜论”。它认为农业的丰收和歉收同木星的运行规律有关，木星在天空的相对位置，大概十二年为一个周期，木星运行的周期，就是农业丰歉的一个周期。计然之术者认为，粮食收成的规律是“六岁穰（丰熟），六岁旱，十二年一大饥”。商人掌握了这一规律就可以预测未来年份的丰歉情况而早作准备，因为农产品的价格也会有周期波动：丰年时，粮价下跌，跌到每石 20 钱，就会“病农”；荒年时，粮价上涨，涨到每石 90 钱，就会“病末”，末病则财不出。为防止这种现象，政府要平粜。商人则根据各种商品供应的时间、地域等信息有预见性地囤积商品，原则是“旱则资舟，水则资车”。商品价格的变化规律是“贵上极则反贱，贱下极则反贵”，所以买卖商品时一定要把握时机。某一商品购进与出售的时机是“贵出如粪土，贱取如珠玉”。总之，商品、货币要不断循环周转，“行如流水”，才能获取巨大的商业利润。因此，积著之理成为经商的经典理论。

二、“无财作力，少有斗智，既饶争时”理论

农、工、商三个实业中，农已被看作“拙业”，是难以用来“用贫求富”的。求富最有效的办法是经商，经商是脱贫致富的捷径。在这个问题上，桑弘羊的观点最有代表性。他认为财富都是“智者”运用术数从商品的流通中增殖出来的，即“商贾之所臻”，富国不必本农，不必力耕。他不但否定了农业是财富唯一本源的观点，还否定劳动可以致富，这是典型的商人的观点。也就是说，运用商业的不等价交换，就可以不必劳动而发家致富，利用城市的优越地理条件，就可以过上远比乡村优裕的生活。虽然为应对文学之士的指责，他也说过“富国非一道”，但事实上他却把商业看成致富的本源。

在桑弘羊看来，贫富不均是人们智愚高下造成的：“道悬于天，物布于地，智者以衍，愚者以困。”同样的天，同样的地，同样是人，有贫有贱，有富有贵，为什么？因为每个人的能力不同。贫富不均还在于个人是否勤俭。他进一步引申说：“共其地，居是世也，非有灾害疾疫，独以贫穷，非惰则奢也。无奇业旁人，则犹以富给，非俭则力也。”同住一地，共处一个世道，没有发生天灾人祸、疾病疫情，唯独你还贫穷，没有办法，不是懒惰就是奢侈。而马无夜草，人无外财，仍然富足，不是节俭就是勤劳所得。因此，他反对接济贫穷，认为怜悯不工作的人是“养惰奢之民”，如果无条件、无限制地任意赐予，不能称之为“惠”，而惠及不劳而获的恶人不能称之为“仁”。商人经营的关键是“运之方寸，转之息耗，取之贵贱之间”。当然，桑弘羊贫富不均的观点是错误的，也是片面的，是商人阶级的庸俗观点。

在私有制条件下，“富无经业，则货无常主，能者辐辏，不肖者瓦解”。因此，经商也要兢兢业业，时刻把握发家致富的诀窍。通常的秘诀是：“无财，作力；少有，斗智；既饶，争时。此其大经也。”无本难求利，在没有本钱的时候，首先要出力，虽然古人还没

有出卖劳动力的说法，但卖力气挣钱还是懂得的。如果掘得了第一桶金，就有了本钱，经营买卖就要斗智斗勇了。积储到了更多钱的时候，就要与时争利。“争时”的学问是“暗处”要囤积居奇，贱买贵卖；“明处”要与世争利，交结权贵，垄断经营。这是“贤人”们勤勉治生的秘密。搞远途贩运（即行商）要“百里不贩樵，千里不贩籴。居之一岁，种之以谷；十岁，树之以木；百岁，来之以德。德者，人物之谓也”。这里所说的“德”，就是培养人才，就是当“地主”，充“善人”，做“义人”，以小恩小惠笼络人心，进行地租剥削，与官僚地主共同榨取农民及手工业者的剩余劳动价值，这样也可以乐比封君。经商致富后，把过剩的资本投入到土地上，已是常规的做法，这条经验的重要性已经上升到“政治”高度，即与用武力夺取天下、用文治巩固江山的道理相提并论的高度。“以末（经商）致财，用本（农田）守之；以武一切，用文持之。变化有槩（概），故足术也。”

三、财多光荣理论

西汉中后期，世风再次大变，原来的“军功”阶层及刘氏王侯贵族在汉武帝“推恩令”下渐趋瓦解，在吕后“二年律令”实施半个世纪后，小土地所有者的处境是“法律贵农夫，农夫已贫贱矣；法律贱商人，商人已富贵矣”。儒家取得正统地位，贤良文学之士也不能轻易挤入达官贵人之列，而是“何以孝悌为，财多而光荣”。孔仅、东郭咸阳、桑弘羊、张骞等皆以财富得缙绅。所以，司马迁说：“凡编户之民，富相什（十）则卑下之，伯（百）则畏惮之，千则役，万则仆，物之理也。”所谓“物之理”，就是一种不可抗拒的客观规律。这种以财富的多少来决定社会地位，即决定人们的奴役与被奴役关系的新的等级关系，是与当时新的土地私有制相适应的。反映新富有者政治特权或权势的民谚已在街巷流传。如说：“千金之子，不死于市。此非空言也。”又说：“千金之家，比一都之君；巨万者，乃与王者同乐。”正因为如此，“黑社会豪富”郭解才能请托大将军卫青为其开脱，“劳改犯”宁成才能发财后与家乡郡县分庭抗礼。这种“用贫求富”的热潮，使太史令也不得不感叹：“夫千乘之王，万家之侯，百室之君，尚犹患贫，而况匹夫编户之民乎！”于是，被长期贱视的商人阶层在前 2 世纪初期，居然成为不可忽视的重要社会、政治势力，所谓“大者倾郡，中者倾县，下者倾乡里者，不可胜数”（《史记·货殖列传》）。

四、善者因之理论

这是司马迁提出的士、农、工、商四业宏观经济政策。对商人来说，如果生不逢时，即便你有十八般武艺也难敌政府歧视商人的政策。“善者因之，其次利道之，其次教诲之，其次整齐之，最下者与之争。”按照《史记》成书时的历史阶段划分，可以分为上古时代、中古时代、近代、当代。具体来讲，“善因之”就是顺其自然，不去干涉“匹夫编户之民”的求利活动，这才是治国施政的上策，可以使“人各任其能，竭其力，以得所欲”，使“各劝其业，乐其事，若水之趋下，日夜无休时，不召而自来，不求而民出之”。

司马迁、桑弘羊的经商理论在汉代很有市场。二人的经济思想一虚一实，一理论一践行，看似难懂，实则是他山之石。这与西方凯恩斯主义（主张政府主导干预经济）和亚当·斯密主义（主张遵循市场经济规律）有异曲同工之妙。亚当·斯密认为，谋利是人类一切经济活动的出发点，每一个人都知道采取最有效的办法获得最大的利益，都知道怎样利用自己的主客观条件以收到最佳的效果。趋利避害就像背后有一双无形的手在推着自己走向最有利的途径，一切都是自然而然的。

第三节　商业道德

商业道德是一个历史范畴，作为一种意识形态，不仅为一定的社会经济和文化所决定，且有反作用，对商业活动具有重要的指导意义。“商德”狭义上是指古人在商业活动中处理买卖双方关系的行为规范；广义上是指古人在商业活动中，处理自己与国家、自己与消费者关系的行为规范。商德产生于先秦，形成于西汉，发展在明代。爱国、勤俭、廉洁、诚信等在汉代已是商德的核心理念。后来经历十余个世纪的沉默，直到明代中后期，商德的内涵又获得了丰富，主要表现为当时刊行了一批总结经商经验与用于培训商德教育的书籍。这一发展历程符合中国商业文化发展的规律。简言之，老辈的商德可用三个字概括：爱、信、和。

一、爱国

“工商食官”时代，国家或民族的利益高于商业利益，所以爱国位居商德第一位。春秋时，“犒劳秦师”的郑国弦高、义救“父母之邦”的子贡、“富好施仁义”的陶朱公、“薄饮食，忍嗜欲，节衣服，与用事僮仆同苦乐”的“商祖”白圭、“树人”的吕不韦、西汉“裸捐”的卜式等，都是践行爱国的模范。

弦高犒师救国的故事发生在郑穆公（姬兰）元年（前 627 年），是年其父郑文公及强邻霸主晋文公先后去世，秦想趁机灭郑；郑国处在右洛、左济、前华、后河之间，水道四通八达，当时成为各国必经的要津，战略地位重要，故秦晋争夺激烈。因郑、晋两国都有国丧在身，王位初立，秦穆公趁机派“五羊大夫”百里奚的儿子孟明视和蹇叔的儿子西乞术、白乙丙三将率军偷袭郑国。秦军已到洛阳东部的滑地，郑人还不知道。商人弦高和蹇叔恰巧到洛阳经商，遇到秦军，他们相与谋曰：“师行数千里，数绝诸侯之地，其势必袭郑。凡袭国者，以为无备也。今示以知其情，必不敢进。”乃娇郑伯之命，以十二牛劳（犒劳）之。秦军三帅也相与谋曰：“凡袭人者，以为弗知，今已知之矣，守备必固，进必无功。”[①] 与此同时，弦高还速派人回郑国报信，郑穆公及时赶走秦国间谍，并与晋国联合，在秦军还师而返到淆关时，击溃秦军，俘获三子。

郑国因弦高的爱国义举得以保存，郑穆公以存国之赏赏赐弦高，弦高却请辞道：“诞

---

① （汉）刘安：《淮南子·人间训》，广州出版社 2006 年版，第 207 页。

（诈）而得赏，则郑国之信废矣。为国而无信，是俗败也。赏一人而败国俗，仁者弗为也。以不信得厚赏，义者弗为也。”弦高随后率领自己的商帮迁移到东夷，再也没有回来。后世之人大多对弦高的爱国行为津津乐道，而对弦高辞赏知之甚少，从道德层面讲，他辞赏的高风亮节更值得表彰。

高尚道义的事迹是可以传承的，古今通例。据载，前597年，晋楚邲（音必，今河南荥阳东北）之战时，晋国的荀罃被楚国俘虏。郑国有商人正好在楚国经商，“密与罃谋，将真诸褚中而出”，计谋还没有实施，楚国便释放了荀罃。后来，郑商到晋国经商，荀罃善对他，害怕他说出自己曾被俘虏的实情，让郑商如密谋的一样说是他救的，郑国商人回应说：“吾无其功，敢有其实乎？吾小人不可以厚诬君子。”郑商随后去齐国，不留姓名。荀罃背叛祖国，还以利引诱郑商为其行为隐瞒，而作为一介平民的郑商，在大国角逐中，为本国利益，出手救友邦大臣，其智谋和行义很高尚，不是见利忘义之辈。

二、诚信

诚信是经商者的核心价值观。在中国，最早记载诚信的书是《尚书》，书中有言：“允恭克让，光被四表，格于上下。”（《尚书·尧典》）《尔雅》释：“允，信也；允，诚也。”意思是说，尧帝诚信恭谨，推贤让能，光照四方，道通天地。商人的始祖商汤对臣民承诺：“尔无不信，朕不食言。”（《尚书·汤誓》）这说明三皇五帝时已把诚信作为治邦安国的理念之一。

先秦诸子也多次提到诚信。“意诚而后心正，心正而后身修”（《礼记》）；“民无信不立”，“信，国之本也”（《左传》）。孔子也说过“人而无信，不知其可也”。又说：“巧言令色，鲜矣仁。”子思在《中庸》里，把诚信提升到了哲理层面，提出“诚者，天之道也，诚之者，人之道也”。孟子把孔子的“朋友有信”与“父子有亲，君臣有义，夫妇有别，长幼有序”并列，从伦理上把诚信变成整个社会关系的道德基准。荀子又把孔孟的这一理念扩展为商贾、百工、农夫等各种职业的道德准则，最终提升了诚信的社会属性。

商行中，商人们践行“诚信无欺”。孔子对子贡巧辩常常呵斥，对子贡的教育是“信”。郑国子产提出“市不二价”，管仲提出“非诚贾不得食于贾”，吕不韦首创“物勒工名”制，桑弘羊在盐铁官营中实行“规格”制度，这些都是诚信在商德中的体现。历史上用专篇论述诚信的是吕不韦主持编写的《吕氏春秋》：“信而又信，谁人不亲？信立则虚言可以赏矣。虚言可以赏，则六合之内皆为己府矣。”认为君臣、官吏、赏罚、交友、各种工匠不诚信，会造成严重的后果，提出“夫可与为始，可与为终，可与尊通，可与卑穷者，其唯信乎！信而又信，重袭于身，乃通于天”。如果靠诚信来治理人，那么滋润大地的雨水和甘露就会降下来，寒暑四季就会得当了。吕氏把诚信比作雨露，是祥瑞降临的体现，这比儒家务实多了。长孙无忌的《唐律疏议》从法律层面确立诚信是商人的重要行为规范，如工匠在制造器物上必须“物勒其名，以考其诚，功有不当，必行其罪”。在“医违方诈疗病而取财物”罪条，其处罚是“以实加犯盗窃罪论处”。诚信从道德领域走上了法律舞台。

历代商业行会的自律规范中，诚信是商贾必备的品德之一。所立规范“童叟无欺”“货真价实”“市不二价”“买卖公平”，既是价值规律的根本要求，也是商德的基本价值理念。社会普遍认为，遵守货真、价实、量足、诚信、孝廉、诚勇的商人，才配称“廉贾”“诚贾”“儒商”，否则，就是“奸商”“贾竖”“趋利之徒”。

三、和气生财

和睦有礼、乐善好施是处理同行邻里的中和之道，“和”（合）还蕴含以对消费者负责为重点的理念。对服务对象，价格上要价实，质量上要货真，计量上要量足，服务上要守义。和睦有礼在商德上集中体现在“和气生财”的格言上，它是处理同行和顾客、家乡邻居相互关系的商德原则。这一点，商人吸取了儒家“君子爱财，取之有道”，“天时不如地利，地利不如人和”的思想。

当然，“货是草，客是宝”，“买卖不成仁义在，一团和气富自生”，“经商有道，奉公以廉”，“美言成交易，信誉招千金”等商德格言，也不是每个经商者必须具备或必须遵守的金科玉律。现实生活中，以保护商业机密为借口，特别是前店后坊的手工业生产者希望以“祖传秘方”“家传绝技”来保障一家一户在激烈的商场竞争中的胜利，背离道德的言行也存在。这种技术保密涉及各行各业，是古代商德的致命弱点。

明清时出现的学徒制度，由技术工匠教授徒弟，但师傅所传都是一般技术，而特殊的绝技则是父子相承，秘不示人的。常言说，授人以规矩，而不授人以巧技。即便是家传绝技，奉行的也是“传男不传女”。如清代浙江归安（吴兴县）生产一种“绫”，用散丝织成，“有花有素，有帽顶绫，有裱绫，装潢画幅，造作人物所用，以东庄倪氏所织为佳，名倪绫。奏本面用绫，上有二龙，惟倪姓所织龙眼突起而光亮”，可见其纺织技艺精绝而巧妙。然而，倪家有条家规：“其法传媳不传女。”河北永清地区的居民，以柳条编织成升、斗等量器，“器良易售”，具有“巧术”。可是，凡会这种草编量器技艺的人家，其技法均传男不传女，“恐女子嫁别村，转授夫婿”。重农抑商思想反映在伦理上表现出的是重男轻女观念，这种小农思想，与商人诚信、勤俭、乐善等品德有天壤之别。

商人敢于冒险、勇为天下先的精神也是值得提倡的，对“安分守己”“节欲”“无为”“无争”等消极观念应抛弃，后者使人们对竞争、进取、财产、货币等有着一种罪恶感及恐惧感，破坏了人们在职业活动中勇往直前、建功立业的信心。

第四节 营利术

一、奸商营利术

封建“县官”（政府）的商业经营术是指封建商业攫取利润的手段。马克思主义者认为它是侵占和欺诈，具体表现为超经济剥削、垄断渔利、赊卖、欺骗。

（一）超经济剥削

封建商业的剥削对象是生产者、消费者及从事商业活动的劳动者，奸商对他们进行超经济强制的封建剥削。

对生产者，商品交换是不等价交换。商人在中间贱买贵卖，使价格长期地、大幅度地脱离价值。商人在对小生产者进行的不等价交换中，凭借的是在封建关系中的优势地位。这在《贾客乐》中有形象的描述。

对从事商业的劳动者，大多有超经济强制的因素。在学徒制度中，有师徒名分。在伙计制度中，有主仆名分。师徒和主仆这两种关系在中国的传统文化中多杂有宗族和乡土关系，并且戴上了仁义礼智信的道德面具。所谓“一日为师，终身为父”，从道德上强化了二者之间的关系。在福建沿海地区，明代的有些商人乘人之危，收养别人的儿子作为“义子”，以便利用封建的宗法关系进行盘剥。这种“义子”长大之后，被商人役使，出外四处经商，“往来冒霜露”，以至于“出没巨浸，与风涛争顷刻之生”，使商人的儿子得以坐在家中，“安享其利”。

驱使奴隶从事商业，在商代就已经出现。直到明清，驱使奴仆经商的事迹仍然有残留。《杨园先生全集》载：明代淳安地方徐氏寡妇，分家时只分得仆人阿寄。她把十二两银子交给阿寄，佣他经商。“（阿）寄则入山贩漆，期（周）年而三其息。”清代贵族驱使奴仆经商是普遍现象。奴主往往给经商的奴仆限定了很高的利润额，如果奴仆不能按时交纳，就要受到毒刑拷打。

（二）垄断渔利

商业经营上的垄断，产生的时间也相当早。《国语·晋语》中的“工商食官”制度下，在经营上已经存在垄断，并不是从孟子的“贱大夫”才开始有。封建时代，商业中的垄断渔利仍然是重要的手段之一。“官商”不用多说，所谓的自由商人即私商，在经营中也是勾结官府和凭借行会而进行垄断。《汉书·货殖传》记有西汉末年，罗裒（音杯）重贿大贵族曲阳及定陵侯，依仗他们的权势，独占盐井经营，攫取厚利。商人凭借行会的势力进行垄断的现象也是史不绝书。特别是行会由官设后，垄断经营就不但是凭借官府的行政权势了，这时的垄断经营具有超经济强制的属性。清代，随着行会势力的发展，商业行会的会规甚至到了超过国家法规的地步，有割据地段、分头垄断的行帮规定。

（三）赊卖

商业经营中的赊卖赢利，在秦末汉初已经存在，且是比较普遍的现象。苏轼说过：“夫商贾之事，曲折难行，其买也先期而予钱，其卖也后期而取直（值），多方相济，委曲相通，倍称（乘）之息，由此而得。”虽然他用商人的经商手段多变作为反对王安石均输法的借口，但也间接说明宋代商业中不仅存在赊卖，而且大量从事予买，来作为商业经营中与高利贷结合的具体手段。赊卖的价格远高于市价。作为赊卖手续，要订立契约，并需要有保人担保；如果过期不还，保人负有偿付货款的责任。赊卖不仅盛行于内地，而且通行于内地与边疆的互市贸易中。

商人在商业赊卖经营中还与高利贷结合，一般在每年春天青黄不接时，当农民或手工生产者遇到无法抗拒的生老病死的紧要关节，贷给现钱或杂粮，或者利用劳动者在生产上缺少本钱的时机，付给一些现钱，从而压价预购生产品。这样，商人既可控制货源，又可从预购价格与市场价格的差价中，获取高利贷利息，牟取双份厚利。《广东新语》载，商人在春天把“糖本”付给蔗农，冬天低价取糖，获利不少，因而“多以致富”。清代在纺织行业中的包买制度，就是这种经营形式的又一种新情况。但必须指出的是，今天在某些地区实行的订单农业，虽然也有预购，但是它是在双方比较平等的情况下自愿签订的合约，建立在市场信息公开的环境中，因此，两者的性质是不同的。

（四）欺骗

商人在买卖活动中多用欺骗手段，因此背上了“奸商”的骂名。早在战国中后期，《管子》的作者们就主张“非诚贾不得食于贾”，反对商人的狡诈行为。汉代人对商人就已经形成了“商则长诈”的说法。商人虚伪狡诈，“漫天要价，就地还钱”，瞒天过海的手段很高明。在交易中，奸商在所卖商品上，以次充好，以假充真。在所用的货币上，以低成色银两充高成色银两，以小钱充大钱，以假币充真币。在所使用的度量衡器上，斗有大小，买进用大，卖出用小；尺有长短，或用臂裁，或用步量，曲折以度，不一而足；秤杆有空实，充有水或水银，高下其价；秤锤有轻重，买进用重，卖出用轻……可谓花样繁多，防不胜防。另外，还有搭配销售、托市诓骗及合伙炒卖等欺骗方法。

以上手法，在实际经营中相互作用、相互联系，作为一个整体才能达到目的。一般来讲，商人在同小生产者做生意时，采用超经济剥削、垄断渔利与赊卖，贱买贵卖，进行不等价交换，直接榨取小生产者的剩余劳动，以及部分必要劳动所得。

当然，封建商业活动也有它积极的一面，商人赢得利润也有合情合理的部分。成功商人的秘密并非短期的欺诈行为，而是依赖于有效的营销策略。否则，商业文化也不会像其他文化现象一样存续下来，它肯定还有我们可以继承发扬的东西，在此给予概括以供后人借鉴与探索。

二、良贾营利术

（一）进货

进货及时和适销对路是决定营业兴衰、利润盈缩的一个基本环节。具有批发零售性质的商号都非常重视进货业务，在进货上以多利好销为原则。对利润大的、容易出售的商品，一般以上一年的销售量为基础来进货，考虑市场变化和库存情况再打折扣最终确定进货数量。对市场上奇缺的商品，则采取“抢购、多购、独卖、多赚”的做法。对数量零星、花色规格多变的商品和新开发的商品，采取“勤进、少进、多样”的做法。对货源充足的商品，则采取“随进随销、细水长流”的做法。在进货时间上讲究“货赶头先”“宁让货等客，不让客等货”，对有季节性的商品是季前备好、季中补充，季末只甩卖不进货。

进货渠道依据经营商品、营业性质、规模大小、交通条件的不同，也有所不同。大致说来有：从产地直接进货；从当地工场或批发商处进货；设场自制加工；从外埠或商品集散地进货；从外国或洋行直接进货。

进货办法一般有派人选购、函购、联号代销三种形式。对季节性强、花色复杂、必须当面选看的商品，采取派人选购的办法。对大路货，价格、质量、销量变化不大的，或者产地远、双方已经有来往关系的，就不必派人去，大多采取函购的办法。对有联号地区的商品，拟订好要货清单和样品，多采取委托联号代为购销的办法。

（二）销货

销货是商号实现利润的中心环节。各店铺都想方设法招徕顾客，以增加销货。较大的零售商店的销货方式主要有门市销售、送货上门、函售、代客加工等方式。

门市售货是销售的主要形式。顾客进门后，店员立即跟上，要什么给拿什么。商号强调任顾客随意挑选，不怕麻烦，还要笑脸相迎，达到成交的目的。对看货未买或者专到店里来游览的顾客，注意“买卖不成仁义在”，不要得罪他们，以期望将来成交。殷勤接待，但分等级行事。这里的差别有招待喝茶、招待糕点水果、挽留用餐。对带小孩子的顾客，要先安排好孩子，如给糖果、玩具等，以使大人安心买货。

对“阔主顾”所需商品，可以送货上门。有的商号设有“走街”，对于那些既富且贵的人家，每逢主要成员的生日、婚、丧、嫁、娶都会主动送货上门。有的商号还专设函售部，办理卖货业务。

（三）竞争

在商业竞争中，各商号除有上述“优质服务”外，还有赊卖和发行礼券，进行促销。赊卖的对象仅限于常客、富有的顾客。他们凭商号所发的所谓“优惠券”购货，有的不必付现款，定期结算。顾客手拿“折子”（优惠券、名牌）炫耀其“名流社会身份”，诱惑亲朋好友去购买，商店则可以多卖货。有的发行礼券，由于礼券不能挂失，如果遗失、损毁或过期，商号则可不用付货。还有对购货多的顾客送奖券、彩票及赠品等手法。

在竞争中还出现了“明码实价”“包退包换”等承诺。在交易中，一般是“漫天要价，就地还钱”，还要经过“三捆三丢”的心理较量。即顾客还价未成交时，店家故意先放顾客走，然后再叫回来，如此者再三，买卖双方才能成交。这时顾客往往要付出不必要的高价，原因在于顾客不了解行规，或者店家从言行举止、穿衣打扮上判断出顾客是个过路客。店家在费尽口舌后，会以假充真，以次充好，缺斤少两，货物出门概不退换，使顾客遭受损失。而商号标榜的“明码实价”“包退包换”的做法，目的在于使顾客相信不会付高价，不会买假货，从而达到多招徕顾客的目的。

（四）时机

俗语说：“机不可失，时不再来。”时间就是金钱，买卖必须掌握时机，“趋时观变”，

“与时逐息”，“买必随时，卖需当令”，这些多是指买卖时要随着时令的变化进行调整，在出手时要把握准确。那么怎样才能做到“该出手时就出手”呢？

1. 信息搜集

通过对市场信息的调查，及时根据市场的需求调整经营方向以获取高额利润。行商在选择贩货地点和贩运何种商品时，首先要对各地的物产、物价、商品质量、运输条件、牙行优劣等商业情报作一番分析，充分利用地区间物价的差异进行贸易。在确定经营方向之前，也会对当地各行业的营业状况进行调查，分析市场行情，再根据自身的特长选择经营项目。对市场信息的了解是否及时而准确，是贸易能否成功的前提。所谓“知己知彼，百战不殆”，也适用于商场。明代的徽商，足迹遍布中国，他们对“趋时逐息”的认识更加深刻，认为“古之货殖者，必因天时，乘地利，务转毂与时逐，毋系一隅”（《太函集》）。市场需要什么，就经营什么，这是经商逐利的首要前提。

2. 经验积累

《道德经》讲：“欲贵者以贱为本，欲高者以低为机。”古代商人以此注释市场物价变化的规律，认为“凡货极贱时，终须转贵；快极时，决然有迟”（《士商类要》），把握最佳贸易时机，便是在价格的涨落之间寻找最佳买卖时点，以获取最大利润。对时机的把握，规律之一是顺价逐利。即在物价看涨时及时购进，当涨幅达一定程度时卖，至物价看跌时，停止购进。这便是所谓“迎头快者可买，迎头贱者可停”。规律之二是囤积居奇，待价而售。即在物价下跌至极低点时，大量购进囤积，待物价回涨上扬至一定程度时，才趁机以高价抛出。这种办法对于资产雄厚的富商大贾特别有利，既可避免风险又可发扬其资本雄厚的长处进行商品囤积。

3. 心理素质

商人要想把握准贸易的最佳时机，不仅需要丰富的贸易经验，还必须具备较强的心理素质：一要沉着镇定，二要当机立断。即在市场行情千变万化的复杂情况下，“如逢货贵，买处不可慌张。若遇行迟，脱处暂须宁耐”。同时，要求商人“买卖虽投于经纪，主意实出乎自心”，在决策时做到胸有成竹，不受外界因素干扰，当断则断，以免坐失良机。白圭说的“趋时若猛兽鸷鸟之发”就是此意。

（五）公关

“察言观色”“背恶向善”是古代商人协调公共关系的策略。商人在经商过程中必然会遇到形形色色的人，稍有不慎，便会上当受骗。故商人将“慎识人”视为前提，选择贸易伙伴“必须合契”，做到知己知彼。

选择经纪人，要相物、相宅、相人，不可听其花言巧语，“须要察其言貌行为”；还有所谓“礼貌谦谀，心中叵测”，“口是心非难与处，为人犹己可相亲”等经验之谈，商人要仔细观察别人的衣、食、言、行，以此辨别善恶，背恶向善。同时，商人以“善待他人”来协调公共关系，“不可因势凌人，因财压人，因能侮人，因仇害人”。贸易伙伴之间，力求同心协力，切忌猜疑。

对待经纪人，则做到“有势主家，宜以必结；无钱牙侩，要在利予”。以诚相待，以礼相待，以利共赢，才能取得经纪人的精诚合作。

对待各级官吏，更要“是官当敬，凡长宜尊”，适当的感情投资，自然会赢得意想不到的效果。有眼光的商人，总是同政府各部门竭力合作，行商“告引”，坐贾“占籍”，按时纳税，遵纪守法。商人甚至千方百计巴结官吏和权贵，凭借官府的势力享受专卖权以及减税、免税等特权。前述西汉时著名的富商卓氏，便是取得了当时的权臣邓通的支持，获得蜀地开矿铸钱的特权，由此发家。自商业产生之日起，官商相通、钱权结合便一直是社会的一大弊病。

顾客是商人的衣食父母，对顾客要笑脸相迎，殷勤接待。原则是童叟无欺，和气生财，公平交易，诚信经营。如明朝徽商吴南坡称：“人宁贸诈，吾宁贸信，终不以五尺童子而饰价为欺。”由于他以诚取信于人，故四方顾客都争购他的货，甚至在市场上只要看到货物的包装上有“坡公”字样，便十分放心，持货便去，毫不担心货物的精恶长短。明末传奇小说“三言”“二拍”中记载了许多商人发家的故事，其中很多以“物价公平”“做生意甚是忠厚”“为人公道”等享有信誉，生意越做越红火。

（六）综合经营

两宋时，商人已经注意综合经营，且达到了封建社会的高峰。茶馆为了吸引顾客，各有特色。有的在店内设有浴池。有的兼营教坊音乐，叫做“挂牌儿”，在酒楼、茶馆、旅店等的店铺内部陈设上，想方设法“勾引观者，流连食客”。有的插四时花卉，挂名人绘画。有的设花架，安放杉、桧等稀有树种。所用器皿，则力求新洁精巧，引人注意。东京、临安城里的酒楼、饭馆，商家点菜、传菜、上菜，任凭多人千呼万索，所要菜肴品种繁多，各不相同，但是店小二可以准确记忆，传唱如流，及时供应而不会发生差错。

课后习题

1. 什么是商道？商道文化的起源是什么？
2. 为什么要学习商道？如何理解商道即人道？
3. 中国传统的商道文化内容是什么？

拓展学习

1. 阅读书籍：《中国商道》，翟玉忠著，中央编译出版社，2012 年 5 月出版。
2. 观看中央电视台访谈节目《商道传奇》。

第六章　商　策

学习目标

1. 了解中国传统商业策略的内容。
2. 了解中国古代的广告和招幌形式。
3. 了解我国传统商业合同。

本章导读

中国古代商人在经商过程中，形成了许多行之有效的商业经营策略，不管是对商品的统计、财务的管理还是商品的广告和包装上都有许多创意，这些发明创意在丰富中国传统商业文化的同时也为世界商业文化作出了贡献。

思考讨论

1. 什么是商业经营术？
2. 中国古代的包装和装潢有什么特色？
3. 中国的商业合同有什么特征？

第一节 古代会计

“零星算之为计，总会算之为会”，是为“会计”。周代已经出现专门管理会计的官吏，他们掌财物赋税，一般进行月计、年会。中国商人的会计技术，大概是从口算、指算、数算、筹算、珠算、写算等发展到今日的电算技术。

一、神奇的数与数字符号

在阿拉伯数字没有传入我国之前，先民用什么符号计数呢?《庄子》说：“昔者容成氏，大庭氏，中央氏，轩辕氏，伏羲氏，神农氏……当是时也，民结绳而用之。”《易》中说：“上古结绳而治，后世圣人，易之以书契。”上古人们结绳记事，到圣人图画“契”完成了由具象到抽象的演变历程，这就是数字符号的产生。“契，刻也。刻识其数也。”因此，有人认为文字的发明首先是从数字符号开始的。

现今我国广泛使用的阿拉伯数字 1、2、3、4、5、6、7、8、9、0，流行天下也不过百年的历史。它与罗马数字Ⅰ、Ⅱ、Ⅲ、Ⅳ、Ⅴ、Ⅵ、Ⅶ、Ⅷ、Ⅸ、Ⅹ都是 13 世纪传入的，但在当时未对我国的记数方法产生影响。

关于数的起源有不同的说法。郭沫若认为，古人用手指表示数目，逐渐形成了汉字的数字。郭先生研究甲骨文有功，写诗出名，“横书”一说却有些主观臆测。科学的说法是，汉字的数字与生产劳动有关，是汉民族在原始计数活动中逐渐产生的。远古时代，人们除用手外，还用玉贝、结绳、竹木等作为计数的工具。甲骨文的“数”字表示的正是结绳计数的形象。“数”字的繁体字，左半部写作“婁”，是一串绳结的象形，表示结绳计数；右半部写作“攴”，其上部为“卜”，下部为“又”，表示用右手摆弄什么东西来进行占卜。

古代计数工具主要是竹制的，从“算”“筹”等字的部首“竹”字头可以看出来。汉字的一、二、三、廿、卅等字，便是小木棒数字的象形；“算”字的象形意义正是用眼睛看着竹制的小木棒的形状来计数。繁体“算”字由两个“示”字组成，“示”字的象形是天上的日、月、星三光。几乎所有带有神秘的色彩的汉字，差不多都有一个“示”字的偏旁。因此，计算的原始含义应当与天象的记录或描述有关，也与祈祷、占卜等神秘活动相联系。由此可见，数字的起源或计算的初始目的，并不是简单地出于分配兽肉的需要（这用眼睛便能看出是否公平），而是与原始的神秘哲理密切相关。

今天，简化的汉文数字“一、二、三、四、五、六、七、八、九、十、百、千、万”，正是由甲骨文演化而来的。甲骨文是商人的发明，是中国文明史的开始。随着古人认识的深入和思维的发展，汉字数目字不断增加，如高位数的数目字亿、兆、京、垓、秭、穰、沟、涧、正、载等，也在日常活动中使用。

目前所能见到的最早最完整的数字起源理论，是老子在《道德经》中提出的“道生一，一生二，二生三，三生万物”。老子的哲理思想并非凭空而来，而是有其祖述师承。

他在《道德经》中多次提到“圣人云”，可惜尚无人考证出这位“圣人”是谁。

春秋私学开始盛行，私学中的算学课已经教授四则运算。子夏曾问于孔子：“天一、地二、人三，三三如九。九九八十一，一主日（像天干），日数十，故人十月而生。”① 当时的加法称作“并”，得数之和称作“都数”；减法称作“减”，所得之数称作“余”或“差”；“乘”字本是指四马所驾的车，由于有一个固定的基数“四”，所以逐渐用为乘法的运算方法；除法称作“除”，除数为“法”，被除数为“实”，所除的结果为“商”。

二、捏合言价术

由于人类劳动主要是用手，所以人对手的认识也比对其他器官的认识要深刻得多。一只手有五个手指，一双手则有十个手指，于是，五进制和十进位制便顺理成章地为我们祖先所采用。最迟在商代，十进制成为通行的办法。时至今日，用手指计数或用手指作为计算工具进行交易，在中原和西北地区仍然留存。

唐朝人把捻聚、说合叫“捏合”。诗人李畋《题金刚》中说：“扬眉怒目恶精神，捏合将来却是真。”在唐代的草市上出现了说合买卖的中间人，叫“牙人”，也称“牙保”“牙侩”“牙郎”“牙商”。民间称为“经纪人”“说合人”“吃牙行的”。至今在中原南阳地区，从事牛羊买卖的经纪人也称“牛行户”，捏价称作“捏码子”“摸手”“掏袖口”。它酷似打哑语，又像北方地区喝酒时划拳猜枚，都是握手言数。“划枚”的特点是于两人之间互相报数，手指与所报的数字相合者赢，不合者输，两厢都不合则继续叫合。只不过划拳时亮出所出手指，捏价时在袖筒中或口袋等有遮挡的情况下进行。一般来说，在非正规的交易活动中，人们最常用又最方便的计算方法是口算，最简便的计算工具就是手指了。在交易的讨价阶段，捏指在于两人之间，旁观者无从知晓下进行，特别是牲畜交易市场上，牛马成群，人声鼎沸，交易双方于袖口里互相伸屈手指，你来我往讨价还价，仿佛置身世外，除了利，还有情在，所谓“买卖不成仁义在”，一切都在不言中。有人赞说：捏价，古老而文明，传情而达远。

唐代捏价的情形难以考证，而今流传在黄河两岸的指数约定是：一是伸拇指，二是伸食指和中指，三是伸食指、中指、无名指，四是伸食指、中指、无名指、小拇指，五是五指全伸，六是伸拇指和小拇指，七是拇指与食指、中指捏在一起，八是伸拇指和食指，九是食指做勾，十是伸出一拳。这是关中地区的习惯表示法，中原地区大致相同。在习惯的约定中有伸食指和中指表示二的，有屈食指伸其他四指表示四的（或屈小拇指伸其余四指表示四）。在山西吕梁地区，捏价一般用右手，数目表示与山东地区有差别，“六”是将拇指、食指捏在一起，其余弯曲回去，所以晋人有“撮六，捏七，叉八，勾九”的说辞。在青海、甘肃的撒拉族等民族中，也有摸指言价的习俗，他们的方法是捏住食指表示一、一十、一百、一千、一万，捏中指表示二、二十、二百、二千、二万，再加无名指表示三、

① 王盛元：《孔子家语通解》，译林出版社 2014 年版，第 250 页。

三十、三百、三千、三万，再加小拇指表示四、四十、四百、四千、四万，捏住五指表示五、五十、五百、五千、五万，捏住拇指与小拇指表示六、六十、六百、六千、六万，捏住拇指与食指和中指表示七、七十、七百、七千、七万，拇指与食指展开表示八、八十、八百、八千、八万，食指弯曲表示九、九十、九百、九千、九万。交易双方在衣角下、袖筒里、草帽下，伸胳膊摸手，以手语代言，秘密讨价还价，公平交易，今天看起来老土的交易形式，却是古人交易的活化石。

三、算码、密码与暗语

我国古代的计数符号可分为两个系统，即算码系统和数字系统。

算码主要用于商业活动和算学的统计与运算，有纵、横两种方式，二者间隔使用。凡是个位、百位、万位，以纵筹表示，十位、千位以横筹表示，十万以上类推。

南宋出现了算码，算码的产生关键是符号“0”的发明。在南宋蔡沈的《律吕成书》中，把 118098 用文字表示为十一万八千口口九十八。这“口口”即代表空百，通常一快便写成 0 了。大约江南在南宋末，北方在金末元初，数学著述中都出现了“0”的符号，这就是后世所说的苏州码子。在阿拉伯数码字推广使用以前，我国数学上的演算、商业上的会计都用这种算码。

不过，封建时代官场贪污盛行。据记载，唐代已经开始使用所谓繁体汉字数字，但并不强制实行。明初，户部侍郎郭桓侵吞公款，贪污钱粮，案发后，朱元璋责令大臣制定一系列经济法规来杜绝漏洞，其中一项便是把记录钱粮的数目字，从原来较简单的“一、二、三、四、五、六、七、八、九、十”，改为较复杂的“壹、贰、叁、肆、伍、陆、柒、捌、玖、拾”。因为笔画多不容易涂改作弊，有利于加强财务管理，从那时一直沿用到今天。

在商号中，为了保密，还通用一种暗语，各行业不尽相同，但大致可以概括为十个字：天、地、光、时、音、律、政、宝、畿、重。用这十个字分别代表数字的一、二、三、四、五、六、七、八、九、十。含义是：天为一是因为老天爷最大；地次之，为第二；光为日、月、星“三光”；时为春、夏、秋、冬四时；音为五，是古代宫、商、角、徵、羽五个音阶；律代表六，起源于六种古乐器，即黄钟、士簇、姑洗、蕤宾、夷则、无射；政代表七，指日、月、水、火、木、金、土或北斗七星；宝代表八，是因为中医药里用的景天科、蝎子草等八种多年生肉质草本，通称为“八宝”；畿是先秦时期的行政区划名，分别是侯、甸、量、采、卫、蛮、夷、镇、藩九畿；重是重复之意，即一的重复数，九加一为十，完满足额，因此为十。

还有一种理论是阴阳家的学说，指天数与地数。一般来说，奇数一、三、五、七、九，和为 25，称“天数”；偶数二、四、六、八、十，和为 30，称“地数”。

明清为商业服务的银行相对发达，为了保护自己的商业秘密和垄断经营，金融业者独创了自己的行规。如山西票号创造了一套用汉字代码的保密法，作为汇票签发的时间与银两数额的密押。

月数代号："谨防假票冒取，勿忘细视书章"12个字作为一年12个月的代号。

天数代号："堪笑世情薄，天道最公平，昧心图自利，阴谋害他人，善恶终有报，到头必分明"30个字，作为一个月30天的代号。

银两数目与单位的代号："赵氏连城璧，由来天下传"10个字，分别代表"壹贰叁肆伍，陆柒捌玖拾"10个数字，用"国宝流通"4个字，代表"万千百十"4个单位。如"三月五日伍仟两"，票面上书写的是"假薄璧宝通"。

另外，还采用笔迹防伪。办法是各分号书写汇票的人都是固定的，字迹事先要通报所有分号；如果书写的人轮换，必须通知分号。此外，汇票上还印有水印。

代码方法是清道光三年（1823年）由"日升昌"票号创始人雷履泰首创的。

徽商也有独立的商业密码。徽州方言把"一、二、三、四、五"读作"幺、按、搜、蹉、歪"，因此，徽商就把它用在当铺中，作为计数的行话。有些特殊行业在特定地区也有自己的行话隐语。如理发行业的"罗祖帮"就用"牛、月、汪、则、中、辰、星、张、崖、足"代表数字一至十。如同行间："你今天搞个好多把头？"答"月中把"，即今天收二元五。若答"则得几"，即四元多。

四、俗语算术

口算小九九，俗语"算术"，就是今日小学生学习的九九乘法口诀。现已证明，妇孺皆知的"小九九"在春秋时期开始形成，在秦汉时期就已经流行。为了便于记忆，古人把数字编成"九九乘法歌"和"九九表"并推广。

西汉韩婴的《韩诗外传》记载了这样一则寓言：春秋时期的第一个霸主齐桓公为了国富民强、广招人才，宣称凡是有一技之长的人，不论出身如何，他都将委以重任。消息一出，国都东郊有人前来应聘。桓公问他有何特长，他说自己能背诵"九九表"。桓公和侍臣们听了都感到好笑，能背"九九表"也算一技之长？但那人却说："能背'九九表'的人您都予以重用，还怕天下人才不为您所用吗？"桓公听后，改容相待。齐国及邻国的贤能之士听说了这件事后，都投奔齐国。可见，"九九表"在当时已经家喻户晓了。

2002年，在湖南省湘西里耶的秦朝古井中，挖掘出的木简有3.7万多片，这是迄今为止最多的竹木简，其中有"四八三十二"等乘法口诀。只不过秦代的口诀是从"九九八十一"开始的。最迟在战国时期，九九口诀算术已经定型并口口相传了。

宋元时期，实用商业算术有了较大的进展：其一发明了除法口诀，其二出现了完整的算码，其三计算工具由筹算发展到珠算。

五、筹算术

成语"运筹帷幄"里的"筹"指的是筹算。人们在谋划做一件事时叫"筹划"，也是筹算法在语言中的遗存。古代算数用筹，开始叫"策"，算书中称"算"。汉唐以后人们叫

“筹”。筹算、筹策、算筹名称互相使用，到了宋代，俗称“袮子”。

筹算既是人们日常的计算方法，也是一种算术工具。算筹材料有木、竹，也有用铁、骨、玉、牙做成的。形状是整齐划一的小圆棍，后改成扁形，以免滚动。负数出现后，有的算筹做成红、黑两种颜色，红代表正数，黑代表负数。用来盛算筹的器物，又叫“算袋”“算幐”“算子筒”等。

用筹算表示数字共有两种形式：一种是纵式，也叫直式；一种是横式。人们在实践中约定，用纵式表示个位、百位、万位等，用横式表示十位、千位、十万位，以此类推。如果遇到“0”，则空位不摆算筹。

正负的表示法是：用赤、黑两种颜色来区别。刘徽作《九章算术》注解：“正算赤，负算黑，否则以邪（斜）为异。”北宋从杨辉以后，在筹算中加用邪筹，表示负数。

筹算乘除法，以《孙子算经》记录最为详细。杨辉虽然有“加法五术”“减法四术”“求一代乘除”等方法，但以朱世杰于1299年所著《算学启蒙》中的九归除法最为流行。明朝人用珠算时仍然用这个方法。

六、珠算术

“弟兄七人同模样，大哥二哥在外乡。五弟心想合一处，中间隔着一堵墙。”

“两层楼房十三幢，竹头椽子木头墙。弟兄七人住一门，下层五人上层俩。”

这是流传民间的两首算盘谜语。看过《红楼梦》的人一定对贾迎春出的算盘谜语有深刻的印象，因为她自己预测到了自己不幸的命运：

“天运人功理不穷，有功无运也难逢。因何镇日纷纷乱？只为阴阳数不同。”

算盘的计算优点是方便、快捷、准确，又能开发人的智力，特别是对加减法的运算，现代电子计算机也不如算盘。但是对算盘发明者和出现于何时，众说不一。台湾民间流传说算盘是孔夫人所创。据说春秋时期鲁国的国君嫌司空大臣不擅理财，群臣公推知名人士孔子来替代，可孔子也不谙此道，后得夫人一臂之力，发明绳子串珠计算法，这被视为算盘的始祖，至今台湾算盘业仍然尊崇孔夫人为祖师。不过这都是附会之说。

一般认为，算盘的雏形在东汉就已经出现，大约在唐代定型，到宋代已经普遍使用了。北宋风俗画家张择端的《清明上河图》中，左端画有赵太丞家药铺，药铺正面柜台上就放着一个算盘。经后人放大辨认，这是一个和现在使用的算盘相类似的串档算盘。

“算盘”一词最早见于元人的文集或者元曲选中。元朝刘因（1248—1293年）的《静修先生文集》卷十一中有算盘诗：“算盘不作瘗商舞，休停饼氏歌，执筹仍蔽篦，辛苦欲如何。”这首诗作于至元十六年，即1279年，是今天能见到的最早记录。元剧中也见算盘的说法。无名氏《庞居士误放来生债》杂剧中有“闲着手，去那算盘里拨了我的岁数”这样的话。元末明初陶宗仪《辍耕录》已经谈到算盘。现已发现的洪武四年（1371年）金陵王氏有书堂新刊的《对相四言杂字》有算盘图，十档，上二珠，下五珠。这是目前发现最早的珠算算盘图。该书是一本幼儿看图识字书，书中图绘服装完全是元代式样，证明此书的祖本应当在元代。书中还有算子图，算子即算筹。《水浒传》中所称的算子也是这种算筹。

珠算的集大成者是徽商程大位，号称“珠算宗师”。其主要贡献是编著了商业数学专著《算法统宗》一书。

元代已普遍使用算盘，元末明初是算筹与珠算并用时代，到了明代中期以后，大概废弃算筹而专用珠算。总之，珠算起源于13世纪的元代，盛行于15、16世纪的明代，应该是没有疑问的。有清一代，算盘的应用与普及更加广泛。

第二节　传统包装

日常生活中，不论是家用的实物还是市售的商品，大都需要包装。包装与装潢渗透到人们生活的吃、穿、住、用、行各个方面，既方便了人们的生活，又增添了生活的色彩，是商品文化的又一朵奇葩。大致说来，包装经历了陶器、青铜器、漆器、瓷器、纸张阶段，与此同时，草根包装品如竹、木、草编、皮革、丝织、麻布、葫芦等天然包装品及各种工艺美术品交互使用，丰富多彩。

一、原生态包装

（一）陶器类

原始社会末期，包装即已萌芽。在半坡氏族出土的彩陶中，有罐、瓮、盆、壶，还有小口、鼓腹、尖底的红色葫芦形陶瓶。姜寨出土的砚，上有石盖，里面有墨、水勺、笔，是一组配套使用的完整的彩陶绘画工具。从出土容器的造型及纹样来看，样式精美，容量饱满。如有的彩陶造型两耳像人双手叉腰；有的像牛羊的角或像乳房；有的像一只完整的动物，有口、颈、身、足和尾。彩陶上的装饰花纹，大多取法于大自然中的物象，如日、月、星、云、水波等。

（二）漆器类

最著名的当属在河姆渡出土的漆筒和漆碗。其中漆筒是金黄色，漆碗是朱红色，说明当时已有复合技术对器物进行装饰。该漆器从形制上看，形似一段中空的毛竹筒，是用整段木材加工制成的，内外壁磨得十分光洁，外有涂漆。有的内壁外端有一圈凹槽，塞有一个木饼；有的外壁缠绕篾藤类圈箍，金光闪闪，恰似今日在青藏地区看到的打酥油茶的筒。漆筒高约36厘米，径约10厘米，壁厚0.7厘米，四壁均匀，十分美观，这是迄今为止我国发现最早的一件漆器，也是世界上最早的木胎漆器。直到今日专家们对这件筒状漆器还无法解释，是劳动工具，是炊饮器、容器、制茶工具，还是一件装饰物，没有定论。但无论怎样，漆器也像彩陶一样是我们的先民对我国包装装饰文化的重大贡献。

陶器、漆器、青铜器等容器，不外乎是用作酒、醋、酱一类液体商品的包装。除此之外，先民还用竹筒、葫芦、椰子壳、贝壳等做成容器用来装酒、醋、药、化妆品，这算是最原始、最方便的包装。至于固体物品的包装，则有竹子、藤条、草编的篓、筐，木制的箱、柜，植物叶如竹叶、荷叶、麻叶或皮革类的包装，起源也很久远。殷墟甲骨文中有不少表示容器的文字，其中的“箕”就是一种草器，它是用柳条或草编成的筐。端午节用竹叶包裹糯米做成粽子的习俗，起源于史前时期对龙图腾的崇拜，战国时代逐渐附会到对爱国诗人屈原的纪念上，这种包装形式一直流传到今天。

（三）青铜器类

商周时代，青铜器制造技术相当高，它除了用来做祭祀器皿外，还用来盛酒和储藏食物。著名的四羊方尊就是一个盛酒器。各地出土的商代饮酒器和贮酒器数量很大，品种很多，名称有尊、斝（音甲）、爵、角、斛、觯（音至）、卣（音酉）等，有铜制品，也有陶制品。那时还有一些胎土洁白、质地坚硬的白陶，精致优美的漆器，雕刻精美的骨质角器和草编器，使用已普及民间。据初步统计，散见于先秦古籍中的容器名称有盂、觥（音宫）、萁、勺、鞘等数百种，金、木、土、草、皮革等门类齐全。

最早记载商品包装的是《韩非子》一书中的“买椟还珠”，“楚人有卖其珠于郑者，为木兰之椟，熏以桂椒，缀以珠玉，饰以玫瑰，辑以翡翠”。楚商为了在郑国推销珠宝，进行了精心包装，在视觉、嗅觉、听觉效果上追求华丽，达到了出奇制胜的效果，只不过装饰过度，导致善卖其装、不善卖其货的后果，被韩非子讪笑。

（四）纸包装

汉代纸的发明，特别是蔡伦改进的植物纤维纸，为纸的包装创造了条件。《幽明录》记载，有一名女子用纸包裹胡粉，“百余裹胡粉，大小一积”。据最新考古证明，西汉早期的墓葬——甘肃天水放马滩汉墓出土的纸质地图，说明西汉已发明了纸，而且当时已经应用于商品包装。所谓的灞桥纸是西汉遗址出土的纸，出土时包裹着一个铜镜。1924 年，甘肃武威旱滩坡一座东汉晚期墓葬中出土了很多麻纸，纸上留有文字墨迹，其笔画粗壮，而这些纸是用来衬裱一具制作相当粗糙的牛车模型的。

（五）竹藤器

竹笥就是用竹或柳条编织的小箱子。在江西靖安战国古墓中，发掘有 47 具合葬墓，其中有 46 个女棺里都有用来盛放纺织工具的竹笥。虽然不能确定墓主身份，但可以断定战国时已有竹质包装了。长沙马王堆汉墓出土的一个漆盒，设计精巧，盒口极严；一个耳环盒可以严密地装进七个耳环，这是商品实物包装的范例。在其他的汉代墓葬里，随葬的五六十个竹笥中，分装有食物、丝织品、衣物、文具、中草药、香料等。藤制的圆形奁、篮子的编织法与现今的形制非常相似。

（六）瓦陶器

司马迁《史记》记载：“通邑大都，酤一岁千酿，醯（音溪，醋）酱千瓨（音瓖，小口、长颈、大腹的瓦器），浆千甔（音单，大腹、小口的瓶状瓦器），真屠牛羊彘千皮，贩穀（谷）粜千踵（钟）……蘖麴（酒曲）盐豉千荅（音答）。”这些叫做瓨、甔、踵、荅等的器皿就是一种大包装。在出土的汉代陶器中，有的书写有盐、黍米、粱米等字，可能是为了分类储藏，或为了销售上的便利而书写的。还有一个异形提梁罐，中间有一个提梁作把手，连接两个罐，这可能是为了便于购物而设计的。江陵凤凰山出土的简牍中，有一份商人的书契，合同中相约“贡器物，不具物责十钱，共事以器物毁伤之及亡，贩共免之”，即是说，商品不包装的罚十钱。不包装使商品损坏或者遗失，运输费就没有了，可见当时对包装的重视。

二、精包装

隋唐盛世，商品包装用瓷器、纸张、金属、丝织品、木器、陶器、藤条编器等，种类齐全，样式各异，并且装饰风格出现了异域风情。特别是茶和葡萄酒成为新的饮料后，催生了唐朝瓷器业的大发展。南有越窑出品的青瓷，北有邢窑出品的白瓷，各种釉彩的梅瓶、凤首壶等造型各异的瓷器不但成为生活用品，也成为商品的包装。敦煌壁画上，商品装饰上汲取了外来文化，很多器物上画了缠枝葡萄、吉祥用语、海兽图案、卍字符号等。茶道文化中，用于制茶、装茶、饮茶、运茶的包装一应俱全。“茶圣”陆羽“造具二十四事，以都统笼贮之”，当时人远近倾慕之，好事者家藏一副。《唐语林》载：一个驿站里，“兵察常主院中，茶必市易之佳者，贮于陶器，以防暑湿。御史躬亲缄啓（启），故谓之‘茶瓶厅’”。储茶在陶器中，这是最明确的记录。

包茶叶的纸，称作“茶杉子”。在新疆唐墓中出土的文物中，发现有药丸一枚，外包白麻纸一层，上书“葳蕤丸”，从字面上看，像是保健品一类的中成药。在西安出土了一个银药盒，圆形，盒内装有矿物质的药粉，盒盖上印有文字，类似今天的配方或药品使用说明书。

“一骑红尘妃子笑，无人知是荔枝来。”千百年来，人们不明白从岭南把荔枝运到长安，要求保质保鲜，用的是什么办法来包装。今天有人根据产地居民存放荔枝的经验，反复试验，再现了当时的情景。据说是把新采摘的荔枝装到竹筒中，再用蜡封口，这样可以保质七天，按当时的传递办法，完全可以运到长安城博得贵妃一笑。长安市场上售卖鲜货之类，已有用竹、柳编制的筐、筥盛放的现象：“肆有以筐以筥，或倚或垂，以鬻鲜物者，曰‘星货铺’。”

三、金银莳绘与螺钿莳绘包装

有宋一代，商品经济活跃，商品包装既要经济实用，又要美观大方；不但有专门的装裱铺，还有不同规格的成套包装出售。有的包装本身既是精美的工艺美术品，又是出口的时髦货。

我国出口的传统三大件是瓷器、茶叶、丝绸。精明的出口商在运输陶瓷时是“大小相套，无少隙地”，包装十分经济。瓷器商先在精雕细刻的小樟木箱里填满茶叶，把易碎的瓷器埋在茶叶里；再把几个小樟木箱装在钉在船舱地板上的大樟木箱里，四周用次等一些的茶叶塞满。由于内外两层茶叶填充紧密，樟木箱做得结实，即使海上遇到大的风浪，也不会颠坏瓷器。更让后人钦佩的是，货船靠岸后，商人们把茶叶筛选分包，卖给茶商；小樟木箱当成首饰盒卖到古玩店，大的樟木箱或送给当地的发买商，或作为茶几、橱柜出卖，最后卖的才是瓷器。有时樟木箱和茶叶的利润比瓷器还高。从海上考古打捞的宋代商船中，我们也能看出瓷器包装的水平。在装饰上，著名的瓷窑有官、哥、汝、定、钧等，其制作器物精巧，颜色各异，纹饰秀雅，釉色莹润。例如玉壶春瓶重心在下，使安放稳定；梅瓶适宜在怀中抱持；鸡冠壶便于马上携带；盘口瓶装酒不易溢出。同时代的辽朝造有装葡萄酒的专用酒瓶，形似胡萝卜，口小，上腹较大，且有一轮轮环形花纹，底部有座，这种设计便于饮用、把握、放置。《武林旧事》载，南宋时有许多名酒如“蔷薇露”“思堂春”等，都印好标签，贴在瓶子上。

宋朝商人输往日本的主要是锦、绫、香药、茶器、文具等物。日本输入宋的以沙金、水银、绢、布为主。南宋时期，日本输往中国的物品有用描金橱、描金箱、提箱做包装的记载。“承安二年（1173 年）赠送给宋明州（今宁波）刺史的答礼物品中，有描金橱一架（内装彩革三十枚）和描金箱一只（内装黄金一百两），平清盛的答礼中有剑一把，提箱一只（内装武器）。”[①] 在上述物品清单中，日本的工艺美术品琥珀、水晶、念珠、扇子、屏风、笔墨砚、刀剑、假发等物，在宋朝都是时尚物品。而盛装这些物品的包装品有函、筥、箱、笼、鞘、橱等。

在函、筥、箱上绘有金银莳绘、螺钿莳绘来装饰。莳绘就是以漆作画，俗称“泥金画”或“描金画”。螺钿是指用贝壳镶在漆中，构成人物、鸟兽、花草等种种花纹图案粘嵌到漆器上。有人认为这是出口转内销的技术。但宋代人方勺在《泊宅篇》中说：“螺钿器本出倭国，物象万态，颇极工巧，非若今市人所售者。”宋人以日本产的螺钿器为正宗。

北宋以来，饼茶用笼或竹箱等贮藏，佛教寺院自产的茶大多用瓶缶。如苏轼说，杭州“南北两山及外七邑诸名山，大抵皆产茶。近日径山寺僧采谷雨前者，以小缶贮送”。也有用锦囊装的，欧阳修《归天录》载：“自景佑以来，洪州双井、白茅渐盛，近岁制作尤精。囊以红纱，不过一二两，以常茶十数斤养之。用避暑湿之气，其品远出日注上，遂为草茶第一叶”。南宋时，有人用大锡瓶罐贮藏茶叶。日本的茶道始祖荣西（1141—1215 年）于 1168 年入宋，朝拜天台山，学习了宋代的末茶冲点法。这不同于唐代空海等人传入的末茶煮饮法。因此，荣西传入的是叶茶瓶罐储藏法。后来的日本禅师道元（1200—1253 年）入宋学佛时，又传回日本一种小茶罐，被称为“茶人”。这两种器物后来被日本茶道所沿用，小茶罐用于储藏碾碎的末茶，大茶罐用来长年储放叶茶。南浦绍明于 1267 年入宋参禅的同时，学习了杭州径山寺的茶礼，后回国带回了茶典，编成《茶道经》，日本的茶道所信奉的“和、清、静、寂”四规就源于此。从现存的实物来看，陶器、瓷器、锡器、丝袋、大小陶瓷瓶罐在宋代都是装茶的工具。

---

① ［日］木宫泰彦：《日中文化交流史》，商务印书馆 1980 年版，第 112 页。

宋朝，渔业出现了一个新行当，即鱼苗业。南宋周密说："江州等处水滨产鱼苗，地主至于夏，皆取之出售，以此为利。贩子辏集，多至建昌，次于福建、衢、婺。其法作竹器似桶，以竹丝为之，内糊以漆纸，贮鱼种于中，细若针芒，戢戢莫知其数。"宋代捕捞鱼苗的中心在江州（今九江），所产鱼苗远销至福建、浙江等地。远销鱼苗，包装是头等大事，要做到既不漏水，又得透气，竹桶糊漆纸确实是包装工艺的杰作。《水浒传》里渔牙子张顺的形象也不是施耐庵的向壁虚构，他的家乡江州的确是水产品的集散地。

四、特色包装

明清两代，新流行的包装有玻璃、珐琅器品。其中，山东博山出品的玻璃器是上品。其他如"葫芦器，康熙间始为之，瓶、盘、杯碗之属，无所不有。花鸟山水题字，俱极清朗，不假人力。其法于葫芦生后，造器模包其外，渐长渐满，遂成器形"（《西清笔记》）。今有市售的"福""禄""寿""囍"等果品不是什么新鲜事。此外，用绢、绸、纱糊匣子作为包装，当时也很普遍。《红楼梦》中写到青纱罩的匣子里，装着一出出的无锡泥人儿戏。闻名遐迩的杭扇，既有画面、素面之分，又有男用、女用之别，扇子外套上有刺绣扇袋，这是最早的杭扇包装。

古代小说里描写的商品包装很是精彩，现举几个例子：

（一）荷叶包肉

《水浒传》"鲁提辖拳打镇关西"，花和尚要消遣郑屠，把用荷叶包裹的肉馅托起，猛然砸向镇关西，真是满面开肉花。话本《宋四公大闹禁魂张》里，宋四公叫着店小二说："买一百钱爊肉（一种煨烧得烂熟的肉），多付些椒盐，买五十钱蒸饼。"店小二便去谟县前买了爊肉和蒸饼，转回来时，在一个茶坊里被赵正叫着，赵正道："且把来看。"打开荷叶看了一看，再裹了那爊肉。可见熟肉也用荷叶包装。《济公语录》记载了活佛济公化得新竹笋，用荷叶包裹，提着荷叶包，一路向净慈寺走来。山门下守座的说："手里包儿，莫非狗肉？"济公说："不是，包里之物，你们梦也梦不见！"

（二）衣梅包装

有一种叫衣梅的食品，用植物叶片如荷叶、橘树叶包裹，用纸张、陶罐包装。《金瓶梅》第六十七回叙述了衣梅的包装形制：

> 只见来安儿后边拿了几碟果食，内有一碟酥油泡螺，又一碟黑黑的团儿，用桔叶裹着。（应）伯爵拈将起来，闻着喷鼻香，吃到口犹如饴糖，细甜美味，不知什物。问西门庆。西门庆道："你猜！""莫非是糖肥皂？"待要说是梅酥丸，里面又有核儿……西门庆见他猜不出来，说道："是昨日小价杭州船上稍来，名唤做衣梅。都是各样药料，用蜜炼制过，滚在杨梅上，外用薄荷、桔叶包裹，才有这般美味。每日清晨噙一枚在口中，生津补肺，去恶味，煞痰火，解酒克食，比梅酥丸更妙。"

对这些食品，西门庆熟知它们的制作工艺和保健功能，想见当时的衣梅不仅仅停留在口口相传上，可能在包装上也有功能说明。由此可知，当时饴糖类、果品类食品大都是用天然的植物叶来包装的。

（三）皮箱木箱

反映"康乾盛世"的《歧路灯》，描写了主人公在母亲怂恿下，赌气从开封去济州（今济南）做买卖，他"拿了银子到笔墨铺、绸缎铺置买东西。装了一个皮箱。又买了商家一个桐木货箱，装上笔墨。遂到小车行雇觅一把双手孝感车儿（指供人乘坐的独轮手推车）择日启程"。市场上不但有包装商品的皮箱、桐木箱，还有出售货箱的商铺及出租车辆供经商使用的"出租车"，可见商业服务较完备。

第三节　商标与广告

一、商标

商标是一种商品间区别不同特征的标记，是与商品相伴而生的，可以说有了商品交换，就有了商标。商品识别离不开商标，就像人有名字一样。商标是一个时代文化的重要特征，它像一面镜子，折射出不同历史时代的政治、经济、文化特征及大众的心理情绪、审美意识。从类型上分，商标有实物商标、意象商标、地名商标等。

（一）实物商标

自商品交换开始直到今天，出示或陈列实物以求得买卖成交是商品交换活动中最直接、最普遍的现象。无论是行商的收购、批发，还是坐商的柜台式、地摊式出售，尤其是在广大的商品生产者、农民、手工业者的偶然交换中，把实物陈列作为样品，已经具备了商品交换的意识特征，这时的实物已不再是商品本身，而是实物商标广告了。近代的商家把商品陈列于店铺前的橱窗内，实际是古老的实物商标的历史遗存。

据《洛阳伽蓝记》记载，北魏时的洛阳，在大市东有"通商""达货"二里，居住有手工艺人、屠户、商贩。有商人刘宝在各州郡都会，皆立一宅，各养马10匹，贩运盐粟，资财巨万。市西有二里，名延酤里和治觞里，居民以酿酒为业。其中"河东人刘白堕者，善酿酒，季夏盛暑，以罂贮酒，暴日中一旬，酒味不动，饮之为美"。他酿的酒，"饮之香美而醉，经月不醒"。刘白堕曝晒酒于太阳之下，无疑是一个实物示范广告，因而使达官贵人把它当作礼品赠予远方亲朋："京师朝贵出郡远相馈赠，逾以千里"，"以其远至，号曰鹤觞，亦曰骑驴酒"。商标与广告效果之好，使这种酒名声远播。还有二里，叫准财里、金肆里，是富人居住区，各里"舟车所通，人迹所履，莫不商贩也"[①]。

宋代，实物商标成为时尚。有的医家因医好皇帝的病，就以皇帝赏赐的物品为其商标。临安平防御药家就以御赐"金杵臼"为市招。宋话本《志诚张主管》中："张胜没了

---

① （北魏）杨炫之：《洛阳伽蓝记》，远方出版社2008年版，第69页。

过日费用。他妈妈让他将屋上挂着的一个包取下来，打开看时，是个花栲栲儿。他妈妈对他说：‘你如今先做这道路，刁爷的生意，卖些胭脂绒线。’”所谓“花栲栲”，也称“栲栲”，是用竹篾或柳条编制而成的圆形盛物器具。以“花栲栲”这一圆形盛物器具为商标，不仅说明张胜的父亲善于经营、讲求信誉创出了牌子，更主要的是“花栲栲”这种器物也是妇女盛放针头线脑的常备物品，容易使人联想到女红用品，就如同“白鸟（鹭鸶）窥渔网，青帘认酒家”一样，人们的下意识里已经形成了某种固定的印象，挂“花栲栲”是出卖胭脂绒线的地方，“花栲栲”，是绒线铺的商标。直到明代，“花栲栲”仍作为绸缎铺的标志在流行。

（二）意象商标

五代时，后唐明宗皇帝的妻子刘氏通过经商“致家财百万”。后唐庄宗（923—925年）皇后刘氏以“洛阳宫”为商号，推销各种商品，这是目前知道的有确切记载的最早的意象商标。在此之前的唐代，有诗仙李白的“葡萄美酒夜光杯，欲饮琵琶马上催”，诗圣杜甫的“白日放歌须纵酒，青春做伴好还乡”，白居易的“吴酒一杯春竹叶，吴娃双舞醉芙蓉”，杜牧的“借问酒家何处有，牧童遥指杏花村”。这里不论你怎样解读诗人的意象，你也不得不承认，“青春”“春竹叶”“葡萄酒”“杏花村”是当时名酒的代名词，它们已经入诗入市入人心，说它们是名酒商标一点也不牵强。

北宋时，济南刘家针铺以白兔为商标，并配有广告说明。该商标广告有四寸见方，中心位置绘有商标——白兔捣药图，上方八个大字“济南刘家功夫针铺”，下方是“收买上等钢条，造功夫细针，不误宅院使用。客转为贩，别有加饶。请记白”，这二十八个字说明了经营项目、质量要求、经营方针。左右还印有“认门前白兔儿为记”八个字。这块印制白兔为商标的铜版如今陈列在中国历史博物馆，是我国目前发现的最早的一个商标模板。

宋话本《三现身包龙图断案》中描写道：东京李杰去兖州府奉符县前卖卦。他“用金纸糊着一把太阿宝剑”，又用一个“招儿”，上写道：“斩天下无学同声。”“纸剑”是商标，字招儿是广告，有了这两样，李杰的卜肆才算开张。

宋元时的漆器上多写有某年某地（商铺）某人作，并有“真实上牢”等字样。据《武林旧事》载，当时杭州有许多酒名如“蔷薇露”“思堂春”等，都提前印好标签，贴在瓶子上。有的印上地名、铺名、工匠名，以资区别。

（三）地名商标

铜镜在汉代已经成为商品流行于市场，为招徕顾客，制镜除了材质、样式、图案讲究外，大多有铭文宣传，如“汉有善铜出丹阳，和以银锡清且明”。姓氏铭也较普遍，如“朱氏明镜快人意”，“尚方作镜真大好”等。其中，“尚方”是汉代专为皇室制作御用物品的机构，就像“上林”造币一样，沾上皇室的名气，效果当然不错。汉末，宦官有监军特权，就有了“尚方宝剑”一说。“尚方”是皇字招牌，有点“天下第一”“誉满全球”式的商标广告味道，说明汉人已经有意识地傍名牌，用“国”字号了。宋代商业繁荣，有些

"萝卜快了不洗泥"的风气，铜镜不重装饰，自求实用，商家铸上商标、地点、姓氏即卖，如"湖州石家炼铜照子""明州夏家青铜照子"等。

唐朝地域性名产较多，"凡货贿之物，侈于用者，不可胜纪。丝布为衣，麻布为囊，毡帽为盖，草皮为带，内丘白瓷瓯，端溪紫石砚，天下无贵贱通用之"[①]。无疑，"内丘白瓷瓯，端溪紫石砚"是地名商标。此外，"蜀锦""南海珠""党项马"等都是耳熟能详、天下皆知的名产。

二、广告

听过山东快书，读过《水浒传》的人，很难忘记武松打虎"三碗不过冈"这一情节，也难忘武松醉打蒋门神，夺回"快活林"酒店的故事。"快活林"与"三碗不过冈"堪称酒广告的绝唱，前者通俗易懂，后者过目不忘，作为酒店的名称和酒广告颇能吸引顾客，起到了很有效的宣传作用。其实，这倒并非施耐庵的向壁虚构，南宋孟元老《东京梦华录》卷六"收灯都人出城探春条"，历数园林胜迹，其中有一处便叫"快活林"。后人移花接木用于酒店名，又写进小说，耐人寻味。

"悬帜甚高"的酒幌广告，证明商人已经认识到商品要畅销，不仅要做到商品质量好、数量足、服务勤谨，还需要做好广告宣传。这里的"帜"就是一种广告形式——幌子。广告还有实物、口头、有声、招贴、路牌、商标、壁画等多种形式。研究证明，宋代以前工商业的商标广告主要用实物、口头、幌子、姓氏，其中，工商业者用自己的姓名或姓氏作为商品的标志或招徕顾客的广告，间接地反映了工商业者社会地位的提高，商业不再是低人一等的"末业"，这种现象以宋代为分界线。这之后，随着雕版印刷术和活字印刷术的推广，印刷广告渐多，明清时代，广告的综合利用逐渐多样化，并且从材料、制作到宣传都有了发展。

（一）实物广告

早期的商标广告应是实物，即把所卖的货物陈列或悬挂于大道边或店门前。《晏子春秋》载："君使服于内，犹悬牛首于门而卖马肉于内也。"这句话就足以证明，至少当时已存在幌子这样的广告形式。在河南省登封县告成镇发掘出土的东周陶器上都印有"阳城"篆体陶文字样标记，被认为是我国最早的文字广告。在坊市制度没有打破前的周秦汉唐时代应用广泛，这种广告形式对前铺后坊者尤其适用。如牛肉铺前挂牛头，粮店门口挂几穗玉米、高粱、稻穗，炊具店前挂勺子、笊篱，饭店门前摆放馒头、熟肉，酒店门前挂瓶瓢、标秋秆等，这些陈列的货物样品已经不再是商品本身，而是以其实物为媒体的广告了，其目的是把商品信息传播给顾客，给人以直观的感觉，引起人们的购物欲望。在《水浒传》中，郑屠户肉铺门面前"悬挂着三五片猪肉"，顾大嫂店子"门前悬挂着牛羊等肉"，都是实物广告。《歧路灯》里写主人公行走了半日，见路旁有草房三间，门前"一张

① （唐）李肇：《唐国史补》（上），上海古籍出版社1979年版，第41页。

桌子，放着一尊弥勒佛，靠个炊饼”，便知道了这“乃是村间一个饭铺子”，于是歇脚吃饭，肉及炊饼就是实物广告。

由实物广告又生出了模型广告。如染料店挂五彩画棍，油坊挂铜制鼓形衡器，镜铺前挂铜镜一面，银号前挂实物木制铜钱，绒线铺门前挂“花栲栲”，剪刀店门口放把大于实物的剪刀模型等。模型广告因比实物广告形体大，具有夸张性，较能引起顾客注意；但它和实物广告一样，只能引起顾客的有意注意，而且其传播距离很短。实际上，广告能否发生效用，首先要看它是否能引起人们的有意或无意的注意，况且它是静态的，卖方处于被动宣传的地位，因此它还是比较原始的广告形式。

（二）口头广告

推销商品时大声吆喝叫卖实物，就能引起人们有意或无意的注意，叫卖的一方占主动地位，顾客处于被动地位，容易引起双方共鸣。俄语中的“广告”一词，来源于拉丁文，原意就是“我大喊大叫”。不过，“广告”一词在中国流行是近代才有的。据现有资料证明，我国最早、出现“广告”一词是在光绪三十二年（1906 年）清政府发行的《政治官报》上，到民国以后才广泛采用。这种以商品经销者的吆喝叫唱之声为传播媒体的广告形式就叫“口头广告”，游商坐贾均可利用。现今所知最早、最常见的口头广告，是《史记》记载的姜太公在朝歌隐居市井，操屠宰职业，在铺子里“鼓刀扬声”，高声叫卖以引人注意。

比直呼物品名或用“东西”来约言物品更高级一些的是运用吟唱来宣传自己的商品。《东京梦华录》对此有过详细记载：“又有小儿子，着白虔布衫，青花手巾，挟白瓷缸子，卖辣菜。”“市人卖玉梅、夜蛾、蜂儿、雪柳、菩提叶、科头圆子、拍头焦锤。唯焦锤以竹架子出青伞上，装缀梅红镂金小灯笼子，架子前后亦设灯笼，敲鼓应拍，团团走转，谓之‘打旋罗’，街巷处处有之。”该书卷七“驾回仪卫”条云：“是月季春，万花烂漫，牡丹芍药，棣棠木香，种种上市。卖花者以马头竹篮，铺排，歌叫之声，清奇可听。”其铺排在竹篮之内的花朵不止一种，叫卖之声定然丰富多彩、婉转动听。

《武林旧事》卷二“元夕”条记载，正月十五，宫中“宣唤市井舞队及食盘架进奉。先是京尹预择华洁及善歌叫者谨伺于外，至是歌呼竞人。既经进御，嫔妃内人而下，亦争买之，皆数信得值，金珠磊落，有一夕而富者”。而市食商贩得以进宫的条件是“华洁”与“善歌叫”。由此可见，卖花声、饮食叫卖声，都是口头广告。从戏曲的曲牌名中也可得到证明，如北曲曲牌“卖花声”“芙蓉花”“石榴花”等，南曲曲牌“蔷薇花”“柰子花”“包子令”等。

宋代《舆地纪胜》中勾勒了一幅临安顶盘排架的商贩“遍路歌叫”图。元杂剧《逞风流王焕百花亭》中卖水果的商贩将自己所卖的水果编成一套抑扬顿挫的韵语沿街吟唱更饶有风趣。清代人写的《帝京岁时纪胜》《燕京岁时记》二书中，有不少关于北京小贩做口头广告的记载：二月，有贩乳鸡、乳鸭者，“沿街叫卖，生意畅然”；五月，沿街吆卖“嫩玉米”，“五月先儿”；五月下旬，沿街吆卖“甜瓜”，叫卖有“早玺坠、青皮脆、羊角蜜、哈密酥、倭瓜瓤、老头乐各种”；暑伏以后，“担冰吆卖”冰胡儿；九月九日，以面为糕，“于阛阓（音环会，指街市）中叫卖”；正月，街头车推肩担者叫卖小儿玩要的各种烟火，唱道“滴滴金，梨花香，买到家中哄姑娘”。吸引人们注意的叫卖声中，名称选的都是好听的、可引发联想的、通俗易懂易记的、亲切感人的歌谣，颇有民歌的韵味。

《警世通言·玉堂春落难寻夫》中有“却说庙外街上，有一小伙子叫云：本京瓜子，一分一桶，高邮鸭蛋，半分一个”的广告叫卖词的记载。乾隆年间李斗的《扬州画舫录》说扬州平山堂一带许多卖艺摊贩，有“苏州人以五色粉糍状人形貌，谓之捏像，鬻者如市，手不停作”。元曲中，则有“货郎儿”的曲牌，最早是沿街叫卖的货郎为招徕顾客而唱的，后来演变为民谣，后又演变为艺人的曲目。

由于行商叫卖，扯嗓吆喝，既费力气，声音又传不远，于是就从口头广告衍化出各类具有专业特色的音响广告。以声音作为传播媒体，像把实物模型化一样，比声音更夸张，刺激性更强烈。以打锣、击鼓、敲梆、吹箫、摇铃等声响手段招徕顾客、推销产品的都属于声响广告。一般情况下，声响广告多是沿街叫卖的小商贩用的。最早记载声响广告的是东汉的郑玄：“箫，编小竹管，如今卖饴饧所吹者。”汉代，饴糖已经成为小商品被商贩叫卖，叫卖的方法是吹箫招徕顾客。铜镜是战国以来就流行的日用品，因此磨镜子也是一个生存的手艺，磨镜子摇的是“惊闺叶”，发出琅琅的声音。

串鼓（俗语叫“拨浪鼓”）是卖针头线脑的小商贩担杂货串乡时常用的响器。宋代李嵩的《货郎图》中就绘有这种串鼓。《水浒》中描写燕青曾“扮作山东货郎，腰里插着一把串鼓，挑一条高肩杂货担子，诸人看了都笑”。宋江让他给众人唱山东货郎转调歌，“燕青一手拈串鼓，一手打板，唱出货郎太平歌，与山东人不差分毫来去”。走街串巷的磨刀匠手里提的是一挂铁片串成的“铁哗啦”，轻轻一抖就发出哗哗啦啦的声音。走街串巷的剃头匠用的响器叫“唤头”，是用铁制成的，形同一把大镊子，用铁棍插入中间，一拨就嗡嗡作响。木梆子也是一种响器，分大小两种。用小梆子的是卖烧饼油条的，用大梆子的是卖香油的。如今城镇中用哨音通知订牛奶，收破烂的用摇铃提示卖主，都是传统音响广告的演变。

（三）幌子广告

幌子有用青布、白布做成的，也有用木牌做成的。它是古代广告中最常见的形式，特别是酒店，酒家的代称是“青帘”，青帘幌子是酒店的标记。最早的幌子广告是韩非子所记载的宋国商人“悬帜甚高”的酒旗。

唐诗中最有名的当属杜牧的《江南春》：“千里莺啼绿映红，水村山郭酒旗风。南朝四百八十寺，多少楼台烟雨中。”张籍的《江南曲》：“长江午日酤春酒，高高酒旗悬江口。”晚唐郑谷的《旅寓洛南村舍》：“白鸟窥渔网，青帘认酒家。”

宋词中反映酒广告的有：“歌楼酒旆，故故招人，权典青衫。”（黄庭坚《诉衷情》）“山远近，路横斜，青旗沽酒有人家。城中桃李愁风雨，春在溪头荠菜花。”（辛弃疾《鹧鸪天·代人赋》）“望中酒旆闪闪，一簇烟村，数行霜树，残日下，渔人鸣榔归去。”（柳永

《夜半乐》）“一片春愁待酒浇，江上舟摇，楼上帘招。”（蒋捷《一枝梅·舟过吴江》）就是那个弱不禁风的林妹妹也知道“杏帘招客饮，在望有山庄”。

《水浒》中对酒幌子作了许多描写，叫法有“帜”“锦旆”“布帘”“酒望”“酒旗”“望子”等。有的酒家把“青帘”挑在树梢上或“望竿”上，有的“挑在门前”。如“快活林”酒店，便是“檐前立着望竿。上面挂着一个酒望子，写着四个大字道：河阳风月”。第十回写林冲背了一个葫芦，冒着风雪，来到市井，见篱笆中挑出一个草帚儿在露天里，林冲径到店里，店家切一盘熟牛肉，烫了一壶热酒，请林冲吃。

《清明上河图》画出临河一家酒店，门前酒旗上分明有“新酒”二字。饮新酒是当时的一种风俗。《红楼梦》里讲到贾宝玉引用古诗“红杏枝头挂酒旗”为稻香村题额。后来贾政检看大观园后提议说：“此处都好，只是少了一个酒幌子，明日竟做一个来。”可见，对于酒店来说，酒幌广告是少不了的。彩楼是永久性广告设施。北宋“凡京师酒店，门首皆彩楼、欢门”。在一般喜庆节日里只重新修饰即可焕然一新，彩楼也成为酒店的标志，深深融入酒文化之中。

幌子广告在其他行业也用。如书“茶”“香油”“酱园”或“当”等字，以标明所经营的商品。《南都繁会景物》描绘了店门前悬挂着“东西两洋货物俱全”“川广杂货”“福广海味”“南北皮货发客”“南北果品”等招牌。

有的店铺还常在幌子上写有鼓动性的词句，如“三碗不过冈”，用以夸大自酿的酒的酒力大。孟州蒋门神酒店除写“河阳风月”外，两把销金旗上还写着“醉里乾坤大，壶中日月长”，以诱引顾客痛饮的欲望。有的画上象征性图案或故事图画。《唐国史补》记载：隋唐时期“江淮贾人，积米以待涌贵，图画为人，持钱一千，买米一斗，以悬于市”。形象而生动地描述了米商在牟取暴利时也不忘用广告大造声势，无论是贵粜还是贱籴都不失为上乘的广告宣传。

幌子广告中有一种比较原始的，叫草标。某种物品摆放在那里或拿在手中，为了让顾客知道是销售的商品，就在该物品上插一株草作为出卖的标记。杨志东京城内卖宝刀，“插了草标儿”；范进上集卖鸡，也是“手里插个草标”；古代戏剧中常有卖妻鬻子的人在领口插个草标。草标是比较低级的幌子广告，多用于并非职业的商品交换者的偶然交换活动，商品售出，草标即弃。

商家在招幌广告意象上，有两种倾向比较明显：一是把儒家提倡的“仁”“义”“德”“信”等作为字号，刻写于牌额之上，高悬于店外，公之于众，如“同仁堂”“德仁堂”“正义德”“同义兴”等。二是在招牌含义上选用吉祥文字，如“内联升”“庆丰润”“宝丰”“吉隆顺”等。或二者兼有，既有儒家文化的色彩，又有事业兴旺之意，如“全聚德”“仁昌”“德顺成”“祥德斋”“瑞蚨祥”等。语法上双音节符合中国人的审美习惯和时代的发展趋势，三字商标多用于药店、书店等较庄重的地方。

（四）壁画广告

以墙壁为媒体书写文字或描绘画图以招徕顾客的是壁画广告。如酒店“黄泥墙壁，都画着酒仙诗客……壁上描刘伶贪饮，窗前画李白传杯”。村间的小酒店，起码也会在粉壁上写着“零沽美酒”，招牌上写着“家常便饭”。《水浒传》中杨雄等人在郓州山路上见到一家靠溪客店，右壁厢上一行书写“门关暮接五湖宾”，左壁下七字是“庭户朝迎三岛客”。墙壁上的文字或者图画具有艺术的形象性、生动性，是一种较高级的艺术广告形式，它能增强广告的吸引力，使顾客在流连忘返的过程中产生美的享受。

北宋东京的丰乐楼，“三层相高，五楼相向，各有飞桥栏槛，明暗相通，珠帘绣额，灯烛晃耀”。《梦粱录》记载：“今杭城茶肆亦如之，插四时之花，挂名人画，装点门面。”可见商家已重视店堂装饰，明清时，这种店堂装饰更是“竞比奢华”。

（五）楹联广告

由壁画广告又引发楹联广告，这与人们喜欢对联有关。把对联这种文化现象引入广告之中，亦庄亦谐、雅俗共赏，达到宣传经营特点、指导顾客游览购物欣赏商品的目的。传说最早为生意人书写对联的是朱元璋，他微服私访时曾为阉猪人书写“两手劈开生死路，一刀割断是非根”，横批“祖传技艺”。这使阉猪人一时在南京名声大振，生意兴隆。后来有人效仿，例如：鞋店“由此登堂入室，任君平步凌云”；理发店“虽为毫末技艺，却是顶上功夫”；酒店“隔壁千家醉，开坛十里香”。如果是“生意兴隆通四海，财源茂盛达三江”，便知道是行商的店铺。

如果再把楹联扩而大之，便是广告诗了，“诗仙”李白是其始祖。“兰陵美酒郁金香，玉碗盛来琥珀光。但使主人能醉客，不知何处是他乡。”（《客中行》）兰陵酒的色、香、味意象生动，宣传效果甚好。时至今日仍有兰陵酒和以此诗为广告的酒厂。苏东坡在海南岛儋州居住时，曾为一位卖馓子（环形面食，像盘丝一样用油炸成）的邻居写了一首七绝：“纤手搓来玉色匀，碧油煎出嫩黄深。夜来春睡知轻重，压扁佳人缠臂金。”寥寥数语，准确形象地描绘了馓子的制作过程及形状、色泽、特质。据说老大娘把这首广告诗裱糊后高挂在店堂，从此顾客盈门。清顺治年间，北京南城菜市口长兴铁铺伙计王翚，用夹钢法打成剪刀后，密用动物血淬火，剪刀蓝光闪闪，锋刃极快，但淬火时血溅面皮，弄得满脸麻子，于是有人写了一首“王麻子”诗：“刀店传名本姓王，两边更有万同汪。诸公拭目分明认，虎额三横看莫慌。”这首诗已完全道出了广告词的全部功能，它向顾客指明了经营的项目和范围：祖传老牌，姓王。引导顾客找店：认“王”，比较“万”与“汪”。指导销售服务：指导顾客挑拣。再认商标：虎额的三横仍是“王”。既诙谐又隐喻商品质量过硬，可谓形神兼备。

（六）招贴广告

将所要销售的商品或劳务的有关内容书写或印在纸上，张贴于通衢大道以及其他人多、易见的地方，这种形式就是招贴广告。与上述广告形式相比，它具有灵活性强、引人注目、持续性强、覆盖面广等特点。我国古代又把招贴叫“招子”“报贴”“报单”“报条”“告白”等。《老残游记》中对济南府名艺人白妞说书的招贴广告有很切实的描写：“一张黄纸，有一尺长，七八寸宽的光景，居中写着‘说鼓书’三个大字，字边一行小字是‘二十四日明湖居'。那纸还未十分干，贴于小布政司墙壁上。于是，街谈巷议，都知道明日白妞说书。”

由于商业竞争激烈，清代的北京，出现了利用招牌对骂同业的情况，如“雨衣油纸家家卖，但看招牌只一家。你也窦家我也窦，女娼男盗只由他”。早期的招牌一般比较简单，后来发展到请名人书写，有了店铺中堂，如“太白遗风”“民食为天”等。

（七）印刷广告

商人利用印刷技术印刷广告与印刷术的发明是相伴而生的。世界上现存最早的雕版印刷品是我国唐代人王玠在 868 年为其母印刷的《金刚经》。而作为商业经营技术，书商最早捷足先登。

有书商雕版刊印白居易和元稹的诗文作为商品买卖，或者交换茶酒，更有甚者剽窃诗文冒名顶替，这是较早记载侵犯名人著作权和名誉权的案例。唐僖宗时，四川成都有印刷的日历在市场上出售。利用印刷技术进行广告宣传，目前我国最早的是北宋年间济南刘家针铺制作的印刷广告。洪迈在《夷坚志》中记载，临安有专门推销“治暑泄病”的药方广告：“暑毒在脾，湿气练脚。不泄则痢，不痢则疟。独炼雄黄，蒸面和药。甘草作汤，服之安药。别做治疗，医家大错。”

近年来，考古学家在内蒙古阿拉善盟发掘出一批元代文书，其中有一份竹纸墨书广告，全文是：“谨请贤良，制造诸般品味。薄海馒头饰妆，请君来日试尝。伏望仁兄早降。今月初六日至初八日小可人马二。”这是一种高明的推销饮馔的广告。广告者将顾客恭维为“贤良”，又限定日子是初六至初八，使人容易产生光顾的兴趣。这符合广告词投其所好的原则。

在使用印刷广告中，书商有很大的优势，他们利用承印书籍的便利条件，将自己的意向随时又迅速地传递给购买者，并与读者沟通。明代中叶以后，印坊所出小说、戏曲大都加有插图绣像，作为书商推销刊本的宣传。

我国广告文化不仅有工商业产品广告，还有文化广告、劳务广告、招聘广告、租赁广告、政府文告等。许多行业尽可能地利用各种广告形式，传播所经营的商品或劳务信息，宣传其功能特性、用途、质量，甚至使用方法，以招徕顾客。

特殊广告人还利用名人做广告。“伯乐相马”的故事尽人皆知，有人卖马三日无人过问，请伯乐相马，伯乐绕了三匝，回头一看，马价十倍。东晋谢安的同乡罢官归来，带回作为归资的蒲葵扇，谢安自用一把借以宣传，结果人们竞相购买，使同乡获利数倍。王羲之曾把自己的宝书写在卖扇老妪的扇面上，并对老妪说：“你叫卖时就说王右军写的，每把卖百钱。”扇子果然被抢购一空。当今穿着文化衫的“摩登人”，看似很新奇，实际上身插商标的广告人在北宋就已出现。节庆经济或称“假日经济”的倡导者，很早也有人利用过。清代在无锡，新年春灯满街时，几百家铺搭起彩亭，写明“某铺市某物，内结一球，即悬某物以别之”（《锡山景物略》），人们抬着彩亭满街游行，堪称商业广告的大展览。

第四节 古代合同

“契约”即合同。《说文通训定声》记载：“凡质剂之书契（今称合同）、簿书（写）之最目（今言总账）、狱讼之要辞（今言案卷、结案），皆曰契。”“二人以上同意之条款曰契约。”契约是民间在社会生活中，围绕各种关系出现的一种自行约束和规定。俗话说，入境问禁，入乡随俗。乡规民约一旦约定俗成，在一定范围内就形成了“潜规则”，局外人很难渗入。在商业行为中，所谓“隔行如隔山”“入行就市”就是这个意思。为了将各方的权利、义务与责任确定下来，便有了契约文书。而道德家所讲的诚信在“人为财死、鸟为食亡”的环境下，往往失去了效力，个人品德和修养在商品活动中经常败下阵来。当人类进入私有制阶段，财富的占有出现严重的不平均，要想平等地交换，契约就成为弥补诚信不足的工具。在我国历史上，借贷、田土、牲畜、住宅、大宗物品等买卖活动都行诸文字，这成为商业文化的又一宝贵遗产。

中国是世界上最早使用契约手段的国家，保存的古代契券最丰富。在商周时期，甲骨文、金文中已经出现了书契的记录。现存台湾的“毛公鼎”最为著名，但它不是商业意义上的契约。战国时，人们又将契券书写在竹木简或帛绢上，契约的含义也演变为专指买卖的文书。其称有合同、总账、案卷、具结等，大体包含契约性质的有田契、绝卖契、活卖契、租约、典约、过继书、收养书、买卖僮仆契约及分家析产的分关书等。汉唐以来，纸的发明和使用逐渐普及民间，人们又将契约内容书写在纸上。20 世纪初，敦煌藏经洞出土了 200 余件唐末五代的契约文书。20 世纪 70 年代，在吐鲁番又发掘出两晋至唐中期约 500 年间的 250 余件契券。契券由简牍书发展为纸质文书，书写格式也逐渐定型。敦煌和吐鲁番出土的文书中，大多是租佃契约，还有具体的卖地契、卖牛契、雇工契、变卖契、举钱契、卖儿契、卖宅舍契等，明白无误地说明了契约的含义及种类。

在历史上的特别时段，出于维护统治或财政的需要，会禁止某一商品的自由买卖，如西周禁卖礼器、兵器等，汉代禁卖盐、铁、酒等。而历代对土地和奴婢的买卖极少禁止或禁而不止。另有一个现象是借贷契约大量存在。古语有云：杀人偿命，欠债还钱。古代的债有“欠负”与“负债”两种。欠负是因“借”引起，就是借用及其他契约所负的债务；负债是因“贷”引起，即借贷所负的债务。负债又分是否收取利息，有“出举”（付利息）与“不出举”（不付利息）两种情况。唐律宋法都规定应区别对待不同的负债，“欠负”与不出举的“负债”等同看待，债务人不履行债务时，债权人可以向官府控告；而对于出举的“负债”（举贷），如果发生纠纷，官府则不予受理。不过，唐代对于不出举的负债契约在签订时双方都有担保措施。

西周以来，各朝都有管理契约的专门机构，有主管或兼管契约的官吏，这些官吏一般隶属于管理市场的机构，如西周的质人，唐代的市司，宋代的团行（商业代理机构）、杂卖务、市易务，明清的市司等。宋代由于商品经济发达，管理对内对外贸易的市舶司和市易务还聘请专门人才为市场交易服务，这种人被称为“牙人”，即替买卖双方说和交易并代书契约、抽取一定佣金的居间商人。

一、先秦质剂

成书于战国秦汉之际的《周礼》一书，谈到小宰的职责时有“听称责（贷）以傅别”“听买卖以质剂”“听取予以书契”的记载。据郑玄注，“质剂”是用于买卖的券书。“质”是长券，用于大宗买卖，如人口、牛马等；“剂”是短券，用于“小市”，如购买护身利刃、珍玩之类。“傅别”是借贷契券。它们的形制均为一分为二，双方各执其一，作为凭信。两者的区别是质剂是手书一札，前后文相同而从中间分开，双方各执的是文书的半札；傅别则是契书中间写一“中”字，从“中”字中间分开，双方各执其半。民间因为涉及民事权利义务关系，买卖双方产生争执的时候，小宰要根据质剂来断处是非。这说明我国最早的合同文书叫“质剂”，它是由国家机关根据当事人的意愿，发给双方当事人的有法律约束力的合约。凡因财货而涉讼的有争议的买卖活动，官吏要根据其契约合同与券书来裁决。

我国商业合同在公元前 3 世纪已经出现，大约比西欧早 300 年。“冯瑗为孟尝君市义”的故事最能证明这一史实。《史记》载：孟尝君“相齐，封万户于薛，食客三千人，邑人不足以奉客，于是使人出钱于薛，岁余不入；贷钱者多不能与其息；客奉将不给，孟尝君忧之，问左右何人可使收债于薛者”。关于收债的事，《国策·齐策四》中讲得更具戏剧性：孟尝君出记（账簿、凭据之类），问：“门下诸客，谁习计会（会计方法或计算利息的方法），能为文收责于者乎？”冯瑗说他能。孟尝君怪之，问这是谁。手下人回答说：“乃歌夫长铗归来者也。”于是约车治装，载券契而行。冯瑗告别时问：“收完债，用钱买一些什么回来？”孟尝君答：“看我家少什么就买什么。”冯瑗到薛之后合券，烧债券，老百姓称万岁。由此可见孟尝君田文是放高利贷者，冯瑗是会计。

不过，我国的契约制度很不完备，发展缓慢，在现实生活中，诚信仍是个人行为的规范，各阶层的人们都信奉。因道德的教化，所以我国的民事法极不完备，远远落后于刑法，这种现象与我国封建专制制度及儒家思想长期统治有关。

二、秦汉券书

秦汉时，将质剂改称“券书”或“书契”。券书是一种法律文书，相当于后世的契约合同文书，如果涉及诉讼，可以作为官吏断案的法律依据。这些券书大多由官府所设置的专业官吏来制作发放，重要的还要由官府存档备查。《周礼·秋官司寇》中所谓“司约”指的是掌管约书的官；“治民之约”指的是处理人民征税、迁移、买卖、赊欠、和解等的约书；所有大小约书都由司约保存，如有争讼则要打开库房取出所藏约书，违约者还要处以墨刑，即在脸上刺字。“券书”在汉代乃买卖双方关系成立的合法凭证，是诉讼的有效证据。

汉朝买卖的主要商品是土地和奴隶，全国各重要城市都由官府派员管理市场贸易，并制发券书。因为一般商品在出卖后即被购买者消费，而不动产（如土地、房屋等）、奴婢、牛马等贵重品却不能马上被消费，一般可以长期存在，所以地权或人权的转移必须公证是当时社会的共识。考古证明，居延汉简第 36 枚即“建武三年（34 年）十二月侯粟君所责（债）寇恩事”简册，记录了两千年前的一桩经济纠纷案件：寇恩与人合伙贩鱼，一次达5000余条，因利润分成不均双方发生纠纷，地位较低的商人凭证据、证人诉讼烽燧驻军官员。这份汉简有力地证明了汉代人已经有了维权意识，出了百姓告官的事件，这是法律面前人人平等观念的体现，让我们对大汉王朝的平民多了一份敬仰。

三、西晋约书

现存我国最早的商业买卖合同书是“翟姜女买棺约”，出土于吐鲁番，写在木简上，命名“晋泰始九年（273）翟姜女买棺约”：

（简面）泰始九年二月九日，大女翟姜女从男子栾奴。

（简背）买棺一口，贾练廿匹，练即毕，棺即过，若有人名棺者，约当召栾奴共了。旁人马男，共知本约。

这份“约”记有时间、买卖双方姓名、交易物品名称、数量以及买卖后出现反悔纠葛的责任规定，符合约书的主要要素。特别让人惊奇的是，约简正面上方写有“同”字右半，这是买方翟姜女所持的一份，另外还应该有“同”字左半的那一份，应当在卖方栾奴一方。买卖双方的契约木简合成一份完整的“同”字，这就是古代的“合同”，所以契约又称“合同书”。这种为防止伪造契券，防止一方反悔的“合同”方法，一直以来为后世契约文书所继承，它充分反映了我们祖先的聪明才智，是商人在实践中智慧和独创性的又一明证。

四、唐代契书

到了唐代，我国古代商业契约文书内容更加完备，形式已趋格式化。唐政府规定：“买奴隶、牛、马、驼、骡、驴等，依令并立市券，两和市卖，已过价讫。”契书由市司出券，就是由市场管理官员帮助买卖双方书写格式化的契约。后来由于业务繁忙，逐渐过渡到由卖方书立契书，文书多由知书识字的人代写，由当事人在自己名下画押，有的还邀请特定人员到场，监督契约的签订。

唐契中已经使用了大写数字，如“拾肆”“壹”，汉字数字符号“十”“十二”，说明唐代已经把大写数字运用于买卖活动中，这对篡改、涂抹、修改等违规行为产生了有效预防，它是金融商人“兴生”的发明。

应注意的是，买卖双方为了保证合同中的权利更具合法性，在订立私契后，还要订立一个经过官府市丞加印后双方认可的“市契”。按规定市契必须有五名保人，唐买驼契中的“待保未集，且立私契；保人集，别市契”就是指这种情况。这项保证性条款具有“公证”性质。如同今日去超市购物，商家给的购物“小票”，只是购物凭证，不具有法律效力；如果发生纠纷，具有法律效力的是“发票”，即税务发票。

在责、权、罚的内容和形式上，唐契已经成熟完备，且走向定型的格式化。宋元明清契书大致如此。由于官府贱商政策作祟，商人历来重视契约，讲究信用。清乾隆三十八年(1773 年)，浙江布政使司发布文告：“民间执业，全以契券为凭。其契载银数或百十两或数千两，皆与现银无异。是以民间议价立契之时，必一手交银，一手交契，从无将契脱手付与他人收价之事。……盖有契斯有业，失契即失业也。”可见契约在商业交易活动中的作用之重要。

课后习题

1. 什么是商策？商策文化的内容是什么？
2. 古人的广告有哪些值得今人学习之处？
3. 为何我国合同出现的历史较长却没有形成契约制社会？

拓展学习

1. 观看纪录片《商业创意在中国》。
2. 试着将身边熟悉的产品用古人的方式进行广告。

第七章 商 号

学习目标

1. 了解中华老字号的兴衰。
2. 了解具有代表性的中华老字号。

本章导读

在长期的商业经营中，形成了许多声名远扬的商号，在长期历史的积淀中，它们逐渐成为铭记在民众心目中的口碑品牌，我们称之为“老字号”。在历史的发展中，这些“老字号”由小到大，由兴到衰，在新的历史时期中，一些老字号消失了，还有一些抓住了历史的机遇，再一次焕发出了蓬勃生机。

思考讨论

1. 什么是商号？什么是中华老字号？
2. 中华老字号的共同点是什么？
3. 你知道哪些河南的老字号？

第一节 商号与老字号

一、商号

商号是一种商业名称，也就是厂商字号。在登记注册之后，可以在牌匾、商标、合同和包装上使用，大多以文字或图形形式呈现。商号与商标关系密切，但并不相同，商标是对特定商品的依附，商号主要与商品生产或销售该商品的厂商密切联系。

古代商人一般喜用自己的姓名作为商号，如宋代《东京梦华录》中记载有许多商号，“曹婆婆豆饼”“李生菜小儿药铺”“张戴花洗面药”“唐家酒店”“黑虎王医生”等。而一些大的商铺为求吉利，给商号的起名往往会出自特定的字，如：顺裕兴隆瑞永昌、元亨万利复丰祥、泰和茂盛同乾德（得）、谦吉公仁协鼎光、聚益中通全信义、久恒大美庆安康、新春正合生成广、润发洪源厚福长。

老字号是指历史悠久，拥有世代传承的产品、技艺或服务，具有鲜明的传统文化背景和深厚的文化底蕴，取得社会广泛认同，形成良好信誉的品牌。老字号是中国历史文化的宝贵遗产，有着浓郁、鲜明的民族特色。它们不仅是一家家传统老店，一项项传统技艺，一款款独具特色的产品，更是中华文化的瑰宝。

老字号不仅是一种商贸景观，还是一种历史传统文化现象。“不到长城非好汉，不吃烤鸭真遗憾”使全聚德成为北京的象征。而北京民间歇后语，如“东来顺的涮羊肉——真叫嫩”“六必居的抹布——酸甜苦辣都尝过”“同仁堂的药——货真价实”“砂锅居的买卖——过午不候”，都生动地反映了这些老字号的品牌特色。

二、老字号品牌的历史

经过商务部认定的中国现有的老字号企业——拥有商标所有权或使用权；品牌创立于1956年以前；具有传承独特的产品、技艺或服务；有传承中华民族优秀传统的企业文化；具有中华民族特色和鲜明的地域文化特征，具有历史价值和文化价值；内地资本或港澳台地区资本相对控股，经营状况良好，且具有较强的可持续发展能力的企业——它们最初的来源大多可以追溯到19世纪至20世纪初，平均有160多年的历史，其中最早的距今已有四五百年的历史。老字号企业涉及生活的方方面面，包括手工业、饮食业、服务业、商业和医药行业等。

在众多老字号企业当中，有许多人们非常熟悉的老牌子，比如全聚德、稻香村、同仁堂、恒源祥、六必居、瑞蚨祥等，它们与消费者的关系就像是相识多年的老友。这些看似平凡的老字号名字，在它们辉煌的年代里都可以算是家喻户晓的知名品牌，具有极高的声誉，是经过几代人的呕心沥血凝聚而成的，百年来获得了市场和消费者的普遍认同。老字号品牌曾经代表着诚实守信的经营准则、有口皆碑的商业道德、热情周到的服务态度、高超神秘的传统工艺以及深厚的当地传统文化底蕴。它们历经百年依然屹立不倒，堪称我国民族工商业的楷模。

三、老字号和地域文化

中华老字号品牌是经济和文化的结晶。它们不但具有经济价值，更具有文化价值。同仁堂、恒源祥、张小泉……一家家老字号或凭借别具一格的经营理念，或依靠独树一帜的绝活手艺，打造出经久不衰的百年老店，成为中国民族工商业发展史的参与者与见证者。在繁荣经济的同时，中华老字号又以其悠久的历史积淀、厚重的文化底蕴承载着民族的历史文化，成为各个地域文化的重要组成部分。

2006 年，商务部正式对外公示了首批中华老字号名单。在这份名单中，一共有 434 家来自全国各地的老字号品牌，并且呈现出明显的地域性：数量排名前五位的省份分别是北京（67 个）、上海（52 个）、浙江（36 个）、江苏（35 个）和天津（30 个），占总量的 50.7%。也就是说，京津地区和长三角地区的老字号品牌占据了全国老字号品牌的一半以上。

出现这样的情况存在一定的历史原因。京津地区自元朝以来就一直是中华民族的政治文化中心，其中，北京更是从 12 世纪开始就作为统治阶级政权的首都而得到了大力的发展与建设。可以说这是近现代中国最具有地域性政治文化的地区，在这里诞生了老字号中品牌价值最高的同仁堂，另外还有全聚德、狗不理等家喻户晓的老字号品牌。而长三角地区作为中国近现代商业文化的中心，是随着西方殖民发展起来的殖民经济地区。其中上海市在新中国成立前曾一度是远东经济文化中心，是西方工商业进入中国的桥头堡，上海市的老字号中保留了许多西方近代工商业的特点，诸如恒源祥、冠生园、培罗蒙等，这些品牌堪称我国民族工商业的骄傲。

老字号品牌不仅是地域文化的重要组成部分，而且其兴荣与否也与地域文化的繁荣程度息息相关。无论是政治、经济还是人文文化，老字号都可以借助这些地域文化来为自己的品牌服务。

第二节　著名老字号

一、全聚德——金炉百年不灭火，银钩长挂百味鲜

提起“全聚德”，可谓无人不知无人不晓，全聚德的烤鸭驰名中外，酥脆的外皮入口即化，肥而不腻的鸭肉嚼劲适中，搭配上薄嫩的春饼、香甜的面酱、翠绿的黄瓜和雪白的大葱，真是别有一番滋味在齿间。

全聚德的总店设在北京前门，是北京一处独具特色的人文景观。很多人都知道这样一句话：不到长城非好汉，不吃全聚德真遗憾！由此可见全聚德这个百年老店的影响之深。

那么，既然是百年老店，全聚德经历了怎样的历史沧桑呢？透过“全聚德”的金牌匾，我们仿佛能看到几代人的艰辛和成果。

（一）“全聚德”本是“德聚全”

道光十四年（1834 年），黄河发生水患，河水漫至河北冀州，淹没了粮田，本就生活困难的杨家没有了收成，日子更加难熬了。杨家有一个年仅 15 岁的儿子杨全仁，正是长身体的时候，可怜没有粮食，只好去京城要饭。

杨全仁是幸运的，他挺到了京城，见到了京城的繁华，可是他来不及细看，就要开始找工作了，因为身无分文在哪里都无法生存。可是，杨全仁太瘦弱了，没有人让他当伙计，怕他干不了重活。然而，功夫不负有心人，杨全仁终于在郊区找到了一份放养鸭子的工作。虽说是放养鸭子，但他同时也要帮老板填鸭和宰鸭。为了生活，杨全仁非常勤奋，加上他并不笨，很快就掌握了一流的填鸭和宰鸭的技术。两年的时间很快就过去了，他也积攒了一些积蓄。道光十七年（1837 年），他与别人合伙，一起做起了小生意，在正阳桥头石板道旁摆摊子卖生鸡、生鸭。

他们每天天不亮就到郊区采购活鸡、活鸭，之后宰杀，并给每只鸡鸭注水。靠着“灌水”的技术，杨全仁积攒了更多的资金，于是买下了邻近肉市的井儿胡同 14 号的几间堆房，并将鸡鸭摊移到了广和楼北口。俗话说，实践出真知。经过几年的买卖，杨全仁发现，卖鸭比卖鸡赚钱，于是逐渐将经营的重点转到卖鸭上。由于经营有方，杨全仁的生意越来越红火，腰包也渐渐鼓起来。他想：“我的钱足够盘下一家店铺了。”杨全仁每天去摆摊卖鸭，都会经过肉市胡同路东边一家名为“德聚全”的干果店。这家店铺的位置不错，正是杨全仁想要的，他对自己说，要是哪天这家店不做了，我一定将它盘下来，开一家烤鸭店。

应该说是天意，“德聚全”干果店在同治三年（1864 年）一蹶不振，店主不得已将店铺关门。杨全仁得知这一消息之后，扔下摊子跑回家去将多年的积蓄都拿出来，将这家店盘了下来。

为了给烤鸭店起个好名字，杨全仁请来了知名的风水先生。风水先生观看一番后，笑眯眯对他说：“杨先生，你这家店铺的位置真乃风水宝地。您看，店铺两边是两条小胡同，就像是两根轿杆儿，如果将来盖起楼房，就像是一顶八抬大轿，你的店铺前途无量啊。”杨全仁听风水先生这么说，心里非常高兴，但一会儿风水先生的眉头又皱了起来，说：“不过，之前的那家店铺霉运连连，至今仍是晦气难除。”杨全仁赶紧追问：“先生，那我该怎么做呢？”风水先生摸着小胡子说：“这个简单，只要你将‘德聚全’这个字号倒过来，也就是改成‘全聚德’，就能一扫霉运，好运连连。”杨全仁那时候还没有能力建造楼房，能做的就是将店号改为“全聚德”。杨全仁对“全聚德”的店号非常满意，他觉得这个店号就是在告诉客人他做买卖讲德行。

全聚德开张之后，在杨全仁的精心经营下，生意越做越好，店内的伙计也从十几人增加到三十多人。当时的北京，有大大小小的烤鸭店二十几家，其中数便宜坊的烤鸭历史最悠久，也数它生意最兴隆。杨全仁看到便宜坊优点的同时，更是注意到它的弱点——焖炉烤鸭的烟火味过重，很多客人不喜欢。于是，杨全仁另辟蹊径，要将挂炉烤鸭这个营生做强做大。

要做挂炉烤鸭就需要一名技术高超的师傅。杨全仁知道，在北京东安门大街路南的金华馆内有一名孙师傅，烤鸭技术精湛。孙师傅原本在皇宫御膳房包哈局（清宫御膳房曾设有专为皇帝做挂炉猪和挂炉鸭的“包哈局”，“包哈”为满语，即为下酒菜之意）里专管烤猪烤鸭，离开皇宫后就到金华馆掌炉。杨全仁为了请到孙师傅，花费了不少力气，大有刘备三顾茅庐之势，最终如愿以偿地请来了孙师傅，同他一起来的还有皇宫中挂炉烤鸭的全部技术。杨全仁眼看着一只只肥鸭被烤鸭杆挑起，送进炉膛，挂在炉梁之上，不多久就成为颜色枣红的诱人烤鸭，他会心地笑了。由于孙师傅和新技术的加入，全聚德的生意一天比一天好。看着眼前的繁荣景象，杨全仁想起了那位风水先生说过的话，他要实现“八抬大轿”的梦想。但可惜的是，杨全仁没有看到自己的楼房落成就离开了人世。杨全仁死后，全聚德由他的二儿子杨庆茂接管。

（二）精明能干的“军师”李子明

1912 年，杨庆茂为自己找了一个“军师”——李子明。他精明能干，办事有主见，而且能够识文断字，给杨庆茂出了不少的主意，解决了不少的危机。

1922 年 4 月，第一次直奉战争爆发，直系军阀吴佩孚最终取得胜利。一时间，北京城内流传着商铺会被军阀洗劫的各种消息，前门大街这个优势位置的商铺老板们个个忧心忡忡。不久之后的一天早上，全聚德里来了一位军官，自称是吴佩孚部队的军需官，对接待他的李子明说：“吴大帅打了胜仗，为了犒赏三军，点名要全聚德准备两百桌饭菜，每张桌子上必须有一只鸭子。”这对全聚德来说几乎是一个不可能完成的任务，但李子明想也没想就答应下来。店里的伙计都认为他疯了，连一向信任他的杨庆茂也怀疑这个决定是不是正确。为了消除众人的疑虑，他对大家说：“如果我们不接，很有可能得罪目前实力最大的军方，到时候全聚德能不能存活都是问题。而如果我们接下来，我们还有机会。请大家相信我，我一定会带领大家好好地完成这项任务。”

之后，李子明调动全聚德的所有人员，迅速地添置新厨具，并且外聘了几名优秀的厨师，而他自己更是亲自到养鸭场选择良种鸭。在庆功之日，李子明一声令下，壮观的上菜场景让人咂舌，这个不可能完成的任务就这么给完成了。从此，全聚德在北京城的名声更加响亮，慕名而来的食客越来越多。

李子明不仅擅长经营，还擅长管理，他要求堂头（即领班）有超强的记忆力，只要客人来过一次就要记住他的身份，下次来的时候要认得清清楚楚，这样客人会高兴，比较容易成为常客。为了能找到一个好的堂头，李子明亲自到其他的饭馆去物色人，然后高价挖过来。为了让顾客相信全聚德是货真价实的，他还专门安排了一个卖手，在顾客选鸭的时候，将活的鸭子拿给客人看，并让客人在鸭身上题字，表明这只鸭子所属。这种做法得到了很多客人的赞赏。

每天下午是全聚德的营业低峰期，为了让全聚德拥有更多的顾客，李子明在这一时段推出“低价鸭”。因为有便宜赚，顾客纷纷前来购买，所以即使在低峰期，全聚德也拥有一定流量的顾客。全天的营业时间中，全聚德门口总是挤满了汽车、黄包车。李子明在全聚德一干就是十几年。1930 年，杨庆茂去世，鉴于对李子明的信任，他没有将全聚德交给自己的后人，而是交给了李子明。

（三）全聚德与共和国领导人的不解之缘

新中国成立之后，人民政府向全聚德伸出了援助之手，领导人也给予了特别关注，周恩来总理就曾 27 次光临全聚德宴请外宾。

有一次，一位外宾问周总理：“这家餐馆为什么叫‘全聚德’？其中有什么含义吗？”当时，周总理并不了解“全聚德”三个字的来源，但他灵机一动，机智地回答：“全而无缺，聚而不散，仁德至上。”这个回答精辟而又贴切，全聚德的菜式齐全，自创立至今店铺没有分散过，在经营管理上更是仁心仁德。这次宴会结束之后，全聚德的负责人送总理出门，总理望着“全聚德”的牌匾，勉励员工说：“你们在这个百年老店是很幸运的，因为这是一块很有吸引力的金字招牌，你们好好地爱护它，把生意做好，为国家多作一点贡献!”

（四）全聚德的现代化之路

随着全聚德烤鸭的走红，市场的需求量越来越大，仅靠传统技艺使用木柴烤炉人工操作，已经远远不能满足市场的需求了。而且，木柴烤炉还存在环保、安全等问题，在一些地方已经禁用，在海外更因此而不能开店。

现代科技的进步让这个难题迎刃而解。全聚德不仅在工艺创新上下足了功夫，还运用现代电脑技术，模拟人工烤鸭，并选用 1000 多只鸭在即将投入使用的设备上做测试，准确地设定了烤鸭烤制的时间，温度、湿度等指标，这样从智能机器中烤出的鸭子，反而比人工烤制的更娇嫩、更可口，被称为智能烤鸭。智能烤鸭建立在对养鸭场饲料、养殖方法进行严格规范的基础上，全聚德一直坚持选用北京填鸭的优良品种，有标准的生产线，一天能产鸭坯两万多只，充分地满足了市场的需求。

在烤制的过程中，全聚德公司专门研制出天然果汁和糖色，刷在鸭坯上，烤出的鸭子与人工烤制的一样，有浓郁的果木香味，甚至比人工烤制的还香。全聚德传统的炉火烤鸭工具和烤制过程已经被看成是一种非物质文化遗产保留下来，至今还在几个主要的全聚德烤鸭店中展示，有的店还为消费者现场表演。

老字号走上现代化的发展新道路，生产经营也逐步开创出了新的局面。2004 年，全聚德集团与首都集团实行战略重组。2007 年，全聚德集团对仿膳饭庄、丰泽园饭店和四川饭店这三个名牌餐饮资产进行了收购，实力得到进一步增强。2007 年 11 月 20 日，全聚德作为中华老字号餐饮业第一支股票成功上市，现代市场经济新元素注入传统老店。至今，全聚德在中国境内已经有了 85 家分店，在境外也有了 5 家分店，并且在美国、英国、法国等 33 个国家和地区注册了“全聚德”商标。

二、同仁堂——340 年铸就的中药品牌

同仁堂创立于清康熙八年（1669 年），自雍正元年（1723 年）始供奉御药，历经八代皇帝，共 188 年。至今，同仁堂已经历经了 340 多年的风雨历程，始终恪守着“炮制虽繁必不敢省人工，品味虽贵必不敢减物力”的古训，其药品选料上乘、配方独特、工艺精湛、疗效显著，是享誉海内外的老字号，药品销往 40 多个国家和地区。

（一）先辈定名，后人开办

乐家的先辈世代行医，从江湖铃医做到皇宫太医，我们得从乐家的先辈乐良才开始说起。历史上载，永乐年间，北京一时间陷入缺医少药的困境，朱棣下令将一些名医迁进北京。而那时，一些有本事、有胆识的民间医生也抓住这个机会进入北京城发展，乐良才就是其中的一位。铃医因为手摇串铃召唤病家而得名。乐良才最初到北京时，只有那些家境贫寒的病人和外地的民工才会找他看病。由于他的医术高明，配制的药价格不贵疗效却很好，在口耳相传之下，有一些书香门第和殷实人家也来请他看病了。

但当时的社会，铃医的地位毕竟低下，有许多人嘲笑乐良才无派，只不过是一个浪迹江湖的草根医生，恐怕连《黄帝内经》《金匮要略》《伤寒论》这样的医学典籍都没有听说过。对于这些嘲笑，乐良才表面上不动声色，暗地里却痛下决心，一定要有自己的医馆和药铺，一定要成为一代名医，即便现在做不到，也要努力让子孙做到。乐良才之后，乐家又出了乐廷松、乐怀育等比较有名的医生。乐家传到乐显扬这一代时，家族的地位发生了巨大的变化。乐显扬生活的时代横跨明朝和清朝，在明崇祯年间，他建立起了自己的药铺，乐家的铃医生涯由此结束。到了清朝，乐显扬进入太医院，当了一名“吏目”，从此清朝太医院和御药房的档案中，也就正式出现了有关乐姓的记载。乐显扬充分利用太医院的优越条件，研读了大量医学典籍和珍贵的皇家医案，尤其对大量古方、验方、宫廷秘方进行了鉴定和整理，弄清了每个方子的使用方法和适应症状，这为同仁堂以后的发展打下了基础。

乐显扬有四个儿子，长子乐凤翔，次子乐凤鸣，三子乐凤仪，四子乐凤歧。他尤其喜欢乐凤鸣，对他的管教也最严格。乐凤鸣参加过两次科举，但并不顺利，之后就走上了行医之路。康熙四十一年（1702 年），乐凤鸣在北京大栅栏的路南开了一家药铺——同仁堂。同仁堂在大栅栏开张之后，生意兴隆，乐凤鸣暂要将同仁堂发扬光大，仅仅三年，同仁堂的药已经在宫里享有盛誉。康熙四十四年（1705 年）六月的一天，深得皇帝信任、专门为皇帝题写御碑的孙岳亲自为同仁堂题匾，而这块匾则成了同仁堂的传世之宝。

（二）供奉御药同仁堂

同仁堂开张之初生意红火，有的人说：“花无百日红，这同仁堂，风光不了多久!”可是三五个月过去了，三五年过去了，同仁堂依然红火。随着岁月流逝，同仁堂名声日隆，京城中上至王公贵族，下至黎民百姓，都知道同仁堂重信誉、讲诚信。好东西谁都想拥有，在封建社会，皇家更是能优先拥有。

雍正元年（1723年），一道圣旨下到了同仁堂，皇帝钦定由同仁堂供奉御药房需用药料，代制宫内所需各种中成药，称为“承办官药”，又叫“供奉御药”。从雍正元年开始，一直到宣统被迫退位，同仁堂一直享有供奉御药的特权。

实际上，与皇家做买卖可不是一件容易的事。同仁堂供奉御药兢兢业业、小心谨慎、如临深渊、如履薄冰，其中的悲欢荣辱是外人所不知的。药价要皇帝说了算，虽然皇帝金口分量足，但是一国之君每天都处理繁琐的国事，抽出时间为区区药物定价，实在是需要同仁堂的人下足功夫。而且“先交药，后领银”，注定要让同仁堂在宫内压下大量资金。既然供奉御药这么艰险，为何同仁堂总是坚持着呢？谁都知道皇家用的东西肯定是最好的，同仁堂既然供奉御药，质量一定好，这是一个活招牌。借着皇家的权威，同仁堂和许多著名大药铺往来时，都可享受优惠，即使是几千两银子的大宗生意，都是先拿货，后付款，这实际上也有利于同仁堂的资金周转。

（三）老铺浮沉总受难

1937年7月7日深夜，是中华民族永远不能忘记的一个夜晚，一阵阵隆隆的炮声震动了北平西南一带，中国从此进入了最艰难的抗日救亡时期。当时，打进城的日本兵到处烧杀抢掠，对同仁堂这样油水充足的商铺，更是不会放过，他们总是变着法地向同仁堂以天价兜售廉价的货品，或者在光天化日之下直接进店抢劫。同仁堂的钱财不知被日本官兵搜刮去了多少，药材更不用说，损失十分惨重。

受到日本兵骚扰、搜刮的药房不止同仁堂一家，还有许多别家的商号。于是，各商号的掌柜便联合起来成立了商会。若是在和平时期，商会能帮助一个行业发展，而会长一职好处多多，人人都要抢着担任。但是适逢乱世，谁也不肯出任会长一职。日本人有意让当时的同仁堂负责人乐达义出任会长，但是被他坚定地拒绝了。为此，日本人对乐达义打压得更为厉害。乐达义不但没有被日本人的淫威所吓倒，还积极组织请愿等活动。

北平被占领之后，乐家四大房的子孙有的投入抗日的大潮中，做起了地下党，暗中与日本人抗争。乐达义起初并不知情，直到乐家的子孙中有人被抓起来，警察局派人来敲诈同仁堂时才知道。为了保住乐家的子孙，乐达义低头了，他花大钱将他们从狱中救出。从那以后，乐达义也暗中帮助地下党，同仁堂成为地下党的财政管理点。乐达义表面与日本人周旋，不与他们为敌，实则是为地下党办事。

1949年，同仁堂终于迎来了新中国的诞生，获得了新的生机，笼罩在同仁堂上空的乌云一扫而光。可好日子没过多久，同仁堂就迎来了新中国历史上动荡的十年——“文化大革命”。这期间，同仁堂成为国有企业，乐家不再掌管祖业，乐家人成为普通的工人。在“破四旧”运动中，同仁堂没有幸免，字号被取消，改为“北京中药店”，制药厂和提炼厂也被改名为“北京中药一厂”和“北京中药二厂”，就连从康熙年间传下来的牌匾也被焚毁了。

（四）老店重建，继往开来

“文化大革命”结束后，同仁堂迎来了改革创新的大潮。中成药行业的竞争日益激烈，北京药材公司本着提高竞争力、复兴老字号的思想，重新启用“同仁堂”的名号，并着手组建“同仁堂集团”。

有新形势就会有新发展。同仁堂集团在新观念的支持下，已经形成了发展现代制药业、医药零售商业和医疗服务三大板块，与之配套的是十大公司、两大基地、两个院、两个中心的“1032”工程，其中在境内、境外各有一家上市公司。2006年，同仁堂中医药文化被列入国家非物质文化遗产名录，不管是社会认可度、知名度还是美誉度都在不断提高。

同仁堂没有在历史风雨的吹打中消逝，而是逐渐发展成为极负盛名的百年老字号，现在又以“同仁堂中药集团”的名字享誉世界15个国家和地区。对于乐家的每一位后人来说，尽管同仁堂已经不是他们的家族产业，但是他们依然关注同仁堂的发展，依然还会为它所取得的成绩而骄傲。

三、内联升——手工布鞋中的奢侈品

内联升以做朝靴起家，历经百余年，仍坚持以手工布鞋为主。经历了战乱的蹂躏，仍顽强地坚持了下来，这是一个奇迹。内联升每个阶段的发展都深深地打上了时代的烙印。

（一）做坐轿人的生意

清朝道光年间，天津武清人赵廷，因家境贫寒，来到京城东四牌楼某鞋铺学艺。只有14岁的他从学徒做起，这是当时手工业者的必经之路。勤奋聪明的赵廷用几年时间就学得了一手上好的制鞋手艺，为他所在的鞋铺招徕了不少生意，老板对他很是器重，这对他的将来有很大的帮助。但对他帮助最大的是，他在学徒期间认识了一位重要人物——丁大将军。

一个偶然的机会，赵廷结识了丁大将军，两人一见如故，相谈甚欢。在得知赵廷有自立门户的想法之后，丁大将军大表赞同。但是赵廷所有的积蓄仅有2000两白银，丁大将军笑着说：“贤弟，这不是问题，大哥我赞助你万两白银！”此时的北京城内，制鞋的店铺已经不少，还有漂洋过海来的新潮皮鞋店铺。赵廷虽从学徒做起，但耳濡目染的都是做生意的方法和点子，他虽没念过书，不知道什么是蓝海战略，但他知道要选择市场上的空白点。

赵廷思来想去，觉得要想赚大钱，就得在有钱的坐轿的人身上打主意、下功夫。赵廷与丁大将军的频繁来往让他有幸接触到不少朝中官员，多次旁敲侧击之下，他知道官员对现有朝靴制作商铺颇为不满，而他正好有这门手艺，所以他决定专为官员做朝靴。这也是他将店铺取名为“内联升”的原因。内指“大内”，“联升”意指穿了这里的靴子就可连升三级。有了这样响亮而吉祥的名字，哪个官员不愿意穿在脚上，取个好彩头呢？

清咸丰三年（1853年），内联升在北京皇城根儿下的东交民巷开张了。喜庆的鞭炮声引来了过往行人和周边商户的围观。那时的朝靴一双售价50两白银，虽然要求做工精细，质量上乘，但刨去人工、原料等成本，利润也是非常可观的。这对赵廷来说，可谓是一条发家致富的捷径。

当时的东交民巷还没有发展成使馆区，但也不是一般店铺能够入驻的。那里离皇宫较近，宗人府、吏部、户部、礼部、兵部、工部、钦天监、太医院等各个衙门尽数在此，来华访问的使节会馆也在这里。用现在的话说，东交民巷是那时北京的 CBD。内联升能在这里立足，仰仗的是丁大将军的面子，和他资助的那万两白银。

丁大将军是个军人，对经商这样细致的事情并不擅长，内联升经营几年之后，赵廷已经积攒够了买下丁大将军“股份”的资本。其实，丁将军早就希望有人买下他的股份，因为他深知自己不是做生意的材料。赵廷来买股份，他更是求之不得，毕竟内联升是他们俩一起创办的。就这样，内联升完全成为赵廷的店铺。

有经济学家说，清朝末年的资本主义是坏资本主义，利用政府垄断来追求私利，私人企业受到权势官宦的庇护。赵廷正是利用了这一点才发家致富起来。

（二）高级定制——《履中备载》

赵廷不仅将朝靴做得有模有样，而且针对来光顾的官员的服务，也制定了一套完善的经营和服务体系的档案——《履中备载》。这可算得上是我国历史上有证可考的第一本 VIP 客户档案。

《履中备载》中全是王公贵族和知名的京官、外省大吏的靴鞋尺寸、样式和特殊脚形。只要是来过内联升定制过朝靴的官员，都能在《履中备载》找到记载他们的脚的详细尺寸和喜欢的样式等内容。三品以上大员做鞋不会亲自到鞋店，赵廷就派伙计到官员的家里去量尺寸。有了这本《履中备载》，只要他们派人来内联升通报一声，内联升自会做好送到府上。

赵廷的这招让内联升仅靠口碑相传就获得了极大的名声。内联升的朝靴深受朝中大员喜爱，渐渐地，京城文武百官买鞋必到内联升，而且许多官员送礼也会到内联升选购朝靴。

更为有趣的是，《履中备载》中还记载了各地举子进京常巴结的“恩师”的鞋号和喜欢的样式。这些“恩师”在京为官，因此每到举子进京的时期，内联升的生意就非常火爆。举子们进店不仅为自己和家人买鞋，还花重金买恩师们的“足下之需”，定制几双朝靴送去。

想谋一份肥差的人，也如举子们的做法，以表“善体上情”——连上司穿多大尺寸的鞋都知道，自然是“心腹”之人。既然是心腹之人，定会博得青睐和赏识，说不定哪天就会飞黄腾达。因为这种种的原因，内联升生产的朝靴身价倍增。内联升最盛之时，曾给宣统皇帝做过登基时穿的龙靴。

赵廷瞅准时机专心经营，内联升迅速积累财富，但是内联升老店的规模一直没有扩大，前店后厂、自产自销的模式维持了近五十年。不过任何事物都不能只看表面，东交民巷的内联升规模虽没有扩大，但在北京、天津、大同、青岛相继开设了分号，都主要经营朝靴，也兼营棉鞋、便鞋。

（三）动乱来临，辉煌结束

光绪二十六年（1900 年），八国联军入侵北京，慈禧太后携光绪帝和王公大臣弃城而逃，东交民巷也没有逃脱火劫。在短暂的灿烂之后，赵廷多年积累一朝成空，半生事业毁于一旦。

东交民巷被设立为使馆区之后，不许中国人进入，内联升迁往乃兹府重新开业。但开业之后，经营大不如从前，只能勉强维持生计而已。民国初期，袁世凯发动壬子兵变，内联升再遭洗劫，在兵变中被乱兵抢劫一空。年近七十的老当家赵廷，哪经得起这接二连三的打击，不久之后便撒手西去，他的儿子赵云书接管了内联升。

赵云书将内联升由乃兹府迁至宣武区前门廊坊头条胡同，两次遭难的内联升才逐渐稳定下来。封建社会的结束，摘走了内联升头上的庇护伞，给了内联升致命的一击：曾经引以为傲的朝靴没人穿了。

时过境迁，内联升不得不改变策略，不再死守高端定位，既做坐轿人的生意，也做普通大众的生意。

（四）创新是存活的根本

做朝靴有自身的特色，做普通大众的生意，也要有自己的特色，这是内联升的经营理念。千层底布鞋就是内联升为普通大众做鞋的特色。

千层底布鞋鞋底的制作经过七道工序，纳底、锤底等每道工序都不能马虎，做出的鞋既好看又耐穿。来内联升买千层底布鞋的人越来越多，内联升的生意总算有了起色。

消费群体扩大了，旧时“履中备载”式的服务实施起来颇为困难，但在经营上难不倒内联升的历任掌柜。

内联升选择了印制礼券的促销方式，将不同的鞋对应到不同的礼券上，人们买了礼券就能到店里来买鞋，这在当时可是极为轰动的举动。一时间，内联升礼券成为别致又受欢迎的馈赠礼品的首选。印制礼券的方式一直到今天还在使用，但当时却是一种新颖的经营方式。内联升没花多长时间就成为北京的名牌。但在兵荒马乱的年代，也只能做到这样了。

内联升遭遇两次劫难后再次站立起来，与创新是息息相关的。它的创新不仅表现在产品上，还表现在管理方式上。内联升虽然一直沿用前店后厂的模式，但是能将纳底等工序交给京畿农民家庭完成，只留下切底、包边、圈底等几道关键的工序在后厂完成，既保证了鞋的质量，还让内联升有更多的精力放在产品样式的更新上，以应对比晚清时期更为多变的市场需求。

此外，内联升和当时许多商号一样，员工培训主要是培养学徒。学徒要三年多的时间才能出师，但会根据情况，因人而异，有一定的灵活性。内联升出师的学徒熟悉任何一道工序，既会生产，也会销售。内联升在战争年代对员工的福利，相对来说比其他行业和鞋业的字号都要好，所以有很多人愿意成为内联升的学徒，为内联升的发展贡献出一份力量。

（五）风雨过后是彩虹

新中国成立前夕，内联升和整个中国经济一样，处在濒临崩溃、奄奄一息的境地，同时也处在转型和调整之中。那时内联升经营的方向和产品已经不适应新社会的需要，生意非常惨淡，仅有五十几名员工。

1953 年，赵云书的四儿子赵珩接手内联升。但赵珩一介书生，不懂买卖，并不过问内联升的经营事宜。世事的变迁将内联升送至风口浪尖。1956 年，我国开始公私合营，赵珩将内联升上交国家经营，国家补贴赵珩每年 5%赎买金，计划 20 年付完。在之后的两年内，内联升完成了在经营方向上的转变，进入恢复发展期。内联升在成为北京名牌的同时，也走向了全国各地，其产品种类进一步拓宽，开始生产女鞋及解放鞋。公私合营之后，内联升的厂址又经过了几次搬迁，至 1958 年最后一次迁址到大栅栏西侧，结束了半个多世纪的“漂泊”。在计划经济年代，物价在国家的控制下，内联升的自产纯手工鞋没有利润可言。因此，1970 年，内联升的“后厂”有了新的含义，那就是在政府的调配下，从多家鞋厂进鞋出售。那时候，内联升的非自产鞋销售额占到了 80%以上。

内联升的千层底布鞋从出现就一直吸引着北京及各地的人。曾经一段时期，内联升希图寻找一条以前店养后厂之路，来保护和发展自己的传统工艺与经营特色，但受到价格、原料供给等多方面的限制，即使用尽了浑身解数，最终也没能挣脱困境。

计划经济时代，内联升虽然暂时失去了自己的品牌，也失去了昔日风光，但与其他鞋店相比，它还是有自己优势的。内联升续写了新的《履中备载》，为新中国党和国家领导人毛泽东、周恩来、邓小平等国内政要，以及许多国际政要设立了专门的“足迹”档案。经过内联升自身的努力，北京市政府对内联升颇为照顾，有意识地帮助内联升保留一些原有特色，如：内联升虽然销售主体已经不是自产靴鞋，但保留了前店后厂的形式，也有属于自己的加工厂；在物资贫乏的年代，内联升传统手工布鞋用的纯毛毛料由政府特批提供。

1976 年，内联升开始生产和经营皮鞋。这是前店养后厂思路的开拓，也是在用皮鞋养布鞋，目的仍是保护和发展自己的传统产品。“文化大革命”时期，内联升一度更名为“东方红鞋店”“长风鞋店”。1977 年，北京老字号相关政策出台，内联升的字号得以恢复。在此后的十几年中，内联升尝试过各种挽救老字号的方法，有的有些成效，有的不仅没有成效，反而让内联升陷入更加窘迫的境地。

1992 年的一天，内联升的电话响起，向所有人宣示了一个好消息。这是一个要求定制纯手工皮鞋的电话。在当时的业务经理程来祥带领下，内联升精益求精地完成了这双 37.5 毪码、皮底皮面的小舌鞋。不久之后，这双鞋就穿到了邓小平的脚上。他穿着这双鞋穿过上海，走过深圳，还发表了令人激动的“南方谈话”。“南方谈话”是股春风，内联升的领导们感受到了，看似平静的内联升其实早已蠢蠢欲动：内联升的机会来了！

面对改制，不少企业消极应对，因为对于企业改制后的前景，员工并不看好。内联升却正好相反，新任领导主动向上级单位申请改制。内联升改制之初曾受到员工的各种质疑，当时的负责人程来祥不仅给员工们一个个解答，还拍了胸脯、做了保证。领导的带头，员工的支持，是内联升走在改制前列的重要力量。内联升改制之后，充分意识到“内联升”这三个字的品牌价值，利用现代的手段和技术将百年的字号重新做出了规模和名声。

附：商务部认定的第二批“中华老字号”名单中的河南老字号

1. 焦作市百货大楼有限责任公司（注册商标：图形）
2. 郑州市金水区精华眼镜行（注册商标：精华眼镜）
3. 河南省宋河酒业股份有限公司（注册商标：宋河）
4. 驻马店市王守义十三香调味品集团有限公司（注册商标：王守义）
5. 开封市天丰面业有限责任公司（注册商标：双鱼）
6. 卫辉市世魁清真肉制品有限责任公司（注册商标：世魁）
7. 河南省张弓酒业有限公司（注册商标：张弓）
8. 商水县振华肉食有限公司（注册商标：叶振华）
9. 宝丰酒业有限公司（注册商标：宝丰牌）
10. 新乡市副食品水产总公司罗锅肉制品公司（注册商标：罗锅）
11. 郑州市饮食有限责任公司（合记烩面）（注册商标：合记）
12. 西华县老丁家食品有限公司（注册商标：沙颍）
13. 开封马豫兴食品有限公司（注册商标：马豫兴）
14. 郑州市饮食有限责任公司（注册商标：马豫兴）
15. 河南省洛阳正骨医院（注册商标：平乐正）
16. 项城市汝阳刘笔业有限公司（注册商标：汝阳刘）
17. 洛阳建洛生物科技有限公司（注册商标：建洛）
18. 汝州市四知堂制药厂（注册商标：四知堂）

第三节　创新老字号品牌

一、老字号的品牌理念创新

一家致力于品牌创新的中华老字号企业，必须努力解决品牌理念落后的问题，需要进一步了解品牌悠久的历史及沉淀下的文化特征，不能光靠吃老本过日子。管理者应该深入地挖掘自身品牌的文化底蕴，将这种文化与品牌核心价值相结合，形成现代品牌理念，并将这种品牌理念有效地融入企业管理中去，通过管理不断提升企业竞争力。

现代的品牌理念需要现代的品牌管理，也就是说，成立一个专门的品牌管理部门对于老字号品牌来说是十分必要的。天津隆顺榕制药厂创办于1833年，曾一度引领中国中药工业革命，代表天津市乃至全国中药工业水平，以藿香正气水闻名于世。然而，进入市场经济之后，隆顺榕发展的步伐反而慢了下来。为了摆脱困境，2002年9月，企业专门成立了一个品牌小组，从挖掘企业历史入手，重树老字号品牌。之后隆顺榕秉承“济世寿人、泽及四方”的传统，倡导“求新、求变、求快、求发展”的全新品牌理念，致力于在传统中成药、健康预防医药及参茸饮片、绿色健康食品等领域不断推陈出新；并充分利用历史文化积淀，重振隆顺榕百年老店的品牌形象，使隆顺榕成为天津市乃至全国滋补保健品的第一品牌。2003年5月正式恢复“老字号”，企业更名为天津隆顺榕制药厂，并注册了“隆顺榕”商标，实现了厂名与商标统一，进一步完善了企业的品牌管理。

对于规模较小的老字号企业来说，可以设立品牌管理委员会，负责协调品牌战略各策略的实施并监测品牌表现。对于产品比较丰富、品牌或品类比较多的老字号企业，可以效仿宝洁等现代大企业所使用的方法，设立品牌经理制度或者品类经理制度，由经理全面负责某一个或一类品牌的运作。

二、老字号的品牌核心价值创新

老字号品牌的共同特点是具有独特的传统文化特色，每一家老字号都随着自身的成长，培育和形成了独特的传统商业文化。对于老字号品牌来说，几乎是家家都有一段故事，因此具有传奇色彩的传统文化自然也就成了许多老字号品牌传统的品牌核心价值。但是如今的营销环境已经与当年大不相同了，在这样一种争分夺秒的消费者导向型市场上，以传统文化作为核心价值未必是可靠的。因为现在的消费者已经不是在老字号品牌大行其道时代的那种传统文化熏陶的环境下成长起来的了，他们拥有更多的选择，品牌忠诚度相较前人只降不增。现在的消费者最关心的不是传统文化，他们大多没有时间也没有多少兴趣了解他们消费的品牌，不能再依靠消费者的怀旧心来卖产品。也就是说，现在的消费者最关注的不是你能教会他们什么传统文化，而是你能给他们提供些什么看得见摸得着的产品。

所以，老字号的品牌核心价值创新必须先从对核心价值的理解上入手。提炼品牌核心价值是一项科学严谨的工作，并不是凭空杜撰出来的，需要品牌历史、企业文化和消费者调研相结合。老字号品牌所引以为傲的传统文化底蕴只能作为卖点，而不能作为其品牌的核心价值。老字号的核心价值应该集中于其产品的质量以及消费者对其诚信的经营理念的认可上。

瑞蚨祥的创始人孟鸿升作为一代儒商，立下的店训是“诚信筑基，悦客立业”。他对核心价值的创新点有别于其他老字号，并且的确做到了诚信悦客：首先，瑞蚨祥的尼龙绸缎货真价实；其次，瑞蚨祥门店的茶座是“悦客”的代表性设施，哪怕做的是一笔小买卖，赚不到一壶茶钱，也绝不敷衍。然而如今的瑞蚨祥却不见了“悦客”的小茶壶，当初的店训也被经营者高高地装裱在店内的墙上，消费者光顾之后只知道瑞蚨祥是一家老店铺，有传统文化底蕴，却不明白形成这样一家有传统文化底蕴的老店铺的根基为何。

三、老字号的品牌文化创新

在以消费者为主导的时代，许多中华老字号品牌的经营纷纷遭遇滑铁卢，但是也有一些中华老字号品牌由于能够在继承优良传统文化的同时不断对品牌文化注入新的内涵，得到了良好的发展。因此，不断创新品牌文化对中华老字号品牌的振兴和持续发展具有十分重要的现实意义。中华老字号品牌在传承传统文化精华的同时，必须吸收具有时代特征的积极文化元素。做到古为今用、洋为中用，兼收并蓄，形成传统文化与现代文化相融合的品牌文化。让品牌文化成为中华老字号历久弥新、保值增值的法宝，成为中华老字号深入人心的魅力所在。

另外，品牌文化创新还可以提高老字号品牌的影响力。老字号品牌在改革创新中要坚持传统优秀文化、借鉴现代理念，丰富文化内涵，将企业文化与品牌、诚信体系相结合，以诚信维护品牌，以文化创新企业形象，提高老字号的品牌影响力。同仁堂 300 多年来一直把“炮制虽繁必不敢省人工，品位虽贵必不敢减物力”作为品牌的训规，始终坚持传统的制药特色，使其产品以质量优良、疗效显著而闻名海内外，“同仁堂”也因此成为质量和信誉的象征。

四、老字号的品牌营销创新

（一）品牌营销推广

俗话说“养在深闺人难识”，老字号品牌的市场本来就较为狭窄，若再缺乏开放意识，必定无法使人一识“庐山真面目”，所以积极地“走出去”是获得市场认可的首要手段。同时，即使品牌竞争力已经形成，营销推广仍不可掉以轻心。以可口可乐的成功来说，其秘诀不能不说是得益于广告的宣传。虽然到现在可口可乐已经有 110 年的历史，品牌也已非常成熟，却依然在营销推广上不遗余力，其突出体现就是不管在地球的哪个角落，只要可口可乐的产品一到位，其形形色色的宣传品、宣传广告、宣传活动也旋即跟到那里，出众而抢眼的可口可乐红白标志顷刻便铺天盖地，充斥着人们的视听空间。全球第一品牌尚有如此忧患意识，老字号品牌则更需加倍努力。

（二）规模效应

企业需要品牌，而品牌需要规模。没有品牌，企业就无法取得市场通行证；没有规模，再强的品牌也不能扩大对市场的占有率。只有品牌与规模联动，才能将产品的“优”转化为市场的“优”，最大限度地提高经营利润。连锁经营就是一种很好的扩大规模的经营方式。以老字号品牌东来顺为例，1996 年，东来顺的新任总经理胡沛立对企业进行了改革，通过分析企业的优势和劣势，建立了新的管理、营销策略，取得了很好的效果。特别是在特许经营方面的成绩更加突出，到 2000 年，在全国 21 个省份发展了 90 多家直营分店和特许加盟连锁店，实现营业收入 4.5 亿元，既提高了东来顺无形资产的含金量，又盘活了社会上的有形资产。连锁经营的模式虽然好，但是目前许多老字号在利用这种模式的时候缺乏有效的把关，特别是由于对加盟者的筛选不够严格而导致“城门失火，殃及池鱼”的情况屡见不鲜。

（三）市场细分

老字号品牌应充分考虑顾客的意愿和实际情况，以不同的标准将顾客划分成不同的部分，并针对各部分顾客不同的消费需求，有区别地开发和调整自己的产品与服务。老字号品牌张一元从前主要经营北方消费者喜爱的花茶，南方茶产品主要走的是高端路线，但在市场经济环境下的今天，张一元逐渐发现即使北方消费者也有很大一部分喜爱传统的南方茶叶，而且现在的消费者中南方人的数量也逐年上升。在意识到存在的问题之后，张一元适时地扩大了店内茶叶的品种，并且对员工进行了相关知识的再培训以应对消费者的需求。正是依靠对市场的细分，张一元才能够持续领跑北京地区的茶产品销售。

（四）服务配套

老字号品牌可以通过优质服务吸引市场上更多的顾客，弥补自身资金、技术等方面的缺陷，在竞争中占一席之地，并在今后的经营过程中不断完善，发展壮大。麦当劳最初并不是快餐业中的先行者，也不具备业内经验，在它开创初期的20世纪50年代，面对的是堪称美国快餐之父的艾德熊。但麦当劳之所以能打倒艾德熊，是因为它出售的不仅仅是汉堡，还有全新的快餐服务理念。老字号在新的市场环境下也应与时俱进，在注重产品特色的同时，也提供有自身特色的服务。其实，老字号在这方面有着得天独厚的积累，许多老字号与消费者的关系曾经十分亲密，只是在公有化之后，管理者缺乏这方面的意识，导致老字号品牌和许多公共服务行业如银行、邮局等部门一样，被扣上了“服务态度恶劣”的帽子。老字号一定要通过实施品牌创新战略将这顶“帽子”摘掉，重拾老字号的亲切形象。

五、老字号的品牌传播创新

（一）口碑传播创新

在老字号的品牌传播中，口碑确实起到了很强大的作用。但是，老字号品牌普遍不够重视品牌传播，在大众媒体上的投入较少，导致了被普遍使用的大众媒体沦为了老字号传播的辅助工具。

老字号的品牌传播创新，口碑固然是重要部分，但是大众媒体就这样被忽视也是不应该的。老字号品牌在促进口碑传播的同时，也要在大众媒体的经营方面多作努力，毕竟大众媒体的受众到达率和覆盖面是口碑传播所不能比拟的。老字号的口碑传播创新需要把重点放在产品以及服务上，争取为消费者提供满意的消费经历。因为口碑传播主要是由于消费者主动自发地进行，所以应该促进消费者主动进行口碑传播。另外，针对品牌个性进行差异化的营销，也能够有效地刺激消费者的口碑传播。

（二）传播战略创新

1. 年轻化的整合传播

老字号应该忘掉自己的年龄，时刻保持年轻的心态，这是走向现代品牌管理的关键。

因此，老字号要积极推广“品牌传播年轻化”工程，时刻保持与时代统一的步伐。只有当老字号真正忘掉了自己的年龄，赢得了更宽年龄层特别是年青一代的顾客时，其在品牌创新的道路上才能有新的生命。当然，强调老字号传播年轻化，并不是完全丢掉传统。在年轻化的过程中，坚守的是品牌的文化内涵，改变的是品牌经营思想和传播方式。

2. 视觉形象的再设计

老字号品牌惯用的中国元素其实是一个很好的创意点，但目前的问题是中国元素遭到了滥用。连国内的消费者都很难分辨不同老字号之间的形象在视觉上有何不同，更别说向国际友人推广品牌、开拓海外市场了。根据现代广告传播对视觉识别的独特性、时代性、互动性的要求和现代美学与传播学的原理，在保持原来招牌特色的基础上对企业的视觉识别系统进行重新规划，设计视觉新形象，合理融入与老字号品牌个性贴合的中国元素，是老字号创新传播的有效方法。

3. 品牌故事传播

老字号丰富的文化内涵引人入胜，每个老字号都有着一段传奇的故事，足以勾起对前人悠悠往事的沧桑回忆，很容易形成独具魅力的旅游文化资源，吸引游客和投资。特别是对于那些回归故土“寻根”的海外人士，一个普普通通的老招牌比十个顶天立地的巨幅广告更能拨动他们的心弦。因此，老字号在品牌宣传的策略上，应注重宣传其深厚的品牌文化，特别是利用老字号的一些鲜为人知的品牌故事进行品牌传播。如老字号六必居店内挂着一块大金字牌匾，相传是明代奸相严嵩题写的。关于这块长匾，长期以来流传着一则传奇故事：六必居托严夫人求字，丫环设下计谋让严夫人写字，严嵩不自觉地帮夫人纠正，最后形成“六必居”三个大字。这三个字送到六必居后，东家马上镌成金匾，悬挂于门前，大加炫耀，到处宣传，六必居的名号也就这么打响了。利用品牌故事来吸引消费者，这是老字号特有而其他品牌所不具有的卖点，是老字号品牌的优势所在。

课后习题

1. 成为中华老字号的标准是什么？
2. 你所知道的中华老字号有哪些？
3. 河南的老字号品牌应该如何再造辉煌？

拓展学习

1. 阅读书籍：《中华老字号》，张庶平，张之君，中国商业出版社，2007 年 3 月出版。
2. 观看中央电视台纪录片《中华老字号》。

参考文献

1. 马克思．资本论．2 版．1～3 卷，北京：人民出版社，2004
2. 司马迁．史记．1 版．上海：中华书局，2014
3. 班固．汉书．1 版．上海：中华书局，2007
4. 范烨．后汉书．1 版．上海：中华书局，2014
5. 桓宽．盐铁论．1 版．上海：中华书局，2015
6. 王符．潜夫论．1 版．郑州：河南大学出版社，2008
7. 孟元老撰，伊永文笺注．东京梦华录注．2 版．上海：中华书局，2016
8. 吴自牧撰，阚海娟注．梦粱录新校注．成都：巴蜀书社，2015
9. 范文澜．中国通史．1～3 册．北京：人民出版社，2004
10. 郭沫若．中国史稿．1～2 册．北京：人民出版社，1976
11. 翦伯赞．中国史纲要．修订本．北京：人民出版社，2005
12. 刘泽华．中国古代史．北京：人民出版社，1979
13. 金景芳．中国奴隶社会史．上海：上海人民出版社，1983
14. 傅筑夫．中国经济史资料·秦汉三国编．北京：中国社会科学出版社，1982
15. 尹进．中国古代商品经济与经济管理研究．武汉：武汉大学出版社，1991
16. 童书业．中国手工业商业发展史．济南：齐鲁书社，1981
17. 吴慧．中国古代商业史．1～2 册．北京：中国商业出版社，1983
18. 吴慧．中国古代商业政策十二讲．上册．北京：中国商业出版社，1981
19. 李滚源，任廼文．中国商业史．北京：中央广播电视大学出版社，1985
20. 林文益．中国商业简史．北京：中国展望出版社，1985
21. 余鑫炎．中国商业史．北京：中国商业出版社，1987
22. 张一农．中国商业简史．北京：中国财政经济出版社，1989
23. 李滚源．中国商业史教程．北京：中国商业出版社，1993
24 郭蕴静．清代商业史．沈阳：辽宁人民出版社，1994
25. 赵靖，张守军．中国商业思想史稿．北京：中国商业出版社，1990
26. 沈光耀．中国古代对外贸易史．广州：广东人民出版社，1992
27. 彭信威．中国货币史．上海：群联出版社，1954
28. 萧清．中国古代货币史．北京：人民出版社，1984
29. 余鑫炎．商业经济学．北京：中国财政经济出版社，2003
30. 郭冬乐．中国商业理论前沿．北京：社会科学文献出版社，2000

31. 余鑫炎．简明中国商业史．北京：中国人民大学出版社，2009

32. 吴慧．中国古代商业．北京：中国国际广播出版社，2010

33. 王婉芳．中国商贸与文化传承．北京：中国人民大学出版社，2015

34. 王忆萍，文彦，张元立．中华老字号的故事．济南：山东画报出版社，2012

35. 李桂枝．有味的传统文化课．北京：中国广播电视出版社，2012

36. 张明来，张含梦．中国古代商业文化史．济南：山东画报出版社，2015

37. 谭志浩．论语商道．广州：广东经济出版社，2014

38. 钱穆．中国经济史．北京：北京联合出版公司，2015

39. 刘迎胜．丝绸之路．南京：江苏人民出版社，2014

40. [美] 芮乐伟・韩森著．张湛译．丝绸之路新史．北京：北京联合出版公司，2015

41. 李剑农．中国古代经济史稿．武汉：武汉大学出版社，2011

42. 孔清溪，陈宗楠，朱斌杰．品牌重塑——老字号品牌突围路径与传播策略．北京：中国市场出版社，2012

43. 张继焦，丁惠敏，黄忠彩．中国“老字号”企业发展报告．北京：社会科学文献出版社，2011

44. 汪大海，顾颖，何琨．商道与人道．北京：新世界出版社，2004

45. 吕思勉．中国文化史．合肥：安徽人民出版社，2013

信息反馈表

尊敬的老师：

您好！为了更好地为您的教学、科研服务，我们希望通过这张反馈表来获取您更多的建议和意见，以进一步完善我们的工作。

请您填好下表后以电子邮件、信件或传真的形式反馈给我们，十分感谢！

一、您使用的我社教材情况

您使月的我社教材名称			
您所讲授的课程		学生人数	
您希望获得哪些相关教学资源			
您对本书有哪些建议			

二、您目前使用的教材及计划编写的教材

您目前使用的教材	书名	作者	出版社
您计划编写的教材	书名	预计交稿时间	本校开课学生数量

三、请留下您的联系方式，以便我们为您赠送样书（限1本）

您的通信地址			
您的姓名		联系电话	
电子邮件（必填）			

我们的联系方式：

地　址：苏州工业园区仁爱路158号中国人民大学苏州校区修远楼

电　话：0512-68839319　　传　真：0512-68839316

E-mail：huadong@crup.com.cn　　邮　编：215123

网　址：www.crup.com.cn/hdfs